Gewalt Boy

ゲバルトボーイ

高橋 恩
Takahashi Megumu

文理閣

山崎博昭君に

まえがき

二〇一七年六月五日、高橋恩君が他界しました。病床で『ゲバルトボーイ』の推敲を重ね、できれば手を加えないで欲しいといって私達に原稿を渡しました。その後穏やかな日々を送り、すーっと息を引き取りました。

意向を尊重して、原稿には一字一句の変更も加えておりません。『ゲバルトボーイ』は全て高橋恩君の記憶に基づいて書かれています。従って事実関係の記述はあくまでも恩君の切り口でしかありませんし、また事実誤認もあるかもしれません。

読者諸兄姉には、そこのところをご理解いただき、容赦しての御一読をお願いします。

二〇一八年春

友人一同

権力《ゲバルト》とは組織された暴力《ゲバルト》である。

「共産党宣言」

目次

第一章　馬関の砲声

子供の見た朝鮮戦争

ぼくは島根県邑智郡にある、山奥の村で生まれました。草深いその生まれ故郷を出るきっかけになったのは朝鮮戦争の勃発です。当時は三歳ですから事情が飲み込めていた訳ではありません。たとえ説明されても何も分かるはずがないのです。覚えているのは、しばらく前から父の姿が見えなくなっているのに気付いたことくらいです。おそらく母に何か尋ね、母が何か答えたこともあったでしょう。しかし、ぼくの記憶には何も残っていません。ただ、久々に父の姿を見た時の情景ならはっきりと思い出せます。

その朝、ぼくを揺り起こしながら「今日、お父さんが帰ってくるよ」と母が言います。

眠くて仕方ないけれど、言われるままに戸口に立って出迎える用意をしました。上の妹はまだ初めての誕生日が過ぎたばかりで、母の腕に抱かれていたように思います。川の畔にある山間の小さな村ですから、朝と夕方には濃い川霧が立ちこめ、数メートル先も見えないときがあります。その朝もそうでした。薄暗い土間を出て敷居を越え、妹を抱いた母と並んで霧のなかに目を凝らしても何も見えません。ずいぶん待っても何も起こらないのです。待ちくたびれたぼくに母が声を掛けました。「もうすぐだよ」、その瞬間、霧の中から大きな人影が現れます。父でした。ニコニコ笑いながら、手に持ったお土産を振っています。まるで魔法のようなタイミングでした。だから今でも覚えているのです。

父は警察予備隊の訓練キャンプに行っていたのだと思います。父の本籍地は島根県の石見地方です。しかし、誕生直後に叔父の養子になり、成人までを京都で過ごしました。野良仕事の経験がありません。母は寺の娘でこれも農作業に縁が無いのです。素人の見様見まねでは農業になりません。だから、都会に出るチャンスを窺っていたのでしょう。警察予備隊の募集にすぐ応募したようです。採用の際に、一番重視されたのは本人の政治思想で、ずいぶん念入りな身元調査があったと聞いています。父は基礎訓練コースを終え、やがて配属が決まります。一家を挙げて山口県下関市の東にある玉木村へ移ったのは一九五一年の初めだったと思います。朝鮮半島では激戦が続いていたはずです。しかし、四歳の子供には縁の無い話でした。

借りる予定の借家がまだ空かないため、一週間程を国道沿いの旅館で過ごしました。ぼくの記憶では着いた日の翌朝、すばらしく大きな自動車がその前を通ったのです。今から思えばアメリカ軍の大型トレーラーだったのでしょう。地響きをたてて通り過ぎる巨大な長い車を窓越しに眺め、ただただ驚くだけでした。田舎では寺のある山裾からかなり下の道を一時間に一、二台の可愛らしいバスが通るくらいです。両親に連れられて、二、三キロ程離れた川本の町に行くとき、バスに乗ることがありました。一車線の砂利道です。今では一車線といっても、徐行してすれ違うくらいの道幅のあるのが普通です。ところが当時の田舎の一車線道路はすれ違う余地などない、文字通りの一車線でした。そこで数百メートルおきにバスやトラックが退避できるポケットが作ってあります。対向車を見付けたら、どちらかがそのポケットに入って相手をやり過ごすのです。生まれた村より少し開けた土地にぼくは出てきていたのでした。

大型トレーラーに度胆を抜かれ外に出てみると目の前の道はコンクリート舗装の二車線の幹線国道でした。草が生えていないだけの田舎のバス道路とは大違いです。寝そべっても服は汚れませんし、独楽を回すのにも好都合です。道の真ん中で独楽回しをして長い間遊んだことがありました。親はそんなことは危ないからするなと注意します。だが、車など滅多に通りはしないのです。道路で遊ぶのは当たり前です。山や海に空き地や原っぱばかりか、道路の上まで子供の遊び場だった時代でした。

まだ旅館に泊まっている頃、もうひとつ奇妙な物を見ました。妹を抱いた母や片足が不自由なため杖を付いている祖母とかなりの距離を歩きます。目指す大槻駐屯地は恐らく警察予備隊とアメリカ軍の共用基地だったでしょう。その駐屯地を周囲から隔てる金網の側で、遠くに滑走路を見下ろす場所に立ちました。かなりの数の人がもう集まっており、誰かが通り掛かりの人に進駐軍の演習があるのだと説明しています。やがて鈍い音が聞こえてくると曇り空をゆっくり飛ぶものから、ぽっぽっと黒い点がいくつも離れ、落ちて行くうちに、白いくらげのようなものが開きました。空はふわふわ落ちてくる白いそのくらげで一杯になります。やがてそれは地面に触れてくしゃくしゃに潰れていきます。その直前に白いくらげの下にぶら下がっている豆粒程の人形がコロンと器用に転がるのを確かに見ました。「なんだ、人形じゃないか」。明治の初め生まれの祖母の声でした。横を見るといかにも無念そうな表情で溜め息をついています。杖にすがりはるばる見にきたのに一杯喰わされたと思ったのでしょう。それはアメリカ軍の落下傘降下でした。朝鮮の戦線に投入される前の最後の演習だったのでしょう。しばらくしてアメリカ兵の一人が海に落ち溺れ死んだという噂が流れました。小学校に上がってから年上の子供たちに連れられて駐屯地の縁にある狭い波打ち際を歩いたことがあります。滑走路の外には底無し沼のような遠浅の海岸が拡がっていました。ここに落ちたのなら助かるはずはない。長い間の疑問に自分なりの結論を出して、不気味に黒い沼のような海を見たのを覚えています。

父には奇妙な癖がありました。ぼくが好奇心を持ったことは必ず説明してくれるのです。差し障りの無いことならごく普通の口調で、口外してならないことなら身を屈め小さな声で語り掛けます。「お前は知らなくてもいい」とか「子供には関係が無い」と言われた憶えがありません。駐屯地の広い滑走路の側にある格納庫の中でもそんなことがありました。機械油のむっとする臭いが充満した格納庫の片隅に、小さな飛行機の残骸が立て掛けてありました。変だなと思ったのは翼のマークです。日本の日の丸でも、アメリカの星のマークでもありません。それに気を取られていると耳元で父の囁く声がしました。「これはね、韓国の飛行機だよ。着陸に失敗して壊れてしまった。だからここに置いてある。誰にも言ってはだめだよ」。朝鮮戦争の最中でした。大槻飛行場は本州最西端の基地にあり、一飛びして海を越えれば韓国の釜山です。あの時、ぼくは海の向こうで続く戦争に繋がるものを見ていたことになります。

あの頃、ぼくの周りは敗戦の残骸だらけでした。山道を歩けば至る所に防空壕が残っており、岡の上には沖合を見張る監視哨があります。戦争中、陸軍の本格的な飛行場だったため、駐屯地から国道を隔てた山側に長屋風の長大な将校官舎があります。その奥に頑丈なコンクリート造りの大きな将校集会所まで建っていました。山の下には大規模な防空壕が蜘蛛の巣のように掘り廻らせてあったそうです。陸海軍の解散によって将校官舎に住むものはいなくなり、裏山の防空壕の要所要所は占領軍の手で爆破されていました。敗戦に伴う復員で田舎に引込み、結婚し、子供を設けたものの、長い戦争のせいで手に職の無い父のような陸海軍の古参下士官が警察予備隊には多くいます。そこで古びた将校官舎には所帯持ちの下士官とその家族が住むことになりました。もとは独身の士官用だったらしく、広いとはいえ一部屋単位で、窓が無いため昼でも真っ暗な廊下の両側に個室が並ぶ建物です。それでも建物の道路側にはコンクリート舗装のロータリーがあるので、ただの兵舎でなかったことは分かります。ロータリーの中央は海に浮かぶ孤島のように丸く盛り上がっており、一本の蘇鉄の木が植えてあります。ロビンソンクルーソーの気分を味わうにはおあつらえ向きの遊び場所でした。

長屋の東、大槻駐屯地から出る洗濯物を一手に引き受ける堀さんの家の近くに七、八軒の小さな庭付き一戸建が並んでいました。平屋とはいえ当時としては小綺麗な洒落た建物です。そこには「上の人」とその家族が住んでいました。時々遊んだ小森君のお父さんは副連隊長でしたから、昔の階級で言えば中佐だったはずです。恐らく陸軍士官学校の出身で陸軍大学校も出ていたかも知れません。親同士の付き合いは全くないのです。しかし、子供同士で遊ぶのは珍しいことではありませんでした。色が白くきれいな顔の小森君は長屋の子供たちと全然違います。坊主刈りのイガグリ頭が当たり前の長屋の子供達とは違い、小森君は髪を伸ばしていました。長屋の子供達は普段着を一枚しか持たないのに、小森君は時々それまでとは違う普段着を着ることがあります。一家族が一部屋に住む長屋に比べ、小森君の家には幾つか部屋があり、二つ、三つ年上のお姉さんと一緒に、小森君は子供部屋を貰っていました。本棚一杯の本を持っているのも違います。長屋の子供で本を持っているのはぼくだけで、それも父が子供の頃取っていた「少年倶楽部」の付録がボロボロになったものなのです。表紙はとっくに無くなっており、いつ頃の物なのか分かりません。ただ、旧仮名遣いで「英霊列車に敬礼しませう」、「歩兵はこんな武器で戦います」、「遊撃戦は支那軍の卑怯な戦法です」などという見出しで、見開き二ページの記事が載っている読み物です。ぼくにとっては取って置きの大事な宝物でした。子供の目にも明らかな貧しさと豊かさの対比はあったのに、羨ましいとも惨めだとも思いませんでした。一緒に遊べば友達で、それ以外のことはどうでもよかったのです。

長屋の住人は三十歳前後の父親とそれよりやや若い母親に子供が二、三人というのが相場で、それ以外は幾組か若い夫婦がいるくらいでした。父を「兄貴」と呼んで一緒に飲むことの多かった堀の小父さんは戦争中海軍の下士官で水上機母艦に乗り組んでいたそうです。プロレスラーのように頑丈な体に鬼瓦のような顔をした九州者で、訛りの強い言葉は時々分からないことがあります。堀の小父さんが戦争の話をしたのは自分が九死に一生を得た事情を説明した時だけでした。ミッドウエー海戦の起きた頃、アメリカの潜水艦に雷撃されて母艦が沈み、海に飛び込んだ。すると潜水艦は浮上してきて海面をサーチライトで照らし、泳いでいる日本の水兵を銃撃し始めた。サーチライトの光が近付いてくると、思い切り息を吸い込んで深く潜る。浅い角度で撃ち込まれた銃弾は急激に速度が落ちるから背中に当たって跳ね返る。何度もそれを繰り返したが、潜水艦が諦めて行ってしまってからが長かった。味方の駆逐艦に拾われて甲板に上がったとたん、さすがに緊張が途切れて気絶してしまった。「ほんなこつよ。こぎゃんことで嘘はつかんばい」そう言うと、堀のおじさんは真顔でぼくの顔をのぞきこむのです。ぼくは困ってしまいました。堀の小父さんは法螺で子供を煙に巻くのが好きなのです。でも、普段の罪の無い法螺とは違い、その時の話には変な迫力がありました。恐らく小父さんが本当に経験したことも交えて話したのでしょう。何しろ帝国海軍の軍艦で沈まなかったものは殆ど無いのですから。

太平洋戦争初期に当時のオランダ領東インド（インドネシア）に奇襲降下した陸軍落下傘部隊、「空の神兵」の生き残りもいました。いくら降下訓練を重ねても降下の直前には逃げ出したくなると言って、その様子を面白おかしく演じて人を笑わせるのが好きな人でした。日華事変の頃に浜田歩兵二十一連隊で父と一緒だった人までいたのです。父達が駐屯地でどんな仕事をしているのか全く知りませんでした。寄り集まって誰かの家で酒を飲み、大騒ぎをするのを見るばかりです。その中でもひときわ陽気に呂律の回らない舌で「人生、意気に感ず」と杯を挙げるのが父でした。その後に続く結びの句が「功名また誰か論ぜん」だと知ったのは大人になってからです。ただ、奇妙なことを覚えています。

ある日の夕方でした。隊から帰ってきた父は上機嫌で晩酌をしながら言うのです。「いやぁ。今日は大変だったよ」、父がこう言うのは何か面白い話をするときの前置きなのです。つい釣り込まれて、どうしてと尋ねてしまいました。「消防車に乗って滑走路の上を朝から晩まで走り回り、水を掛けていたんだ」。子供心にも、どこかおかしな話です。そこで、ふーん、大変だったんだと気の無い相づちを打ちました。すると、父は明るく言うのです。「でも、お父さんの役は楽な方だった。隣の小父さんなんか大変だ。ゴムの雨合羽を着て、水を掛けられながら広い滑走路を一日中逃げ回るんだよ。共産党の役だからね」。共産党という言葉を耳にしたのは恐らくその時が初めてです。日本共産党が武力闘争を続けていました。恐らく、暴動鎮圧の訓練だったのです。歴史の歯車がひとつ狂えば、父が乗るのは消防車ではなく装甲車になり、水を掛ける代わりに据え付けた機関銃で押し寄せる「共産党」をなぎ倒したことでしょう。

二棟の長屋に二十家族ほどが住んでいました。道路に近い方が本来の居住区で、奥の方は風呂場、洗濯場、炊事場、小さな倉庫から成っています。後の二つは部屋として使われ、ぼくの家族が住んでいたのは昔の炊事場だった所です。コンクリートのたたきと他の部屋にはない専用の水道がありました。年末にはここで長屋総出の餅つきをするのです。一家族分の餅でも今のように申し訳程度の量ではありません。育ち盛りの子供を抱え、滅多に食べられないご馳走を長屋中で一から作るのですから大変な騒ぎです。朝早くから餅米を洗い、せいろで蒸すのは女の役目、蒸し上がった餅米を臼に移し、声を掛けて調子を取りながら二人掛かりでつくのは男の役目、つき上がった餅を捏ねるのは女と子供の役目でした。朝早くから部屋には湯気がこもり、掛け声が響き、立ち働く大人たちの姿を眺めながら餡餅や豆餅ができるのを待っていると心が弾むのです。それはいつになく父達が甲斐甲斐しく働く姿を見る機会でもありました。その部屋の壁には煤けたニュージーランドの地図が貼ってあります。戦後の一時期、占領軍であるニュージーランド軍の兵隊がその長屋に住んでいたのだそうです。その前は戦争末期に沖縄へ向かう特攻隊が本州最後の夜を過ごすところでした。次の日は九州南端の最前線、知覧です。眠れぬ夜を過ごした若い特攻隊員もいたことでしょう。

占領軍、当時の言葉で「進駐軍」の兵士に一度だけ会ったことがあります。父に連れられて下関のデパートに行ったときのことです。田舎町の小さな店しか知らないぼくは華やかなデパートの雰囲気に圧倒されました。右を見ても左を見ても珍しい物ばかりです。ショウケースのガラスに鼻を付けるようにして覗き込んでいると、誰かが横に立ちました。見上げると物凄く大きな体の、赤ら顔の男です。顔つきや目の色が何か変です。ぼくはその姿に目を見張り、じっと眺めていました。すると、向こうもこちらを見てニヤリと笑います。なおも見つめていると、その不思議な大人は大きな手をゆっくりと動かして、ショウケースの上に数枚の硬貨を並べ、間延びのした奇妙な調子で言うのです。「アーゲマーショ」。何が起こっているのか分からないまま、ぼくは身を固くしました。黙って二人を見比べていた父の顔色が急に変わり、やにわに手を伸ばしてその硬貨を突き返すと厳しい声で撥ね付けるように言いました。「いりません」。そして、荒々しく「行くぞ」と声を掛けると、ぼくの手を引いてその場を立ち去ったのです。父の顔がいつになく険しく、不思議なことが起こると説明してくれるはずなのに、その時は何も教えてくれなかったのを覚えています。

大都市では手厳しい占領軍の政策もここまで届きません。誰が言い出したのか長屋の子供たちで日曜日ごとに、近くのほったらかしになっている神社の掃除に行きました。たまたま参詣にやってきた若い制服姿の予備隊員が感心して小遣いをくれたこともあります。これはぼくのような戦後の軍人の息子達に限ったことではありません。小学校の学芸会で最大の呼び物は六年生による「会津白虎隊」でした。刀を使った立ち回りはありません。剣道さえ占領軍が禁じていた時代の名残りなのでしょう。まず、上手に刺し子に袴姿の白虎隊員達が現れます。そして、木と竹を使った手製の雷管銃を打ち鳴らし、下手に消えていきます。次の場面はやはり上手から血のにじんだ鉢巻を締め、刀を杖にした白虎隊員達が次々に現れ、舞台中央で倒れて絶命します。「本土決戦」のリハーサルはまだ続いていたのです。古い記念写真を見ると、冬には女の子達が上着の下にモンペをはいて、まるで「女子挺身隊」の子供版です。幕末に長州藩が米、英、仏、蘭の四国艦隊と砲撃戦を演じた馬関砲台は西に十キロ足らずの所にありました。紛れもない長州の土地柄です。敗戦からまだ十年も経っていない頃でした。

豊君のお父さん

豊君は大槻にいた頃の仲良しです。それも奇妙なことがきっかけで始まった付き合いでした。腕白坊主達が一緒に遊ぶとき、豊君だけは少し浮いています。ひとつには豊君のお父さんが予備隊員ではなかったためです。警察予備隊の隊員でないのは駐屯地の洗濯物を一手に引き受けている堀さん、通称「洗濯堀」の小父さんとそこで使われている豊君のお父さん、畠山の小父さんだけでした。昔は将校集会所だったコンクリート作りの頑丈な建物には巨大な三台の洗濯機が据え付けてあります。普通の家では平行に刻み目を入れた洗濯板を使い、川の畔か盥で手洗いしていた時代でした。恐らく占領軍のいた時代から始まった仕事なのでしょう。「洗濯堀」の小父さんは新しいものが好きで「蓄音機」を持っていました。ＣＤが主流の今では想像もつかないことですが、当時は七八回転のＳＰレコードを回すプレーヤーのことを「蓄音機」と呼んでいたのです。針がダイヤモンドではなく使い捨ての鉄針だったと言えば、どんなに昔の話か想像がつくでしょう。「洗濯堀」の小父さんは浪花節が好きで、様々な実用新案のアイディアを練りながら、広沢虎造の「石松琴平代参」などを聞くのです。まだ誰も手を付けていない商売を始めるのも好きでした。どこからか中古のアイスクリーム製造機を手に入れて、自慢げに見せたことがあります。しかし、一本五円のアイスキャンディーがなかなか買えない時代に成り立つはずのない商売でした。「洗濯堀」の小父さんはそんなことに忙しく、本業の洗濯屋は畠山の小父さんに任せっきりだったのです。元将校集会所は今では洗濯工場と呼ばれていました。洗濯工場の窓枠もガラス戸もない大きな窓を通して、流れ落ちる汗が洗濯物に落ちないようタオルの鉢巻きを締め、一心に重たそうなアイロンをかける畠山の小父さんの姿がいつも見えました。長屋のおかみさん達がひそひそ話すのを聞いたことがあります。「気の毒に。あんなに働いているんだから、もう少し払ってやってもいいのに」。畠山の小父さんのことのようでした。あの頃、ぼくの周囲で働いている大人は畠山の小父さんだけでしたから。

豊君が何となく軽く扱われたのは、おしなべて貧乏だった長屋の住人の子供たちに比べても、ひどい姿をしていたからです。だからといって仲間外れにされる訳ではないのですが、安心して悪ふざけできる相手であったのは事実です。ちょうどみんなで低い石垣の上に登り、大騒ぎしている最中でした。ぼくはもののはずみで豊君を突き飛ばしてしまったのです。泣きながら豊君が家に帰ると、ほどなく物凄い剣幕で豊君のお父さんがやってきて叫びました。「うちの息子を突き飛ばした奴は誰だ」。その険しい顔と声にぼくは縮みあがりました。しまったという後悔の念と恐ろしさに身をすくめても、もう間に合いません。どうなることかと不安に駆られながらぼくは立ち尽くしていました。しかし、近所の小母さんがうまく言い包めてくれて、その場は何事も起こらず収まりました。それ以来、後ろめたさも手伝ってぼくは豊君とよく遊ぶようになったのです。

豊君は引っ込み思案です。自分から遊びの輪に飛び込むのではなく、誰かが「遊ぼう」と声を掛けてくれるまで傍に立っているのが常でした。だからぼくが誘えば喜んで仲間に加わってきます。また、二人で豊君のお父さんの働く洗濯工場へよく遊びに行きました。アイロン台の置いてあるのは窓際で、その前は厚さ五十センチもある壁に開いた窓です。その窓の縁には大人でも楽に座れたでしょう。ぼくが話し掛けると畠山の小父さんはうるさがりもせず相手をしてくれました。俯いて大きなアイロンを忙しく動かしながら、ぼくの話はちゃんと聞いているのです。大人しい豊君は両手で膝を抱えて話を聞くばかりです。畠山の小父さんは朝から晩まで日の光のあるうちは働き詰めでした。次の仕事との合間に額に巻いたタオルで顔を拭う時と昼食の時くらいしか休みはありません。たった一人で働く小父さんには子供相手の話でも気が紛れたのでしょう。戦争の話に聞き入り、小父さんの得意な鶴亀算を使ったクイズに頭を捻って時の経つのを忘れました。ぼくたちが糸口を作る形で小父さんのクイズの答えを探すのが、長屋の子供達ではやり始め、答えを確かめるため洗濯工場に足繁く通うようになります。

戦争の話といっても今から思えば他愛の無いものです。「乃木大将が二百三高地を攻めたとき、ロシアには機関銃があった。日本には無かった。そこで乃木大将は鉄砲を並べて続け様にパン、パン、パンと撃たせた。そしたらロシアの大将は、ああ、日本軍には恐ろしい機関銃があるちゅうて降参した」。悲惨な二百三高地の戦闘も畠山の小父さんが話すと、そんな子供に分かり易い話になるのです。おじさんは朝鮮人でした。戦争中は炭鉱で働いていたそうです。自分自身の戦争体験を語ることは決してありませんでした。

小父さんの出すクイズは長屋の子供達には全く歯の立たない難問でした。片っ端から山勘で答えてみても、小父さんは首を横に振るばかりです。いくら頼んでも答えを教えてくれません。自分で考えろと言うのです。それでも、豊君とよく遊ぶぼくには一度だけ答えを教えてくれたことがあります。得意になって自分で見付けたような顔をして友達の間を触れ回りました。しかし、誰も正解とは信じてくれません。みんな小学校にも行ってない年齢ですから、計算して確かめることもできないのです。とうとうぼくはすねて家に帰りました。すると、しばらくして友達が謝りに来たのです。畠山の小父さんに聞いたらその通りだったと言います。ぼくたちにとっては畠山の小父さんの言うことが真理だったのです。

長屋から少し離れたところに畠山の小父さん一家が住んでいました。元は将校官舎の便所だったのを改造したそうです。奥さんは病弱でたいてい床に伏せっており、家の中は荒んだ雰囲気でした。子供達も親の世話が行き届かないせいか薄汚れた姿をしています。病気の妻と二人の子供を抱え、仕事と家事の両方を男手一つでこなすのは無理でした。畠山の小父さんは自分の武骨な手でお握りを作り、洗濯工場で食べる昼食にするのが常だったようです。そんな小父さんが息子といつも遊んでくれるお礼と言って、数本の魚肉ソーセージを家まで届けに来たことがあります。受け取って礼を言い、小父さんの後ろ姿を見送る母がなぜか深いため息を付きました。当時でもさほど高くはないものを、精一杯の好意の印とするしかない人の心の内が、痛いほど分かったのでしょう。

ある日、畠山の小父さんが昼食を摂っている最中に洗濯工場に顔を出したことがあります。その日のお握りを頬張りながら、小父さんは言いました。「こんなものでも腹を空かせている人の所へ持って行けば大喜びするで。なあ、ジオンちゃん」。その日のお握りはみすぼらしいことが多い小父さんの昼食の中でもひときわ貧しいものでした。ぼくにとって神にも等しい人だった小父さんが、はにかむような表情を見せたのはそのときだけです。

トーチカ戦争

元陸軍航空隊の古びた将校官舎にぼくらが移った頃、地元の子供たちとの付き合いは全く有りませんでした。西は「水源地」と呼ばれる小山に急な斜面で続いています。その頂上には金網を張り巡らした区画があり、いつも銃を持った二人の若い予備隊員が警戒していました。駐屯地で使う水は全てここから供給されていたようです。長屋のある東側とは違い、「水源地」の西側は緩やかな坂道が少し離れた池まで続いていました。駐屯地の正門から国道を渡るとその坂道の入り口になります。すぐ右に「水源地」の頂上に続く曲がりくねった細い階段がありました。その階段を登り、何度も頂上へ行ったのを憶えています。一度は父と一緒でした。山頂の南側は険しい崖になっています。赤土が剥出しになった山肌が真下の国道まで続き、所々に大きな岩が頭を出していました。眼下の国道を見下ろしながら、今から思えばかなり物騒な会話を父としたのです。いきなり父が言いました。「敵が国道から攻め上がってきたらどうするか」。当然ぼくは銃で撃つと答えました。とたんに「それでは駄目だ」と言われます。「こんな急な崖を攀じ登る敵に狙いを付けようとすれば身を乗り出すしかない。すると敵の突撃部隊を支援する狙撃兵の絶好の的になる」。ぼくには父がくれた考慮時間内に正解を見付けることができませんでした。分からないと正直に言うと、噛んで含めるように父は言うのです。「こういう場合にはな、撃発させた手榴弾を斜面に転がすんだ。それなら身を曝さずに済む」。なるほどと納得したので、よく憶えています。年季の入った軍人である父には、常識に属する戦闘技術だったのでしょう。しかし素人であるその息子にとっては新鮮な知識でした。

それ以後も時々「水源地」に行きました。山頂は狭く、大勢で遊ぶ余地はないのでたいていは一人です。殆どの警備の予備隊員は子供を付け上がらせては面倒と追い払おうとします。しかし、人懐っこい、剽軽な子供でしたから、退屈しのぎに相手をしてくれる若い予備隊員もいました。小学校に行くか行かないかの腕白小僧との共通の話題は二人が持っている銃です。照準を調整するスライド装置の使い方を説明してくれたり、性能や特性を教えてくれました。「このM1ガーランドなら三百メートル先でも狙える。だが重くて扱いにくい。二百メートル以下での撃ち合いならあのM1カービンの方が有利だ」。そんな話を聞いたのを憶えています。ただ、どんなに仲良くなっても、決して銃には触らせてくれませんでした。「水源地」は数千人の予備隊員やアメリカ兵が飲む水のただ一つの供給源です。誰かが毒を投げ入れればひとたまりもありません。基地の最大の急所なのです。二人の予備隊員の銃には実弾が込められていたでしょう。

「水源地」の山の西側にある坂道を登っていくと、左手に二軒の木造バラック建てがありました。駐屯地の隊員相手に商売をしている「ハロー」と「たまき」というバーです。何かを買うには、毎日お婆さんが引いて長屋へやってくる野菜や雑貨を積んだリヤカーを利用するか、一キロほど離れた万屋へ行くしかありません。そんな田舎ですから、外で酒を飲むならその二つのみすぼらしいバーしかないのです。父の口からも時々二つの店の名前が出ました。真っ白くペンキを塗った木造の建物は、気温や湿度を計る器具を入れた木箱、小学校の中庭にある百葉箱に似ています。ある事件が起こったせいでその二つの名前を忘れられません。若い予備隊員がホステスの一人に入れ揚げて随分お金を使い、結婚の約束を取り付けたのです。しかし、お金を使い果すとホステスの態度が豹変しました。結婚の約束は反古になったのです。そこで若い隊員は駐屯地からダイナマイトと信管、導火線を持ち出し、無理心中を計りました。ベルトに信管を付けたダイナマイトを挿み、導火線を取り付け点火して、バーに駆け込むとホステスを抱きかかえて外に出たのです。しかし、泣き叫ぶホステスの「あんたなんか大嫌いだった」と言う言葉を聞くと、ホステスを突き飛ばして草むらに突っ伏し一人で爆死したということです。そう母に話す父の口調はその隊員の最期にどこか感心しているようでした。

長屋の子供達の遊び場を西で限る「水源地」の山では草スキーができました。斜面に雨水が掘った大きく真っすぐな溝があります。初夏に草が生い茂ると、そこが板に乗って滑り下りる絶好のコースになります。歓声を上げて滑り下りるのです。時には転げ落ちることもありました。でも、今度はどうなるか分からないと思いながら滑る時の、はらはらする気持ちが遊びを一層盛り上げてくれるのです。幾度かみんなが滑ると草が倒れて板を使わなくても滑れるようになります。十人を超える子供達が、入れ替り立ち替り山の中腹に登っては滑り下りて半日を過ごしたこともありました。それを見ていた大人達も誰かが転べば面白がるだけで止めようとはしません。ズボンのお尻は真っ青になってしまったはずです。しかし、親から叱られた憶えが無いのです。

長屋と洗濯工場の北には中国山地特有の低い赤土の山が広がっていました。中腹より上は雑木林と竹藪に覆われています。洗濯工場の北側から山へ登るのは子供には無理でした。洗濯工場は天井の高い一階建てです。その屋上は最高の遊び場でした。手摺りが無いので鬼ごっこをするには危険です。しかし、北側が土に埋まってかなり低くなっているので、飛び降りて遊べます。飛び降りるともう一度屋上に上がるには南側へ回って階段を登らねばなりません。手間は掛かるものの、ちょっと危なくて楽しい遊びでした。それに屋上の端には深い貯水槽があり、暑くて堪らない時、もし「洗濯堀」の小父さんの機嫌が良ければ水遊びができます。腕白坊主達が小父さんの三人の娘と遊ぶのはこんな時だけでした。

長屋の東の方、「上の人」達の住宅のもっと向こうの山裾には、コンクリート製の階段が残っており、それを伝って山頂に出られました。以前はかなり立派な建物があったようです。しかし、南側にコンクリート製の監視哨が手付かずで残っているだけで、残りは徹底して爆破されていました。破片が一面に散らばっていてその中にバスタブの一部が残っています。この監視哨をぼくたちは「トーチカ」と呼んでいて、この低い「トーチカ山」が東側の漁村の子供達の遊び場との境界線になっていたのです。「トーチカ」は六角形でそれぞれの面に細い覗き窓が付いています。中は薄暗く数人で秘密の集会をするには持って来いの場所でした。長屋の子供達も漁村の子供達も「トーチカ」を自分達だけの隠れ家にしたくて堪らないのです。こうして「トーチカ戦争」が始まりました。

「トーチカ戦争」は初めから長屋の子供たちに不利でした。小学校にも行っていない子供が中心のぼくたちのグループが五年生や六年生に率いられた漁村のグループに勝てる道理が無かったのです。そこでこっそり「トーチカ山」の中腹まで行き、漁村の子供達がいない時を狙って山頂の「トーチカ」で遊びました。小学校にも行っていないぼくたちのグループの服装はバラバラで学生服を来ているものはいません。漁村のグループの多くは小学生ですから黒い学生服を着て、その上に紺絣のちゃんちゃんこを着ているのです。遠目にも見分けることができました。ところが「トーチカ山」で遊んでいるとき、急に漁村のグループが現われる時があります。何とか踏み止まろうとするのですが、数人がポカポカ殴られると後は総崩れになって逃げるのが常でした。幾度かそんなことを繰り返すうち、ぼくたちの劣勢を知った彼らは次第に大胆になります。とうとうぼくたちの親の目の届くところ、聖域である長屋と洗濯工場の間にある広場にまでしばしば大挙して進攻して来るようになりました。

もっともこの進攻作戦はあっけなく終わりました。数回目の襲撃の時、隣村のガキ大将は家の前で馬乗りになってぼくを殴っていました。それを見た父が家から飛び出すと、ガキ大将に一本背負いを喰わせ、へたり込んだ相手の尻を軍靴を履いた足でしたたか蹴っ飛ばしたのです。実に手荒いやり方でした。しかし、僕の属するひ弱なグループを守るには必要で有効な反撃だったでしょう。子供の世界に情け容赦はありません。父はそのことをよく知っていたはずです。子供の頃、手の付けられないガキ大将でしたから。

これでどうやら聖域だけは守ることができました。けれども「トーチカ山」は漁村の子供たちの勢力範囲に入ってしまったのです。しかし一人で遊ぶことの多いぼくは、隣村の子供達の姿が見えない時を狙って「トーチカ山」詣でを続けました。「トーチカ」の上からは瀬戸内海の一部である沖合が一望できるのです。満潮の時は、波が砂浜を洗うありふれた波打ち際が見えます。しかし、潮が引くと黒い泥沼のような浅い海の底が現われどこまでも続くのです。振り返れば粉々になった建物の跡が広がり、その横を雑木林の奥へ踏み分け道が続いています。歩いていくと道の両側の所々にぽっかりと大きな穴が開いていました。占領軍が地下壕のあちこちを爆破した時に山頂の土が崩れ落ちてできた陥没孔です。雑草もろくに生えていない赤土の斜面の底にコンクリートの地下壕跡らしいものが見え、その先には昼でも暗い闇が拡がっています。幾度も穴の縁から覗き込むものの、とうとう下りて行く勇気が出ませんでした。

赤土の雑木林を歩いていると小さな水晶の欠けらが落ちていることがあります。捜して簡単に見つかるほど多くはありません。それなのに雑木林の道から少し外れ、ふと下を見るとキラキラ輝く水晶があったりするのです。とりわけ記憶に残っているのは燃え尽きた照明弾を見付けたことです。「トーチカ山」の東には警察予備隊が演習に使う野原があり、照明弾を使う夜間演習もあったのでしょう。風のせいで流されたものだと思います。仕組みは五円玉を重りにして和紙で作るパラシュートと同じです。ただ重りが乾電池くらいの鉄の筒で、幾つか小さな穴が開いています。大きなパラシュートは柔らかい絹のようでした。いつになく雑木林の奥に入り山の斜面を下っていると、目の前の岩の上にその照明弾が乗っていました。まるで誰かがぼくにプレゼントするためそこに置いたように。ぼくにとっては特別に大事な宝物になりました。

ある日いつものように隣村の子供達の姿が見えないのを確かめて「トーチカ」に近付くと中から人声がします。覗き窓に耳を近付けてみると聞こえてくるのは土地の言葉です。もう「トーチカ」の中に入って秘密の集会を始めていたのです。顔を会わせればいつもひどい目に会っていますし、今日は山歩きができないと思うと癪でした。何とか一矢報いたいと思ったときに父の言葉を思い出したのです。辺りを見回し手ごろな石を見つけると「トーチカ」の覗き穴へ思い切り投げ込み一目散に逃げました。転がす代わりに投げ込んだのはぼくなりの工夫です。覗き穴は子供の背丈ではとても届かない高いところにあり、座っている相手に直接石が当たる心配はありません。ただ相手の肝を冷やす効果は十分あったでしょう。長く続いた「トーチカ戦争」でぼくの挙げた戦果はそれだけでした。

学校へ行く道

下関市のずっと東にある玉木村で、小学校に入学したのは六十年以上も前のことです。朝鮮戦争が一段落して、長い休戦交渉が始まったころでした。入学の日で覚えているのは健康診断のように調査用紙を持って、次々に違う先生の座っている机を回り、学力テストを受けたことくらいです。しかし、母は別のことを覚えていました。一体に貧乏な長屋の住人の中でも、我が家と堀の小父さんの家は折り紙付きです。どちらも亭主が見境なく飲む口なのです。だから、母がぼくの入学祝いに買ってくれたのはカバヤのキャラメル一箱でした。子供が一日分の小遣いで買う高いお菓子が一箱十円の有名メーカーのキャラメルの時代です。何しろ一円でいくつも買える名も知れぬメーカーのキャラメル、割安な「バラキャラ」がガラスの容器に入ってグリコ、森永、明治、カバヤ等の全国ブランドと店に並んでいる時代です。お菓子の代表がチョコレートになってしまった今では想像もつかないことですが、キャラメル時代のカバヤは大変な力を持っていました。河馬の形をした宣伝カーが全国を走っていて、ぼくも一度か二度見たことがあります。キャラメル箱に入っているカードを集めて五十点になれば、カバヤキャラメルを置いている店に並ぶ「カバヤ文庫」の一冊をもらえました。入学祝いのカバヤのキャラメルには最高点、五十点のカードが入っていたと母は言うのです。それから先はぼくも覚えています。学校帰りに寄った馴染みの万屋で、僕は「カバヤ文庫」の「ロビン・フッド」を手に入れました。父からもらった「少年倶楽部」の付録に入学式の日に手に入れた「ロビン・フッド」が加わり、ぼくの蔵書は二冊になります。大事にして勉強机代わりのリンゴ箱の隅に積み重ね、幾度も読み返しました。今も覚えているのはロビン・フッドやリトル・ジョンが悪辣なノッチンガムの代官を相手に大活躍する話ではありません。病み衰えたロビン・フッドがリトル・ジョンに支えられて最後に弓を引き、「あの矢の落ちたところに自分を葬ってくれ」と言い残す光景です。老いにも衰えにも無縁な子供時代になぜあの場面に心をひかれたのでしょうか。

小学校はひどく遠くにありました。古くからあるいくつもの集落をまとめた、面積だけが広い村で、ぼくたちの長屋は東の外れです。もっと遠くから通ってくるのは「トーチカ戦争」の相手だった漁村の子供たちだけでした。子供の足で四、五十分かかります。長屋から三、四キロはあったでしょう。一年生から四年生の終わり頃まで、中庭に二宮金次郎の銅像のある村の小学校に通いました。校長先生はチョビ髭にオールバックで、当時としては珍しく三つ揃いのスーツ姿です。酒には目がないという噂でした。最初の二年間は新任で女の小野先生が担任です。ぼくが友達を煽って泣かせたことがあると母は言います。小柄でおとなしい先生でしたからクラスの腕白どもに手を焼いたことでしょう。小野先生については角隠しの花嫁姿しか覚えていません。結婚式の前に車で小学校に寄ったのです。子供たちが窓ガラス越しに声を掛けても何も答えず、白塗りの顔を俯けたままじっと座っていました。当時の作法だったのでしょう。その他人行儀な様子は何か不思議に思えました。

三、四年はやはり女の藤田先生でした。まるで男のようなさっぱりした先生だったと母は言います。しかし、ぼくには何とも言えません。変なことを思い出します。「紙を二、三枚もらってきてほしい」と先生に頼まれたことがあります。「二、三枚」という言葉の意味がぼくには分かりませんでした。長屋で「二、三枚」という言葉を聞いたことはありません。軍人に曖昧な言葉使いは禁物です。「二枚くれ」とか「三枚ほしい」とかはっきりした数字で示す習性があります。それが当たり前の世界で育ったせいで「二、三枚」とは何枚か分からなかったのです。考えた末、二と三を足して五枚の紙をもらって帰ると、先生は呆れて吹き出しました。ぼくには不可解な指示としか思えなかった言葉がありふれた表現だと知るのはかなり後のことです。

ともかく小学校までは長い道のりでした。長屋から駐屯地の石壁と「水源地」の崖に挟まれた細い部分を抜け、延々と伸びる国道を歩くのです。「水源地」の山を過ぎると左手に駐屯地の正門があり、そこから金網が続きます。右手は国道より少し低くなっており、畑の中に木造の古びた二階建てがあります。田舎から出てきたぼくから見てもみすぼらしい建物でした。しかし、人が住んでいたはずです。住宅事情は極めて悪く、半壊した昔の軍の施設や防空壕にすら住んでいる人がいた時代なのです。豊かな時代に育った人には想像もできないことでしょう。

駐屯地の金網が終わるあたりに予備隊員の食事を一手に賄う大きな炊事場がありました。学校から帰る頃が夕食を準備する時間です。盛んに湯気が上がり、おいしそうな匂いが道まで漂い出るのです。その先に小さな集落がありました。たいていの物は売っている万屋とこの辺りで一軒だけの散髪屋があり、父の心やすい予備隊員も住んでいます。ぼくと同じ年ごろの子供がいて、学校の帰りに上がり込み、その子に父親が買い与えたいろんな本を読ませてもらいました。もう少し行くと村の中心部になり、商品も並べている農協の建物、旅館、やや本格的な店、火の見やぐら、郵便局があります。電話もさほど普及していない時代ですから、急ぎの用事にはもっぱら電報を使いました。テレタイプもファックスもありません。電話を使って電報文を伝えるのです。普通に電報文を読むだけでは言い間違い、聞き間違いが起こります。そこで「ア」と伝える時は「朝日のア」、「イ」は「いろはのイ」というように符牒で電報文を読み、誤解を避けるのです。濁音は「…に濁点」となります。郵便局に何かの用事で行き、待っていると、独特の節回しで電報文を伝える郵便局員の淀みない口調を耳にすることがありました。銀行の支店など無い田舎ですから、郵便貯金も大事な業務で、葉書や切手もここでしか手に入りません。そこを過ぎると国道は少しずつ上り坂になり、両側は右も左も水田です。国道が一番高くなっているところは山陽本線の複線の線路をまたぐ短い高架道路になっていました。そこから国道は左に曲がりながら下がっていきます。左手は緩やかな土手の下が一面の水田でした。右手は中国山地につながる山まで上り勾配で、所々に林と小さな集落が散らばっています。その辺りからなら国道を挟んで小学校の向かいにある文房具屋兼パン屋が見えます。雨の日も風の日もこの道を四年近く通いました。そして、その頃の農村の季節ごとの風物を楽しみながら、退屈もせず登校と下校を繰り返したのです。

道端の草むらにつくしが顔を出し、緑の野原一面に赤紫の蓮華の花が咲くと春になります。学校の帰り、気が向くと女の子たちは蓮華の花を輪に編み、頭飾りや首飾りを作りました。ぼくたちはつくしを摘んでおかずの足しにしたり、小川のメダカの群れを眺め、冬眠から覚めたカエルをからかったものです。高度成長の始まるはるか前でした。日本の大部分は絵に描いたような農村社会だったのです。やがて農家では馬が引く犂を使って田起こしが始まります。耕運機などまだどこにもありません。日がな一日、人と馬が田の上をゆっくり行ったり来たりして地面を掘り起こし、水が良くしみ込み、種が芽を出しやすい柔らかい土にするのです。やがて田に水が張られ、田植えが始まったはずです。しかし、大勢の早乙女が太鼓に合わせて声を揃え、苗を植える村総がかりの田植えを見た記憶はありません。田や畑で野良仕事をしているのはいつも僅かの人でした。戦後の農地改革で小作農が土地を手に入れたのは十年足らず前のことです。それより前ならあの賑やかな光景が見られたのでしょうか。

夏はかんかん照りの日差しの下で、風に吹かれて田んぼの緑の稲が海のようにうねります。その中を続く道を辿り家に帰るとき、自転車の荷台に箱を積み、涼しげにチリンチリンと小さな鐘の音を響かせて通っていく、麦わら帽子姿のアイスキャンディー屋と擦れ違うこともありました。荷台に立つ「氷」と赤い字を染め抜いた旗が鮮やかです。普段はお金を持っていません。それに、通学途中の買い食いは禁じられています。横目で見ながら通り過ぎるだけです。夏に困るのは殺虫剤が散布されるときです。日本の稲作で最も大変な作業は夏の草取りと病虫害対策だそうです。戦後になって先ず殺虫剤が広く使われるようになりました。当時よく使われた「ホリドール」、「パラチオン」は第一次世界大戦で使われた毒ガスを薄めたものだと噂され、よく死亡事故が起こります。自殺にも人を殺すのにも使われました。田畑で使うときは、背中にタンクを背負い、左手でポンプを何度か押して空気を圧縮すると右手に握った金属パイプの先から殺虫剤が噴き出します。あちこちの田畑でこの作業が始まると、近くの道を歩くだけで頭がずきずき痛みました。呑気なもので農作業をする人たちは手拭いで口を覆うだけです。一仕事済ませて気が緩むと、意識を失って倒れることが多いと言われました。汗を流しながら小学校へ通い、木陰で一休みして蝉の声を聞く日がしばらく続くと夏休みになります。一月以上を遊び暮らし、大慌てで宿題を片づけるのに最後の数日を費やすのが毎年のことでした。

田圃の稲が黄金色に熟れる秋は取入れの季節です。今では無くなったと思いますが、秋の小学校には「農繁期休業」がありました。当時は稲を刈って束にすると、丸太を組んで作った台にかけて一週間ほど干さねばなりません。刈り取りや稲束を掛ける作業はできるだけ短時間に済ます必要があります。小学生でも貴重な働き手でした。だから、子供に家の手伝いをさせるため学校を休みにするのです。農家でなくても休みになります。ぼくら長屋の子供たちは学校と勉強からまたしばらく逃げ出せて嬉しくてたまりません。同級生が忙しく働いている頃、元気に遊びまわりました。この時期なら「トーチカ山」でも我が物顔ができます。隣の漁村では米も作っていました。そこでも刈り入れ作業が始まり、ぼくたちの喧嘩相手は家業を手伝うのに忙しいのです。取り入れが終わるとあちこちで秋祭りが始まります。村全体でのお祭りはありません。それぞれの集落に産土神があり、祭礼の日が違います。お祭りがある日になると、その地区の子供たちだけが午前の授業を済ませて帰ります。クラスの三分の一ほどがごっそり抜ける日もありました。そんな日は遠回りをし、風にはためく幾本もの幟が見え、お神楽のお囃子が聞こえるところをわざわざ選んで帰るのです。祭りを覗いてみたい気持ちがあっても、深入りは禁物でした。同じ村でも集落同士の対抗意識はひどく強く、まして僕は余所者です。喧嘩になるのは目に見えています。

秋の小学校の運動会は村を上げての一大イベントでした。生徒と教職員だけでなく父兄や青年団まで様々な競技に参加するのです。農家の青年の筋力は大したものでした。六十キロの米俵を担いで走ることができるのです。しかし、運動能力になると軍人である父達には及ばず、長屋の親父達のチームが二年連続でリレーの一位に輝きました。異変が起こったのは三年目です。第二走者の父がトップで第三走者の堀の小父さんにバトンを渡しました。頑丈な体に鬼瓦のような顔の父の弟分です。かなりのリードもあり、今年も一位と思っていると堀の小父さんのスピードが突然落ちました。村の青年団の第三走者が追い付き抜き去ります。最終走者にバトンを渡した堀の小父さんはコースを引き返し、何かを探している様子でした。やがて父兄の応援席に帰ってくると誰に言うともなく呟きます。「おかしか。こん切り口からすっとガラス瓶の欠けらば踏んだはずたい。ばってん何も見つからん」。見ると堀の小父さんの足はひどく切れ、ずいぶん血が流れていました。当時はスニーカーなど無く、運動靴をはいて競技に参加する人も稀です。裸足で走るのが当たり前の時代でした。堀の小父さんには、これがただの偶然とは思えなかったのでしょう。余所者の三連覇を喜ばぬ人はいくらもいたのですから。

騎馬戦は男には人気のある競技でした。鉢巻を取れば勝ちという女の子でも参加できる、今の安全第一のルールはなく、相手を突き落すか相手の馬を潰さない限り勝てません。落ちそうになったら相手に組み付いて道連れにし、味方の負担を少しでも減らすのが乗るものの心得でした。荒っぽい競技ですから参加するのは六年生だけです。勝敗がほぼ決まっても一対一の大将戦は必ずありました。スピーカーは川中島の上杉謙信と武田信玄の一騎打ちになぞらえて解説し、見る者の興奮を掻き立てます。あの時代に武術を習っている子供は数えるほどだったでしょう。受け身を知っているものはほとんどいません。それなのに骨を折ることも手や足をくじくこともなく擦り傷程度で済んでいました。子供たちは今よりずっとタフだったのです。

「自転車遅乗り競走」というユーモラスな競技もありました。幅三十センチほどのコースをできるだけ時間をかけて進むのです。ペダルをゆっくり踏みながらハンドルを右や左に忙しく切り、ジグザグに動いてコースから外れないようにするのがコツです。自転車に乗っている時間の長さを競うのですから簡単にゴールインしてはいけません。何とか時間を稼ごうと大人が本気になって悪戦苦闘を続ける様子は何とも言えずおかしく、真剣勝負が売り物の他の競技とは違う楽しさがありました。農村の気の利いた移動手段が自転車だった時代です。バスとトラック以外の自動車を見ることはほとんどありませんでした。あの村に自家用の乗用車を持っている人はいたのでしょうか。

冬の道には焚火がつきものでした。暖房の効いた場所などまずない時代です。仕事の始まりを待つ大人が屋外で暖を取ろうとすれば焚火をするしかありません。ハアハアと白い息を吐きながら学校へ向かう途中で焚火をしているのに出くわします。お喋りをしている大人に頼んでよく当たらせてもらいました。かじかんだ両手を擦り合わせながら火にかざし、まず胸やお腹を暖めます。顔の強ばったような感じが次第に緩んでくると、次はランドセルを下ろして焚火に背中を向けるのです。室内で使う暖房具と違い戸外の焚火は火に向いた部分にしか効きません。顔や胸が熱くなっても背中は相変わらず冷えたままなのです。だから、体全体を暖めるには体の前後を交互に火に向けねばなりません。体全体が火照るほど熱くなると、お礼を言ってまた学校目指して歩き始めます。運が良いと大人の一人が焚火の中から棒で焼き芋をつつき出して食べるようにと言ってくれることもあります。塩を振った蒸かし芋のおやつはよく食べました。しかし、焼き芋は一度にたくさん作れないため、おやつには出ません。焚火のついでに幾つか作るか、カマドのある家で火を使うとき少し作るくらいです。焼き芋屋など田舎にはありません。

学校の帰りにはちょっとした楽しみがあります。国道が山陽本線をまたぎ越している所で待っていると、真下を通っていく蒸気機関車を見ることができました。真っ白な煙を上げ、轟音をたてて通過していく蒸気機関車を見下ろし、辺りを煙幕のように包む煙の中で大声を上げてはしゃぎまわると何とも言えず楽しい気分になるのです。夜になれば哀愁を帯びた夜汽車の汽笛を聞き、一列になって通り過ぎてゆく窓の明かりを眺めました。遠い世界へ人々を運んでゆくこの乗り物に、何か神秘的なものすら感じていたのです。ぼくはまだ都会を知りませんでした。テレビはまだなく、ようやく庶民の家にラジオが普及し始めた頃です。おそらく都会という言葉すら知らなかったでしょう。それは子供の想像も及ばないほど遠い所だったのです。

小学校に入ってこれまでやってきたことの幾つかが禁止されました。まず映画を見てはいけないと言われたのです。アメリカ軍がいた時期に、かなり大きな映画館が駐屯地内に作られました。幾度も父や母に連れられて映画を見に行っています。しかし、大人向けの映画が子供に楽しいはずはありません。よく居眠りをし、トンチンカンな質問をして笑われました。今でも覚えているのはとりわけ怖いシーンだけです。「タランチュラ」というアメリカ映画では、動物を巨大化する薬の人体実験に使われた助手が化け物のような姿になって部屋に入ってくるシーン、「ラドン」では水の溜まった坑道に死体が浮いているシーン。まだ、ストーリーを追って映画を楽しめる年齢ではありませんでした。

スクリーンの前には舞台も付いており、劇場としても使えます。年末にはここで演芸会がありました。と言ってもダーク・グリーンの「作業服」を着た若い隊員が、次々に舞台に上がって代わり映えのしない歌を披露するだけです。伴奏をするバンドはありません。ギターもマンドリンもまだ高嶺の花でした。手に入りやすい楽器と言えばせいぜいハーモニカの時代です。ぼくにとっての楽しみは最後にある子供向けのクイズでした。易しいクイズに正解するとサンタクロースが舞台の上からビスケットを一箱投げてくれるのです。誰もが必死に生きている時代ですから、東京から有名な手品師や落語家があんな田舎にまで「営業」に来ることもあります。あのスクリーンの前で、生まれて初めて派手なステージマジックを観ました。「破壊された顔の持ち主」を自称する柳亭痴楽がやってきたのも覚えています。自分のみっともない容貌を笑いものにした漫談で大いに受けました。しかし翌日、小学校でまったく同じネタを聞かされたのは興ざめです。腹話術師もやって来たものの評判は今一つでした。

駐屯地の映画館ではたしか週に一回映画が上映され、よく両親に連れられて見に行きました。学校の目は届きませんし、友達の誰かが密告する心配もありません。駐屯地は閉鎖的な村の中にある、もっと閉鎖的な村だったからです。問題はかなり離れた町の映画館でした。滅多に行くことは無いのに、たまたま「明治天皇と日露大戦争」という映画が掛かったのです。占領下では日本の戦争を讃える映画は作れませんでした。サンフランシスコ講和条約の発効により独立を回復して、数々の有名な軍神が登場し誰でも知っている神話を演ずる日露戦争物語ができたのです。長屋の大人たちが申し合わせていたのでしょう。両親に連れられた長屋の子供たちは連れだって町の映画館に行きました。小さな映画館は一階席も二階席も人で溢れ返りそうです。二階からぼくを見つけて声を掛ける同級生もいます。この戦争映画はそれまで見たものとはひどく違っていました。恋人を残して、部隊を指揮し、膝まで没するジャングルのぬかるみの中を進む若い陸軍士官の姿で終わる多分「ニューギニア戦」を扱った映画。高射機関砲の指揮官が足りなくなった弾薬の運搬を手伝っているうち機銃弾を浴び、壁を背にずるずるとへたり込み目を開いたままどっと血を吐いて死ぬ「戦艦大和」の最後の出撃の映画。つまり、悲惨な負け戦を描いた映画ばかりを見ていたのです。だが、「明治天皇と日露大戦争」は救いのある映画でした。遼陽会戦での橘中佐の奮戦や旅順港閉塞作戦での部下思いの広瀬中佐の戦死は屍の山を築き、血の河を流して奪った二百三高地からの管制射撃でロシアの太平洋艦隊を壊滅させる道を開き、奉天会戦の勝利を生み、日本海海戦での圧勝につながるのです。少なくとも公式の日露戦争神話や軍神物語ではそうでした。父の世代には馴染みのあるそういう人物やエピソードが占領期間に公然と語られることは無かったようです。それが独立を回復すると十年ぶりにスクリーンの上に現れたのです。映画の人気ぶりを見ると戦後の軍人たちだけが見たのではありません。だが、映画を見に行ったことが学校側に知られました。「映画を見に行った者は職員室に来い」と校内放送が伝えます。集まったのはぼくを含めて四、五人でした。映画館では十人以上の知り合いを見かけたのに変な話です。紺の上下を着た浅黒い色の先生の説教を聞いて相槌を打っていると「なんだ。お前」と言われ、いきなり平手打ちを喰らいます。なぜ頬を打たれたのか訳が分からず、大変なショックを受けました。母が一緒に叱られた友達に聞き合せると、ぼくだけが「はい」ではなく「うん」と答えたのが理由だったようです。

禁止事項の第二は紙芝居でした。午後の長屋に拍子木の音が響くと五円か十円のお金を母からせびって道路沿いの空き地に集まります。飴玉やイカの足を甘辛く煮たものを買ってしゃぶりながら紙芝居を見るのです。ストーリーは何一つ覚えていないのに、拍子木の音を心待ちにする午後の気分は今でも心に残っています。それを学校が禁止したのです。どんな理由によるのか小学校で説明があったかもしれません。しかし、ぼくたちが紙芝居は有害だと納得するものではなかったようです。紙芝居屋の小父さんにも決定は伝えられたらしく、午後の長屋に拍子木の音が響くことは無くなりました。ところがしばらくたったある日の午後、久しぶりに拍子木の音が聞こえます。ぼくたちが空き地に駆けつけてみると、いつもの紙芝居屋の小父さんでした。「紙芝居を禁止されると小父さんは生活できなくなる。教頭先生に会って事情を話し、許可をもらってきた。教頭先生のこの名刺が証拠だ。これまで通り紙芝居を見ていいんだよ」。ぼくたちは歓声を上げました。毎日の楽しみが一つ戻ってきたのですから。しかし、それも長続きしませんでした。ある日の朝礼で痩せて背の高い教頭先生が壇上に上り、要領を得ない話をします。どうやら紙芝居を許可したわけではないと言いたいようでした。つまり、紙芝居禁止はまだ続いていたのです。その後はどうなったのか、熊本へ転校したのでよく知りません。けれども、村で紙芝居を続ける余地はなかったでしょう。あの紙芝居屋の小父さんはどうしただろうと時々考えることがありました。

玉木村立小学校の修学旅行では門司に行きました。その時初めてデパートでエスカレーターに乗ったのです。エレベーターは下関のデパートにもあります。しかし、ほとんどの村の子供たちにとって階段そのものが動くエスカレーターを見るのは初めてでした。恐る恐る足を乗せ、自分の体がせりあがっていく不思議な感覚に戸惑い、つんのめって下りると次の階へ続くエスカレーターへ乗ります。最上階まで行くと階段を駆け下りて一階まで戻り、また同じことを繰り返すのです。エスカレーターの上はリュックを担ぎ、水筒を下げて大騒ぎする田舎の小学生で溢れ、最上階へ着くと次から次へと一階に降りる階段をバタバタと駆け下りてゆきます。子供だからこそ田舎者丸出しのそんなこともできたのでしょう。しかし、あの時は面白くてたまりませんでした。修学旅行の目的は別にあったはずなのです。けれど思い出すのはエスカレーターのことばかりです。

行き帰りには汽車を使ったはずです。行きについては何も覚えていません。帰りは乗車するまで一時間余り待たされたせいで記憶に残っているのです。原因は酒の大好きなチョビ髭の校長先生でした。仕事中にちょっと一杯引っ掛けようとして行方不明になってしまったのです。

長屋の暮らし

あの頃、長屋に住んでいる家族は押し並べて貧乏でした。卓袱台はあっても子供の勉強机はありません。その代わりになったのがリンゴ箱です。今のリンゴはダンボール箱に入っています。しかし昔は、長方形の木箱がリンゴ箱でした。蓋を外したリンゴ箱は色々な用途に使えます。差当り使わない物を入れるコンテナ代わりになりますし、ばらばらにすれば工作の材料になったり、燃料にもなるのです。なかなか重宝な物で、時には勉強机の代わりも勉めてくれました。あぐらをかいてリンゴ箱のなかに足を入れると、側面の高さが教科書やノートを乗せて勉強するのにちょうどいいのです。我が家でもリンゴ箱が勉強机でした。ただ少し細工が施してあります。

父は酒の好きな方で金があれば飲みます。無ければ付けで飲む口でした。それでも息子のことが多少気にはなっていたようです。ただのリンゴ箱では味気ないと思ったのか、駐屯地で要らなくなった乾電池と豆電球をもらってきて、銅線で繋ぎ、明かりが灯る仕掛けを付けてくれました。部屋の電灯を消してスイッチを入れるとリンゴ箱の上がほんのり明るくなります。ぼくも妹達も大喜びでした。照明具としては全く役に立たない玩具なのです。しかも可愛い灯りを楽しむには部屋の電灯を消さねばなりません。夜になってもそう度々遊べる物ではありません。でも長屋の他の子供達が持っていないものでした。リンゴ箱の勉強机に向かい、ふと左側を見ると父の手作りの装置が目に入ります。すると何か幸せな気持ちになるのです。

父もこのリンゴ箱を使うことがありました。暇さえあれば飲んでいて、時々ある昇進試験の準備も満足にしていなかったようです。十冊前後の本を駐屯地から持って帰って、いつに無く勉強することがありました。その中には「部外秘」というゴム印の捺してあるものもあるのです。父が席を外したとき、ちょっと覗いてみました。アメリカ軍の野戦教範を翻訳したものらしく、イラストに登場する人物はどれも外人っぽい雰囲気です。野外で組み立て式の小型の黒板に図を書いて説明する場面がありました。良い例と悪い例を示す二つのイラストがあり、黒板の前に立ち塞がって解説してはいけないと書いてあります。しばらくページをめくると「敵の歩哨を倒す」という項目が出てきました。そこに書いてあったのは確かこんなことです。「敵の歩哨を倒すとき目的に応じて二通りの手斧の使い方がある。その一、捕虜にするとき。背後から忍び寄り、手斧の背で敵の背骨を強打する。すると敵は声も上げず、気絶する」。アメリカ映画で後頭部を殴って気絶させる場面はよく見ます。しかし、こんなやり方があるとは知りませんでした。好奇心に駆られて読むと次にはこう書いてあります。「その二、殺すとき。背後から忍び寄り、手斧の刃で敵の背骨を強打する。すると敵は声も上げず、絶命する」。読み終えても特に驚きませんでした。人を殺すのはそんなに簡単なのか。最初の印象を言葉にすればそうなるでしょう。けれど、それが父の仕事、正確に言えば、もし日本で大規模な内乱が起こったとき、父の果たす任務に繋がるものとは夢にも思わなかったのです。大人の男達は自分の仕事や任務について申し合わせたように口を噤んでいたのでしょう。地元の農村、漁村との付き合いは殆ど無く、予備隊員とその家族だけの小さな世界でした。外から情報が入る余地はありません。貧乏暮しのやり繰りに忙しい女達と遊びに夢中の子供達が何も知らなかっただけなのです。

小学校二年の秋に寝込んだことがあります。数日経っても熱は下がりません。遠い下関市内の病院に連れて行こうにも父は出張中で、どうしようと母が思案しているうち夜になってしまいました。熱はますます上がり、ぼくがうわごとを言い始めて母はうろたえるばかりです。見兼ねてぼくを毛布に包み、バスに乗って遥か遠くの病院まで運んでくれたのは近所の父の飲み仲間でした。決断と実行の速いのが軍人の特質です。それから長い入院生活が始まります。病院暮しを始めた頃についての記憶は殆どありません。相当の重症だったらしく、もう一晩遅ければ手遅れだったと医者が言ったそうです。二段ベッドの上の段に寝かされ、何故か一人だったのを覚えているくらいです。暫らくたって病状が軽くなり、やがて大部屋に移されると大人の入院患者の人気者になりました。子供の長期入院は珍しく、剽軽な面白い子供ですから、周囲の大人達がお菓子を買ってくれたり、貸し本屋からマンガを借りて来てくれたりするのです。何時に無く大事にされ、同級生から沢山のお見舞いの手紙も届きました。病院で餅を焼いて食べてから、かなり過ぎてやっと退院したのを覚えています。三カ月程の入院だったのでしょう。「一応、肺炎としておきますが」と、前置きして医者が母に告げた病名は「肺門リンパ腺」です。しかし、それは事実の半面でした。十年程してちょっとしたことで胸部レントゲン写真を取ったことがあります。高校の先輩に当たる掛り付けの医者が、写真を明かりにかざしながら「ほう、結核をやったことがあるのか」と言い出したのです。驚いて「そんなことは無いはずですが」と答えました。すると、相変わらずレントゲン写真を眺め、ぼくと視線を合わせないようにして「そうか、まあ知らないうちに掛かって、気が付かないまま治ることもあるからな」と言うのです。肺結核がそんな生易しい病気でないのは知っていました。思い当るのは小学校二年の頃の入院だけです。調べてみると「肺門リンパ腺」という病気はありません。あるのは「肺門リンパ腺結核」、「肺結核」の初期症状です。入院当初一人部屋だったのは隔離の意味があったのでしょう。感染の恐れがあれば子供でも結核療養所に収容するしかなかったはずです。幸い感染の危険はなかったのか、ぼくは大部屋に移されました。その後の二人の医者の措置、結核の既往症を記録に残さなかったのも、それに気付きながら見逃したのも医者の温情だったのでしょう。しかし元を正せば、父の友達の飲み仲間の機転で、ぼくは大変な目に会わずに済んだのです。そういう助け合いは長屋でよく見られました。だが、ぼくの目に映る日々の父達の姿は実に自堕落なものです。

大人の男達は飲むことに明け暮れていました。何かといえば誰かの家で宴会です。大柄で厳つい顔の堀の小父さんが余興で何と裸踊りをするのに呆れたこともあります。中でも賑やかなのは春の花見でした。桜の花が満開になる頃、大人達は酒とつまみを持ち、子供達を引き連れて裏山に登ります。ひとしきり飲み終わると、子供達のための福引きがありました。滅多に食べられないチョコレートや自分達の小遣いでは手の出ない模型飛行機が当たるようにと胸をときめかして籤を引いたものです。その後は思い思いに家路をたどります。飲んでもしゃんとしている父親もあり、酔い潰れて家族に引き摺られるようにして帰る父親もあり、家族ごとにさまざまな形で楽しい一日の終わりを迎えました。

足が不自由で山に行けない祖母のために、心優しい長屋の住人は花見の帰りに桜の大枝を届けてくれました。その祖母がこの長屋の暗い一室で息を引き取ったのは恒例の花見が済んで半年経った頃です。

この長屋から出ていったのは小学校四年生の時でした。長屋のずっと東にある演習地を目指して、隊列を組んだ完全武装の小部隊が時々通りました。たいてい同じ軍歌を歌っているのです。その一節が「栄えある予備隊」から「栄えある保安隊」になり、ついに「栄えある自衛隊」にまで、目まぐるしく変わるのに僅か数年しか掛かりませんでした。東の演習地と言っても只の野原です。一人の教官に数人の隊員が付き、銃の射撃姿勢や肩で射撃の反動を受けとめるコツを覚えるのです。順番を待つ隊員が退屈しのぎにススキの茎を銃口から入れて、出せなくなるという笑いたくなるような事故も見ました。トーチカ山の山頂近くに土嚢を積み、水冷式の重機関銃を据え付けて大きな赤い旗を振っていることもあります。同じような赤い旗を振る姿が遠い山頂にも見られます。「今、射撃している」という信号でした。人家の近くで、実弾射撃が出来なかったのです。また見晴らしの良いトーチカ山に七五ミリの無反動砲が据え付けられることもありました。物見高い子供に仕組みを教えた後、山際を走る汽車を目標に実演してくれます。もちろん砲弾は使いません。照準器を覗きながら発射ボタンを押し、「よし、これであの汽車は死んだ」と教官が言いました。その言葉が奇妙に記憶に残っています。

広大な滑走路を持ちながら、大槻は陸上自衛隊の駐屯地でした。「今日はアメリカ軍のサージャントとビールを飲んで話した」と父が言ったこともあります。だから、アメリカ軍もいたのです。駐屯地で飛行機を見せる催しもありました。翼を折り畳むタイプのプロペラ機が幾つも並べてあります。目の前で見ると、とてつもなく大きく重そうです。軽々と空を飛ぶ飛行機と同じ物とはとても思えません。畳んだ翼の断面からはオイルがにじみだしています。指に付けると嫌な匂いがし、石鹸で洗ってもなかなか取れませんでした。

やがて大槻駐屯地は航空自衛隊に引き渡され「第一航空学校」になります。先ず空の一角を覆うように小型の練習機の大群が飛んできました。次に駐屯地の正門の警備兵がライフル銃を持ったダークグリーンの戦闘服ではなく、洒落たコバルト色の制服に拳銃を下げた姿に変わります。そして長屋の住人達が引っ越しの荷造りをしている頃、日に何度も駐屯地の中から発破の音が響き、金網を隔てた場所で土煙の上がることもありました。必要の無くなった地下施設を爆破していたのでしょう。ぼくの家族は熊本に移ることになります。

第二章　田原坂を越えて

牧洲小学校

熊本市の郊外に建軍飛行場があります。戦争末期、西日本各地に作られた特攻機の発進基地が初まりではないかと思います。父の新しい勤務地は陸上自衛隊のその飛行場でした。小さな滑走路と格納庫が畑の中にあるだけで、離着陸するのは連絡や偵察に使うセスナ機のような軽飛行機ばかりです。一度だけアメリカ軍のジェット機が上空を幾度も旋回した日があります。見ると微かに霧のようなものを翼から出していました。滅多に無いことでしたから何かあったのかと帰ってきた父に尋ねます。父の答えは劇的なものでした。アメリカ軍機は訓練中に燃料漏れを起こし、たまたま見付けた小さな飛行場に緊急着陸の許可を求めていたのです。滑走路が短くジェット機は降りられないと断ると不時着したいと言ってきました。それも無理だと断り、板付へ向かえと指示したのだそうです。その後のことは分かりません。新聞もラジオもジェット機墜落のニュースは伝えませんでした。どれほど小さな飛行場だったかは想像が付くでしょう。

髭を生やした隊長はノモンハン事変の時、陸軍のパイロットだった人です。空中戦で撃ち落とされ、落下する飛行機から脱出する時に拳銃を試射したという話を父もしつこく聞かされていました。もしパラシュートがソ連軍の陣地に落ちたら自決するつもりだった。だが、落ちたのは不思議なことに味方の高射砲陣地だった。それ以来、神の存在を信じるようになり、立正佼成会の熱心な信者になったのだそうです。人の良い軍人特有の子供のような目をしていて、見学にきた小学生を喜ばせようと、必要もないのに腰に拳銃を下げて発令所に姿を現し、部下の敬礼にゆったりと答礼する人でした。髭を上級指揮官の権威の象徴と考え、手入れを怠りません。それだけに、部下の下士官が自分より見事な鍾馗髭を蓄えているのが気になり、剃ってはどうかと勧めたことがあったそうです。しかし、「髭を落とすくらいなら自衛隊を辞めます」と答えられては打つ手がありません。下士官が鍾馗髭を剃る話はそのまま沙汰止みになりました。

最初に住んだのはバスの通る砂利道の傍の向かい合った二軒屋です。水はポンプで汲みます。水道管がまだ付近まで来ていない田舎でした。市電の終点からさらに一キロほど歩くのです。晴れた日はバスの通るたびにひどい埃が舞い込み、タイヤの撥ねた砂利が道路に沿う板塀を叩くことがありました。そこから畑の中を続く、細い道を通り小学校へ通います。明治時代に建てられた古い木造の校舎には幾本も支え棒がしてありました。改築する余裕が無かったのでしょう。倒壊の危険が最も高い教室の担任は、小学校でも一番しっかりした先生だから心配無いと言われても、母は安心できなかったようです。

この牧洲小学校で村の子供達が話す言葉は訛りの強い熊本弁です。まくし立てられると全く分からないのです。そのためとんだ事件が起こってしまいました。転校して数日たった頃です。家に帰りかけて便所に行きたくなりました。ランドセルを渡り廊下に置いて帰ってみると無くなっています。慌てて周囲を見渡すと一人の子供がぼくのランドセルを下げて廊下を曲がる姿が見えました。追い掛けて取り返そうとし、口論になります。ところがお互いに相手の言うことがさっぱり分からないのです。次第に口調が激しくなっていくうち、突然相手がぼくの頭を掴んで校舎の壁にガンガンと打ち付け始めました。下関でも喧嘩はありました。しかし、ちょっとした殴り合いがせいぜいで、こんな手荒いやり方は初めてです。痛さよりもパニックを起こしたせいで、いいようにされてへたり込んでしまいます。相手が置き去りにしたランドセルを抱えてどうにか家に帰ると、ショックで寝込んでしまったのです。母が担任の先生に抗議に行きました。眼鏡を掛けた小柄な、大学を出たての若い女の先生です。そして事情が分かりました。その子は誰かが忘れたランドセルを職員室へ届けようとしていたのです。ところが見掛けない子供が追い掛けてきて、聞いた事もない言葉で何かランドセルのことを言い募ります。説明しても分からず、お互いに相手の言葉の分からないまま口論だけが激しくなりました。ただ見知らぬ子供の叫んだ「泥棒」と言う言葉だけはよく分かったのです。かっとなったその子は熊本流の制裁を加えたのでした。若い女の先生は最後に付け加えます。「でもねえ、お母さん。男の子は喧嘩するくらいの元気がないと駄目なんですよ」。五年生になるまで暫らくその女の先生のクラスでした。しかし、一度も大きな声を出したり、叱り飛ばす光景を見たことがありません。熊本ではずいぶん大人しい部類に入る先生だったのです。あの言葉は熊本を含む南九州のごく当たり前の気風をよく表していたのでしょう。

最初に苦労したのは熊本弁と珠算です。名目上は熊本市内でも、人口を増やすため市域が途方も無く広く取ってあるだけですから牧洲小学校は実際には郡部にありました。生徒のほとんどは中学校を卒業すると就職します。十五歳で社会人になる子供達が少しでも就職で有利になるようにと、補習授業の珠算にずいぶん力を入れていました。中学校に入るまでに三級を取るのが目標です。「算盤が使える」と言うには、せめて珠算三級を持っていることが必要でした。また二級以上になると暗算があり格段に難しくなるのです。毎日、授業前の一時間と放課後が珠算の練習に当てられています。転校の手続きをした日、補習を担当する新開先生から「たとえお子さんが進学されるのであっても、例外は認めません」と言われた母は、慌てて学校指定の商店で一番易しい珠算の問題集と一番安い算盤を買い、ぼくに与えました。けれども、父も母も算盤を習ったことがないのです。ぼくは算盤を一から学校で習うしかありません。

翌朝、授業の始まる一時間以上前に教室に入ると、もう女の子が一人います。田舎の学校では珍しい小綺麗なクリーム色のセーターを着て、余り訛りの強くない言葉を話します。その子が一年上で三級をもう取り、二級を目指しているのが分かりました。ぼくが算盤の玉の動かし方も知らないと聞いてひどく驚いたようです。左手で算盤を押さえ、右手の親指と人差し指で玉を弾くのだと説明して、実演してくれるのですが、その鮮やかな手付きはとても真似が出来ません。二桁の足し算をのろのろしているのを横から見ていて、今のは違うと言います。ぼくのやっている問題は二級の暗算にも出てこない易しい計算だったのでしょう。一方が誰でも出来ると思っていることを他方は皆目出来ないのです。いくら二人が一生懸命になっても算盤指南はうまく行きません。間もなく教室に現われた新開先生に、算盤の使い方と頭の中でする暗算の方法を最初から教わることになります。

新開先生はその頃でも古風な丸いレンズの近眼鏡を掛けています。ひどく痩せていて年齢は四十歳をかなり過ぎた感じでした。いつも同じ、くたびれた背広を着ています。そんな姿で学校の行き帰りには、古めかしい原動機付き自転車に乗り、風を切って走るのです。今でも「原付」という言葉だけは残っています。しかし元来の原動機付き自転車とは似ても似つかぬスマートな乗り物です。当時の原動機付き自転車は文字通り旧式の自転車に小型のガソリンエンジンを積んだ物でした。エンジンを始動させ、レバーを操作してゴムを巻いた回転輪を自転車の後輪の内側に接触させて走ります。こんな乗り物でも持っている人はごく僅かでした。だから原付で走る新開先生の姿は「颯爽」としていたと言えるでしょう。きびきびとした動作でいつも忙しそうに立ち働いている先生でした。しかし、印象に残っているのは先生が放課後の人気のない教室でぽつねんと教卓に座っている姿です。ぼくが算盤の玉を初めて動かした日の午後の情景でした。放課後の算盤の補習が始まり、それぞれ数ページずつの課題が与えられます。慣れた子供たちはすぐに自分の課題をこなし一人、二人と帰っていきました。教室から次第に人が減っていきます。教卓に座った新開先生が見守る中で算盤を動かしているのは、とうとうぼく一人になってしまいました。一人きりになってからずいぶん時間が過ぎても、少しも計算練習ははかどりません。辺りは次第に暗くなり、教卓に座っている新開先生の顔も見えなくなります。ぼくは泣きながら算盤の玉を動かし続けました。じっと座っている先生の声がしました。「今日はもう帰りなさい」。それから先生はあの原動機付き自転車で家まで送り届けてくれたのです。

生徒の将来を気遣う方でしたが、普通の意味での優しい先生ではありません。むしろ常に厳しい先生でした。幾度となく「歯を食いしばれ、動くな」と前置きして、強烈な平手打ちを浴びせられたものです。ただその体罰は、はっきりした基準に照らして行なわれるもので、見事なくらい公平でした。喧嘩をしてはいけないとよく先生は言います。どこかで喧嘩が始まると先生が飛んできて、いきなり双方に平手打ちを食わせます。それからそれぞれの言い分を聞き、「お前が悪い」と判定を下して、その生徒をもう一度平手打ちし「喧嘩をしちゃいかん」と説教して放免するのです。ぼくにはそれが驚くほど公平な裁きに思えました。それまでの担任は全て女の先生で体罰を加えられたことは一度もありません。しかし叱られると後まで尾を引きました。ビンタを浴びて全てが終わる爽快さを初めて経験したのです。ぼくは新開先生が恐いけれど好きになりました。一年余りで珠算も四級まで進み学校に慣れ始めた頃また引っ越すことになります。

それから数年後、中学校の父兄参観日に、校内の図書室で本を開いているくたびれた背広の冴えない小父さんを見ます。丸いレンズの古風な眼鏡に見覚えがありました。「新開先生」と声を掛けると、こちらを訝しげに見て暫らく考え「ああ君か」と懐かしげな表情です。何か話をしたはずです。しかし、あの颯爽とした田舎教師の風格は全く消え失せていました。哀しいほどうらぶれた初老の男の姿だけが目に焼き付いています。

牧州小学校の雰囲気は嫌いではありませんでした。男なら元気に遊べばよく、勉強など二の次だったからです。ただ、乱暴な同級生にはなじめません。休み時間は一人で過ごすことが多く、昼休みは図書室で過ごしました。好んで読んだのは戦前の講談社から出ている偉人伝です。中でもお気に入りは「ナポレオン伝」でした。ナポレオンはコルシカ島の出身です。コルシカは元々イタリアとの関係が深く、フランスが領有を宣言すると当然のようにコルシカ貴族の反乱が起こりました。戦いに敗れ、乳飲み子のナポレオンを懐に抱えた母親が馬を飛ばす場面が印象に残っています。降伏したコルシカ貴族はフランスの貴族に列せられ、そのおかげでナポレオンはフランスの士官学校に進む道が開けます。しかし、満足な仕送りも受けられないナポレオンの仕官学校生活は惨めなものでした。ただ、読書が好きで、士官学校の校庭の一角がお気に入りの本を読む場所でした。その場所はナポレオンにとっての聖域だったのです。ナポレオンは戦場の花と謳われる騎兵や歩兵ではなく、当時は戦争の脇役と思われていた砲兵を志願しました。数学や物理に強く、将来の戦争のあり方を予測する能力のあったナポレオンには、砲兵が主体になる戦争の姿が見えていたのでしょう。それにフランスの名門貴族の大半が志願する騎兵科や歩兵科では田舎貴族のナポレオンに出世は望めません。そのおかげで、思わぬことに、フランス革命の中で政敵を次々にギロチンにかけたロベスピエールの公安委員会に眼をかけられます。反対派の大規模なデモを鎮圧するために、公安委員会が信頼し、使える部隊がナポレオンの砲兵隊しかなかったからです。当時でも今でも、デモ隊の鎮圧には歩兵隊を使うのが普通です。銃剣と必要なら銃撃でデモ隊を鎮圧するのです。砲兵隊をデモ鎮圧に使うことはまずありません。しかし、追い詰められた公安委員会は背に腹は代えられなかったのです。ナポレオンは見事に期待に応えます。街路に砲を並べ、デモ隊にブドウ弾を発射しました。人の親指の先ほどの鉛玉の散弾を打ち込んだのです。戦場で敵を皆殺しするために使われるこの方法の効果は絶大でした。こうして公安委員会の信頼を得たナポレオンは続いて、干渉軍を満載したイギリス艦隊にあふれるツーロン軍港の制圧のため派遣されます。現地に到着したナポレオンは司令部に向かい、ツーロン軍港付近の地図を眼にすると、「ここにツーロンはあります」と言い放ちました。そこはツーロン軍港ではなく、それを見下ろす丘でした。軍司令官はうんざりします。これまで革命に忠実だというだけで無能な士官が幾人も送られてきました。今度の奴は地図の見方も知らないと愕然としたのです。

しかし、そうではありませんでした。ナポレオンはツーロン攻防戦の戦略的要点が港を見下ろす丘にあると言っていたのです。問題の丘を落とすため、犠牲を省みない攻撃が行われます。丘が落ちると大砲が丘に引き上げられて、港内のイギリス軍艦に対する砲撃が始まりました。イギリス艦隊はたまらず撤退していきます。ナポレオンの読みは正しかったのです。その後、ナポレオンはイタリア遠征軍司令官となり、二千数百年前のハンニバルに続いて冬のアルプスを越えて、イタリア遠征を成功させます。その後、ロベスピエールと親しかったことが災いして一時期不遇をかこちますが、やがてフランス皇帝となるのです。

引き上げ者

牧洲小学校に通っていた頃、道路を隔てて向こう側に引き揚げ者のバラックがありました。日本が無条件降伏した後、満州から引き揚げた人だけでも五十万人を超えたはずです。外地から僅かの手荷物だけを持って帰ってきた人の総数はどの位だったのでしょうか。熊本では旧陸軍の第六師団が使っていた市外の広大な演習場を分譲したり、宮崎県、鹿児島県との県境に近い人吉の山奥に入植させたりしたようです。身一つで帰ってきた人々に土地を持たせ定着させるだけでなく、荒蕪地を農地に変え、日本が必要とする食料の自給を図ったのでしょう。当時、演習の行き帰りに自衛隊の小部隊が歌う軍歌には「八千万の我が祖国」という言葉がありました。朝鮮、台湾が日本でなくなると現在の三分の二に足りない人口を養うことさえ難しくなったのです。人道支援ではなく国策なのですから、土地を得た人には「縛り」が掛けられました。土地を放り出して都会に働きに出るのは許されません。誰かが自分の土地を買い取って開墾事業を引き継いでくれない限り、入植地から出られないのです。もともと誰も見向きもしなかった土地なのですから開墾が望み薄なのは数年で分かります。見切りを付けた人は当時としては貴重品の高価な闇酒を手に入れ、それを手土産にして、心安い知人に自分の土地を引き受けてくれと頭を下げるのでした。苦労を重ねながらも戦後十年が過ぎるとたいていの人は再出発の糸口くらいは掴んでいきます。しかし、そうでない人達もいました。道の向こうに住んでいた人達がそうです。決して豊かではない我が家に比べてもひどく貧しい暮らしぶりでした。毎朝みすぼらしい服装で井戸から水を汲み上げる姿を見ると何か気の毒に思えてなりません。道の向こうと家族同士の付き合いはありません。しかし、道沿いにぽつんと建っている二軒屋では近くに友達も少なく、道を越えてバラックの子供達と遊ぶことがありました。

そこにはいつも色の白いお兄さんがいました。マンガの本を読ませてもらったり、将棋の相手をしたり、小学校の女の先生相手に仕掛けた悪戯の話を聞いたりしたのです。そのお兄さんは結核でした。しかし、家にお金が無いため医者に診てもらうことができないのです。家族には栄養のある食物を用意してやる余裕も無いようでした。だから、激しい運動を避け、仕事にも出ず、家でじっとしているしかないのです。ぼくたちと遊ぶのは日一日と近付く死を待つ中での数少ない気晴らしだったのでしょう。日頃から影の薄い人でしたが、やがて衰えた火が消えるように亡くなりました。「苦しくて堪らない。頼むから注射を一本打ってほしい」。それが最後の言葉だったといいます。しかし、そのたった一つの望みを叶えてやるお金すらその家にはありませんでした。まだ日本には満足な社会保障制度も福祉政策も無かった時代です。貧しい暮らしの中であのお兄さんと同じように短い一生を終えた人は多かったことでしょう。

富川中学校

郡部の牧洲小学校から引っ越したのは県営住宅の抽選に当たったからです。建軍飛行場に近く、恐らく家賃も安かったのでしょう。第六師団の演習場だった土地の一画です。富川小学校の校舎は鉄筋モルタル塗りの二階建てでプールもあり、明治の遺産のような牧洲小学校とは大違いです。ただ、校風は大嫌いでした。牧洲なら男の子は腕白であればよく、元気に遊ぶのが大事で勉強なんか二の次です。ところが富川では生徒も先生もひどくテストの点数にこだわりました。算数のテストを返しながら担任の先生が言ったことがあります。「六十点未満の者は再テスト、それ以上の者は帰ってよし。ただし、残って再テストを受ければその点数をテストの点数にしてやる」。点数で生徒を釣ろうという嫌な話にしか聞こえません。ぼくは帰り支度を始めました。すると同級生の一人が声を掛けるのです。「ジオン、お前俺より点数悪いじゃないか、なんで帰るんだ」。無視して帰りながら、勉強するより遊ぶほうが楽しいに決まってるだろ、と言い返せないのが残念でした。とてもそんなことを口に出して言える雰囲気ではありません。今から見れば、後の時代を先取りする小学校だったのでしょう。しかし、日本を駄目にする教育の先駆けであったのも間違いありません。富川台地から再建の始まった熊本城が見えます。牧洲のような名ばかりの市内ではなく、確かに熊本市の郊外でした。あれは物の考え方の都会化だったのでしょうか。豊かさの中で、人の心根はかえって貧しくなるのかも知れません。

半世紀前の時代、本を買うのは贅沢の部類に入りました。子供向けの雑誌は月刊誌で、買ってもらえるのは年に数回です。正月や夏休みには本誌以外に別冊付録で読み切りのマンガが五冊も六冊も付くのです。月刊誌を取っているのはたいてい土地の裕福な農家の子供でした。ぼくの周囲に多い、裸同然で田舎から出てきた家族にそんな余裕はありません。牧洲にいる頃、仲の良い友達の家へ遊びに行くと大事に取ってある雑誌や付録のマンガを読ませてくれました。マンガも含めて雑誌や本は貴重品だったのです。雑誌の読み捨てなど考えられない頃です。郡部と違い町中には貸し本屋があちこちにありました。通りに面した小さな店に本を並べ、たいていは余り垢抜けしない主人が隅に座っています。店のなかは人影も疎らで、並んでいるのは手垢と埃に塗れた小説や、たちまち擦り切れるまで回し読みされる月刊誌にマンガが並べてある、どこかうらぶれた感じの漂う店が多かったように思います。近くにも貸し本屋がありました。月に一度の月刊少年雑誌の発売日には急いで学校から帰り、一日分の小遣いを握り締めて息せき切って駈け付けます。このように新刊雑誌を借りようと互いに先陣争いをしたのは初めのうちだけでした。一冊を一日借りるには十円掛かります。一日分の小遣いをはたかねばなりません。近所の子供達と仲良くなるにつれて、順番に新刊雑誌を借り出して回し読みした方が安いと誰もが気付いたのです。店で読めば一冊五円です。そこで十円払って店で二冊読むこともありました。さほど商売熱心ではない女主人は子供のぼくに店番を任せ、奥の部屋で当時はまだ珍しかったテレビを見ます。昼間の放送はＮＨＫと教育ＴＶしかない頃です。お堅い番組を通して都会生活の一コマを覗き見るだけで満足できた時代でした。ぼくが「帰る」と声を掛けない限り、女主人は奥から出てきません。その隙に別のマンガまで読んだり、後ろめたい気持ちを味わいながら裸の女の写真を載せた雑誌をめくったりするのです。後に劇画の源流になる「戦記物」、「ギャング物」、「探偵物」は暴力を肯定しているという理由で月刊誌には載せて貰えず、全国向けでも数百冊しか印刷されない貸し本屋専用のマンガとして出回るだけでした。『ゲゲゲの鬼太郎』の水木しげるがガダルカナル攻防戦のマンガを幾つも書いていたのを知る人は少ないでしょう。テレビで「戦記物」を散々に悪く言う、嫌味な大島渚が大学でぼくの先輩になるとは夢にも思いませんでした。拳銃、サブマシンガン、ライフル銃を扱う専門誌はなく、「ギャング物」の解説で性能、特性、歴史を僅かに知るくらいです。人気探偵マンガ『台風五郎』を書いていた「さいとうたかを」は今では『ゴルゴ13』の作者として有名です。白土三平が貸し本屋専用本として書いた『忍者武芸帳』を現物で読んだのは、世に多いマンガオタクにも自慢できる話でしょう。何より楽しいのはマンガを読んでいる時でした。

富川台地の端に大きな白亜の鉄筋コンクリート三階建て校舎があります。創立されたばかりの富川中学校です。周りの鄙びた景色と対極のモダンな雰囲気でした。建物だけでなく教師陣も若く意欲に溢れた人を多く選んだようです。ぼくたちが入学して、やっと一年生から三年生までが揃います。富川中学校は「モデル・スクール」だと言われていました。過去のどんな影響も受けることなく、新しい教育のシステムやノウハウを開発し、県下に広める実験校だったのです。その点では立地条件も教師陣の顔触れも申し分ありません。美術の先生三人が日展の日本画、洋画、デザインの分野で揃って入選したことがあります。完璧なアメリカン・イングリッシュを話す南村先生の教え子、三年生の才媛、草野さんは英語弁論大会の県予選、九州地区予選を勝ち抜き全国大会まで進みました。その南村先生や一年生のクラス担任だった野間先生を含む英語科が指導する英語劇に慣れたぼくたちには、他の学校のジャプリッシュ劇が聞くに堪えぬ代物に響きます。一期生の中には中学校を卒業してすぐＮＨＫのアナウンサー養成所に採用された先輩もいます。放送部の出身で、流れるようにきれいな標準語を話せたからです。放送部の女の子達の憧れの的でした。こう並べ立てていくと目覚ましい活躍を見せていたのは女の子ばかりです。師匠の厳しい指導にどこまでも付いていく女の子、後の「スポーツ根性物」のマンガに出てくる構図がもう見られました。男が冴えない点では、現代の日本すら先取りしていたと言えるでしょう。

理科の木下先生には特別な思い出があります。中学に入学して初めての理科は生物の授業でした。植物を分類していき、黒板に「被子植物」、「裸子植物」と書いて「誰かこの違いの分かる奴はいるか」と木下先生がクラスに尋ねたのです。答える者はいません。小学校でそんな言葉は習っていないのです。「誰か少しでも分かる奴はいないのか」と畳み掛けられて、軽率な所のあるぼくはつい声に出して言ってしまいます。「『裸』は『はだか』という字だ。植物に子供はいないから『子』は多分『たね』のことだ。だから『たねがむきだしになっている』のだと思う」。全くぼくの方を見ずに、木下先生がクラスに向かって言います。「では、被子植物はどうなる」、調子に乗ってぼくは答えます。「その反対に『たねがつつまれている』のかな」。ぼくの答えは合格だったようです。戦前の「少年倶楽部」の付録をいつも読んでいたので漢字には強かったのです。「単子葉植物」、「双子葉植物」の違いでも面目を施しました。父が軍人であった、戦争オタクには単発エンジンの戦闘機が双発エンジン機より運動性で優れているのは常識中の常識です。「単」と「双」の違いを漢和辞典ではなく、戦闘機の形式の違いで憶えていたのです。その日の授業が終わるとき、相変わらずぼくの方を見ずに木下先生が言いました。「今日、よく答えた奴、名前を憶えておくぞ」。同級生を前に名指しで誉められるのは嫌なものです。「お前は私のお気にいりだよ」と他の生徒の前で宣言するに等しいからです。しかし、木下先生の誉め方にそんな響きは全くありません。長身でなかなか二枚目のこの先生が、男っぽい気性だと知って嬉しくなりました。気を良くしたぼくは木下先生と一緒に理科も好きになったのです。

一年生の美術担当は洋画が専門で、いつも補聴器を付けている眼鏡の北浦先生です。最初の時間は美大入試で先生がやった大失敗の話から始まりました。デッサンの試験場に沢山の白パンを入れたかごが置いてあったのだそうです。「ほう、東京の学校は親切なものだ。腹が減った者のためにパンまで用意してくれている」。そう思って時々パンを取りに行って食べてはデッサンを続けていました。何度目かにパンを取りに行こうとすると、隣の受験生が服を掴み小さな声で言います。「田舎者だな。どこから来た」。いささか気を悪くして北浦先生は答えました。「熊本だ。お前はどこだ」。相手は九州か中国地方の出身でした。何だと思って先生は言い返します。「お前だって田舎者じゃないか」。相手は溜め息をつきながら説明します。「パンは食うために置いてあるんじゃない。白い部分を消しゴム代わりに使うんだ。他の奴のデッサンを見てみろ」。周りを見ると誰のデッサンもきれいなのに、自分のだけは真っ黒でした。美大を受ける日まで、白パンが消しゴム代わりになるとは知らなかったのだそうです。大笑いしながら、ぼくたちは白パンが消しゴム代わりになるのを初めて知りました。北浦先生が補聴器を付けているのは抗生物質の乱用のせいだそうです。結核にかかると感染の危険があれば結核療養所に収容されます。そうでない場合、本来は医師の処方箋に基づいて幾種類かの抗生物質を使い分けるのです。しかし、戦後のある時期まで抗生物質も覚醒剤も睡眠薬も町の薬局で自由に手に入りました。しっかりした医療保険もない時代に、高いお金を払って、いちいち医師に処方箋を書いてもらう余裕のある人はごく僅かでした。だから、抗生物質の素人療法がよく行われたのです。若い頃の北浦先生もそうでした。そして、ある日突然耳が聞こえなくなったのです。自転車に乗って道を走っているときでした。音が一切聞こえなくなると同時に何か胸騒ぎがしたそうです。振り返ると大型トラックがすぐ後ろまで迫っていました。

富川中学では美術の時間に大型のスケッチブックを使います。最初の時間は鉛筆を握った自分の左手をスケッチするよう言われました。何とか描いて持っていくと北浦先生は端に赤インクでBと書き、少し消しゴムをかけ自分の鉛筆で軽く陰を付けます。すると不思議なほどスケッチの印象が変わるのです。おっとりした人柄で生徒の絵をけなすことがありません。「ほう、…を描きたいんだね」とヒントを与えるのが常です。一年生の終わり頃、今から思うと異様な絵を描きました。校庭の端の木を描いていたはずなのに、絵がどんどんおかしくなっていきます。濁った朱色の空を背景に、太い幹の枯れ木が斜めに立ち、全く葉を付けていない枝が出ているのです。北浦先生に見せると、「ほう、夕焼けを描きたいんだね」と言ったきりです。ぼくとしては思い入れの強い絵で、何かそれ以上のアドバイスが欲しかったのです。しかし、絵に手を入れるよりも、心理分析の対象にした方が良いものだったかも知れません。

二年生は神経質で好き嫌いの激しい中嶋先生が美術担当になりました。専門はデザインです。四月の初め、クラス全員のスケッチブックに目を通したことがあります。ぼくのスケッチブックをめくって問題のどぎつい絵に行き当たると、ちらりと見て吐き捨てるように言いました。「木を見ないで木を描く奴の絵はつまらない」。

一年生のクラス担任は英語の野間先生です。その頃は気付きませんでしたが、せいぜい二十四、五歳だったのでしょう。沖縄戦の始まる半年ほど前、二人の姉さんと一緒に九州に学童疎開し、そのまま帰れなくなった沖縄生まれでした。「空襲の時、空からドーン、ドーンと音がする。見上げると巨大なB29爆撃機に豆粒のような日本の戦闘機が体当たりを続けていた。俺も大きくなったら同じことをしようと思った」。そんな話を聞いたことがあります。沖縄で激戦が続き、残った家族の生死も分からぬ時期のことでしょう。

中学校で教えるのはクイーンズ・イングリッシュが当たり前の時代に、語法こそイギリス式でしたが野間先生や南村先生の英語は発音もイントネーションも全くのアメリカン・イングリッシュでした。「今日は日曜日です」を英語に直す問題で、ろくに勉強していなかったぼくは「Today is Sunday」と書いて丸をもらいました。答案を覗き込んだ友達が不思議がります。教科書通りの正解は「It is Sunday today」だったのです。聞きに行くと野間先生は事もなげに説明しました。「アメリカではそういう言い方もするんだ」。留学経験はないものの、大学の後半二年をアメリカ人留学生のルームメイトと暮らし、毎晩その日の出来事を野間先生は英語で、ルームメイトは日本語で話して交換教授をしたのだそうです。授業中ではありませんが、先生がこう呟くのも聞きました。「『going to』なんて読まないよ。みんな『gonna』と言っている」。

あの頃は休みの日や学校帰りに生徒が担任の先生の家へよく遊びに行きました。所帯持ちの先生の所でさえ遠慮しないのですから、独身ともなれば気楽なものです。数人で野間先生の下宿に遊びに行ったことがあります。賄い付き六畳の部屋にあるのは小さな卓袱台、本棚、レコードプレーヤーとレコードくらいです。わいわい騒いでいるうちに先生の学生時代の話も出ました。大学進学率が恐らく十パーセントに足りない時期に先生は熊本大学へ行っています。奨学金を貰い授業料免除を受けても生活費の大半は自力で稼ぎだされなりません。南九州で酪農業者の草分けになることを夢見て、人吉の山奥に入植した義理の兄さんの許で出来るアルバイトは限られていました。休みには炭俵を担いで山から谷に降り、向かいの山の上まで運び上げる仕事をしたそうです。一俵いくらの歩合制ですから、一度に多く担ぐほどお金になります。ついつい自分の体力で担げるぎりぎりの三俵を背負います。山を降りる間は何とか我慢できても、登りにかかると肩に食い込む重みに後悔し始めるそうです。この次は決して三俵は担ぐまい、二俵にしようと思うのです。ところが、身軽になって元の山に戻ってみるとやっぱり三俵担いでしまうという話でした。貧乏な人の手近にあるのは小さなお金を稼ぐチャンスです。だから、体を壊してでも、そのチャンスを精一杯利用しようとします。何か身につまされる話でした。

並んでいる本の中に二十冊程の英語のペーパーバックがありました。外国製の本を見るのは初めてです。先生に断って、題名に英語の「猫」という言葉が含まれているものを引っ張り出してみました。けばけばしい色彩の表紙に女と男の絵が描いてあります。アメリカの有名な戯曲だと聞いて演劇部のぼくは大いに興味が湧いて本を開きました。何が書いてあるのかさっぱり分かりません。恐らく『焼けたトタン屋根の上の猫』でしょう。諦めて次の本を取り出しました。これにも英語の「葡萄」という言葉が含まれています。最初のページに「赤い土」という言葉があるのが分かっただけで満足しました。スタインベックの『怒りの葡萄』だったと思います。土地を失い故郷を離れたおびただしい数の人々が、カリフォルニアだけはまだ開拓時代の夢の国だと信じて西を目指す話です。入植の余地も無い他人の土地にたわわに実る葡萄を見て絶望する場面を先生はどんな気持ちで読んだのでしょうか。

大晦日に先生の下宿に集まったこともあります。お城の向こう側にある「金峰山」に登り、初日の出を見るためです。いつに無く着込んで歩きだし、市街地を横切って山裾に着いた頃から変な気分になりました。意識がぼんやりし、体が言うことを聞かないのです。両脇を二人の友達に抱えられ登り続けるうち、とうとう動けなくなりました。仕方なくその場で暫らく休憩ということになります。ところが、クラッカーを四、五枚食べた途端に元気になり、後は先頭に立って山を登りました。低い山に登って高山病になるはずはないのにと、先生は不可解な思いがしたそうです。自分の体力の限度も知らずはしゃいで山登りをするとよく起こる「バテ」でした。若い女と子供によく見られる現象です。

山頂には思いがけず沢山の人が集まっていました。薪や甘酒を売る者までいます。座って、他人がマキ代を払った焚火に当たり、日の出を待ちます。体が温まり、良い気持ちになると、居眠りしてばったり倒れました。それで目が醒めて、改めて体を起こして火に当たる。幾度と無く、居眠りし、倒れて気が付くことの繰り返しです。いつも背中だけがひどく寒かったのを憶えています。苦労の割りに大したことのない初日の出でした。

山登りそのものはさして面白くなくても五、六人の男だけでのお喋りは楽しいものです。「睾丸」が「きんたま」のことだと初めて知りましたし、クラスのどの女の子が好きかという打ち明け話も出来ました。のっぽの中居君は色が真っ黒で、よくけらけら笑う花瀬という女の子が好きだと言います。ぼくから見るとぱっとしない女の子です。ぼくは小高さんが好きでした。富川中学校には制服がありません。家の経済力が許す範囲で誰もが好きな服を着ています。派手な服で学校に来る女の子も確かにいました。小高さんは中肉中背でこぎれいな身なりです。休み時間に友達の方を向いて話していると、すぐ後ろの席の小高さんが俯いて自分の胸元で両手をもぞもぞ動かしています。何をしているのか気になりました。見ると、首から下げたペンダントの鎖がブラウスのボタンに絡まっているようです。ちょうどボタンを外した時に見ているぼくに気付きました。あっ、といって胸元を隠す仕草と表情がとても可愛かったのです。眠そうな人の良い目付きをして、ぼんやりした感じはあるものの、顔立ちは整っていました。「不良」の先輩の一人に目を付けられていて、演劇部が練習している放課後の教室に逃げ込み、匿ってほしいと頼んだこともあります。好きな女の子を尋ねられ、小高さんの名前を出すと野間先生は困ったように言いました。「うーん。小高君は頭がバカだからなあ」。

富川中学では戦前育ちの先生も含めて体罰を加える人は稀でした。若い先生は特に体罰を嫌い、説教をしても効果が無い時に正座させるくらいです。体罰は当たり前とする、自分達の受けた教育に反感を持っていたのかも知れません。例外は体育の坂出先生、美術の中嶋先生、それに敗戦後、これからの日本では教育が大事になると一念発起して医者から中学教師になった眼鏡の中年の先生です。坂出先生はごつい感じの体育の先生でしたから、言ってみれば当然でした。中嶋先生の体罰にはどこか病的な所があります。にやにや笑いながら突然平手打ちを食わせたり、恐い顔で叱りながら全く手を出さなかったり、なぜ体罰を食らうのか、いつ受けるのか全く分からないのです。要するに、体罰を加えて生徒をいたぶり楽しんでいたのでしょう。元医者の先生はどこか牧洲小学校の新開先生に似た雰囲気の人でした。眼鏡を掛けて年配だというだけではありません。戦前の教育を受けた人に共通の頑さを持っていました。生徒は先生の言うことを黙って聴くのが当然と思い込んでいるのです。元医師の先生は異論だけでなく、質問にすら腹を立てます。新開先生は質問には寛大でした。

若い先生達はせいぜい小学校の高学年くらいで敗戦を迎えています。戦中の教育を受け、様相を一変した戦後の教育も受けた世代です。思い切り腕の振るえる実験校で、新しい教育の模範を創るのに熱心でした。英語科の先生達が指導する英語劇には女の子も何人か出演します。その練習が夜の八時、九時に及ぶこともありました。普通では考えられません。校長や教頭が学校の特色作りの一つとして黙認していたのでしょう。それぞれの教科の教育について一家言を持つ人が多いだけに勤務評定の導入では騒ぎがありました。

ある朝、ホームルームの時間になっても誰一人先生が教室に現われないのです。何の連絡もありません。校内放送も沈黙しています。授業時間に教室から出てはいけないといつも言われていました。ぼくたちのクラスは隣同士でどうしたんだろうとこそこそ話すばかりです。ぼくは中学二年生だったと思います。別のクラスは担任の先生と連絡を取るため代表者を職員室に送ったそうです。近付くと怒鳴り合う声が聞こえます。廊下側の窓からそっと覗くと先生達が二手に別れ、今にも掴み掛かりそうな勢いで罵り合っていたといいます。正午頃の「今日はこのまま帰りなさい」という校内放送の指示に従って学校を出ながら、どうしたんだろうという思いは消えません。それなのに、翌日は全くいつもと同じような授業がありました。前日の奇妙な出来事についての説明は一切ありません。英語の南村先生の顔に大きな痣が出来ています。あの日、体育の坂出先生が殴ったという噂です。それを職員室の窓越しに確かに見たという者まで現われました。それが勤務評定の導入に関わる騒動だと教えてくれたのは同級生の中居君です。当時四十歳前後の中居君のお母さんは野間先生のファンで、教育問題、政治問題に関心が深かったのです。翌年春の人事異動で何人もの若手の先生達が僻地へ飛ばされました。木下先生は阿蘇の山奥へ、野間先生もやがて人吉の盆地へ。代わりにどっと入ってきたのは初老の陰欝な教師達です。学校の雰囲気は一変し、もう前ほど楽しいところではなくなりました。

ぼくたちは勉強なんか大嫌いでした。授業中は大人しくしています。しかし、先生の姿が消えて休み時間になると大騒ぎです。教室のあちこちで喧嘩が始まります。睨んだとか、生意気だとか、要するに理由などどうでもよかったのです。とにかく一方が喧嘩を売り、もう一方がそれを買うと、たちまち取っ組み合いでした。周りの者は囃し立てるだけで勝負がつくまで誰も止めようとはしません。成り行きを見て楽しむばかりです。勝負がつけば必ず誰かが止めに入りました。勝った方も負けた方もそれを潮に喧嘩を止めるのです。卑怯な真似をしない、弱いものいじめをしない、泣き言を言わない。それは誰もが守るルールでした。強い奴は尊敬され、弱い奴は誰からも愛されます。喧嘩が悪いことだなどと誰も思ってもいません。それなのに、陰湿ないじめは無く、相手を血塗れにしてもやめないチンピラじみた喧嘩も無いのです。鼻血を出すことさえありません。相手の顔を殴るようなことは殆どしなかったからです。喧嘩は休み時間を楽しいものにしてくれるゲームでした。強さの順位争いの意味を持った、幾分荒っぽい遊びです。だから、番長もいなければ、学年で一番強い奴も分かりません。せいぜいクラスで一番のガキ大将がいただけでした。

長い間、ぼくはあれを熊本ならどこにでもある環境だと思っていました。しかし、どうもそうではないようです。無人の荒野にいきなり多くの人が集まり住み、大きな集落が生まれ、やがて学校ができる。伝統も仕来りも無い、生まれたての開拓地の野放図な雰囲気の中でぼくは育ったのです。トム・ソーヤやハックルベリ・フィーンのように男の子は腕白でありさえすれば良い世界でした。しかも手伝わねばならない家の仕事は無いのですから最高です。

六〇年安保の頃

熊本に街頭テレビはありません。唯一つの民放、「ラジオ熊本」のテレビ放送は午後六時に始まりました。テレビ放送が始まって五年以上経っても大都市と地方にはそれほどの差があったのです。今は銭湯にテレビがあるのを誰も不思議とは思わないでしょう。しかし、当時なら銭湯にテレビがあると聞けば一、二キロ遠くてもわざわざそちらへ歩いて行ったのです。初めて「スーパーマン」や「ローン・レンジャー」を見たのは銭湯でした。テレビを持っている家はごく僅かです。だから、そんな家に近所の人が集まり、見せて貰うのは当たり前でした。

近くの雑貨屋がテレビを買いました。家族で楽しむためで、客寄せのつもりは全く無かったと思います。ところが、アニメの「ポパイ」やウオルト・ディズニーが司会をする「ディズニーランド」の時間になると、近所の子供達が「見せてほしい」と押し寄せてくるのです。居間に上がり込み、テレビの前にぎっしり並んでブラウン管を見詰めます。商売には全く繋がらないし、寝室でもある居間は暫らく使えないし、大変な迷惑だったでしょう。でも、すこしも文句は言いませんでした。多少の不便があっても、近所の人に頼まれれば承諾するのが当時の常識だったのです。「一緒に観ても減るもんじゃなし」とでも言わないと今の人には分かって貰えないかもしれません。我が家にテレビが入った後もそうでした。毎晩、隣の森畑さん一家はブラウン管に「日の丸」が映り、「君が代」が流れるまでいたのです。

六畳、四畳半、台所の他に県営住宅には風呂を据え付けるコンクリート床の部屋がありました。但し、風呂は自費で取り付けるのです。石炭で沸かす小さな風呂を売り込みに、セールスマンがやって来ました。しかし、当時の庶民には中々に高い買物ですし、見ず知らずの人間の話を本気で聞く人もいません。そこで一計を案じました。近所で一番人の良さそうな母に、知り合いに風呂を売り込んでくれたら格安で風呂を分けてやると持ち掛けたのです。風呂の欲しい母は飛び付きました。まず、格安の値段で我が家に風呂が入ります。次に、近所の人に「風呂を付けたから入りに来なさいよ」と声が掛けられました。銭湯は遠く、夏は一風呂浴びて埃っぽい道を帰るうち、汗まみれになる有様ですから誰も風呂は欲しいのです。ただ、値段を考えると、踏ん切りが付かないだけでした。だから、風呂は思いの外よく売れたのです。手の出ない人も我が家に貰い湯に来るようになりました。周りの人が持たない物については「自分の物」、「他人の物」という区別は曖昧で、何となく「皆んなの物」と受け取られていました。それが貧しい時代の庶民の感覚です。県営住宅も長屋の延長でした。

近所に住むのは殆どが自衛官とその家族です。例外は県庁に努める保田さん、姓は思い出せない警察官一家、P化粧品のセールスレディーをしている長女が中心の隣の森畑さん一家くらいです。あの頃の熊本でよく「六十万県民」という言葉が使われました。そこに後の第八師団の中核部隊と師団司令部、さらに壱岐、対馬を含む九州や南西諸島を担当する方面軍司令部まであって恐らく二万名近い自衛官がいたはずです。家族を含めれば大変な数の自衛隊関係者が狭い地域にひしめいていました。不況になっても収入の減らない「給料取り」の大群はこれといった産業も無い県には有り難かったでしょう。大都市では肩身の狭い制服姿の自衛官が、ここでは大手を振って歩き、商売人は頭が上がらないのです。それには戦前の軍都だった熊本の気風もありました。

熊本に「肥後にわか」という熊本弁の地方色豊かなコメディーがあります。「博多にわか」は独特の面を被ってやるようですが、「肥後にわか」で面は使いません。濃い化粧をするだけです。登場人物は決まっています。世話好きで、少々おっちょこちょいの「およね婆さん」、勝ち気で、竹を割ったような性格の娘「おても」、どこかとぼけた「彦一」等々。あるいは能や狂言のように中世以来の田楽や猿楽の系譜を引くものかもしれません。ぼくが熊本にいた頃は大変な人気で、地元のテレビ局が週に一度の番組を組んでいたくらいです。彼らは郷土芸能を保存する有志ではなく、田舎の町や村の祭りを巡る本職の旅芸人でした。恐らく話の大筋だけを前以て打ち合わせ、後は客席の反応を確かめながら即興を繋ぎ合わせて大詰めまで持って行ったのでしょう。熊本弁で喋る科白の掛け合いは絶妙で、見物人はひっきりなしに笑い転げたものでした。客席の反応次第で科白回しを変えたり、その土地の有名人や言い伝えを巧みに織り込んだりして、見事に客の心を掴んでしまうのです。

彼らが口にすれば必ず受けるキーワードが二つありました。「せいしょこさん」と「第六師団」です。「せいしょこさん」は「加藤清正」のことで「清正公」の音読みが訛ったものです。加藤清正が肥後藩主だった期間は二十年に満たないでしょう。それなのに「朝鮮征伐」と「虎退治」の清正公は四百年後も庶民の敬愛を集めていました。年に一度の荒っぽい「ぼした祭り」は「朝鮮を攻め滅ぼした」清正公の凱旋行進に由来します。ぼくの知る限り、二百五十年も肥後藩主だった細川公の名前が「肥後にわか」に出たことは一度もありません。熊本に師団司令部を置く「第六師団」は自他共に認める帝国陸軍最強の師団でした。「肥後にわか」を見る三十代半ば以上の男たちの殆どは、勇猛を以て鳴る栄光の「第六師団」の一員としてあの戦争を戦ったのです。その言葉が「肥後にわか」のキーワードに成るのも無理はありません。「最強が最高」という感覚は当時の熊本に確かに残っていました。

我が家にテレビが入って暫らくたった頃が「六〇年安保」の年です。連日、テレビのニュースに国会議事堂前の全学連の激しいデモが映りました。ぼくの周りではそれを見て眉を顰める大人が大半です。しかし、それは遠い東京の出来事に過ぎません。北九州ではもっと身近な事件が起こっていました。「三井三池炭鉱」の大争議です。三井三池の第一組合と警官隊がホッパー前で睨み合う様子を連日テレビは伝えます。その頃、父が長い出張をしました。父と母は昔から折り合いが悪く、母と母の側に付いている子供たちは久々に羽を伸ばします。出張と言えば二、三日が普通なのに父はなかなか帰ってきません。居心地の良い思いが暫らく続きます。随分経ってやっと父が帰って来ました。久々に家でゆったり晩酌できて気が緩んだのでしょう。にんまりと笑いながら、誰に言うとも無く父が言います。「いやあ、今度の出張は大変だったよ」。機嫌は良さそうです。どこへ行ってたのと聞いてみました。すると父は恐らく厳重に箝口令が敷かれていたはずのことをぼくに話したのです。「三井三池だよ。警官隊の後方支援さ。宿舎を用意したり、食事の手配をしたり。地味な裏方仕事でね」。多分どの公式記録にも残っていない事実でしょう。もし、連日テレビが三井三池の大争議の報道をしていなければ、父のその言葉もぼくの記憶に残らなかったかもしれません。父があのエピソードを披露したのはその暫らく後だったでしょうか。「炭住（炭坑夫用住宅）の近くで子供たちが遊んでいたそうだ。通り掛かった警察官がからかうつもりで、恐い顔を作り、警棒を振り上げ大声で『こらー』と叫んでみた。普通なら子供たちはわっと声を上げて蜘蛛の子を散らすように逃げ出すだろう。ところが炭住の子供たちは逃げなかった。凍り付いたように動きを止め、顔を上げると一斉に鋭い目つきでその警察官を睨んだと言うんだ。そのうち、年嵩の子供が大声で言ったらしい。『おい、皆んな。こいつの顔をよく憶えておけよ。』それを聞いた警察官はぞっとしたと言うんだ。どうだ、恐い話だろう」。ちっとも恐くはありませんでした。ただ不思議に思っただけです。あの争議が「総資本対総労働の戦い」と呼ばれていたと後に知りました。裏方の役目を果たした自衛官の息子の目にはその一端が確かに映っていたのです。

秋には社会党の名物委員長、浅沼稲次郎が東京で開かれた大衆集会の壇上で刺殺されました。独特のガラガラ声で演説する浅沼委員長の横合いから誰かが飛込み、委員長がよろめく様子は記録フィルムに残っています。その場面はテレビで繰り返し流されました。一突きした直後の写真も残っています。左手に眼鏡がずれ、驚いたような目の大柄な委員長が棒立ちになっています。その右に学生服の上にジャンパーを纏い、頑丈な編み上げ靴の両足を踏ん張って、腰溜めにした小太刀で止めの一刺しを狙う小柄な男がいました。周りの数人の人間はその男を取り押さえようと必死です。男の名は「山口二矢」、未成年の元日本愛国党員です。現行犯逮捕され、取り調べ中に留置所で自殺しました。父親は自衛官で、確か佐官だったと思います。それから暫らく、知り合いの小父さん達がからかうのです。「山口二矢は自衛官の息子で、良く勉強する真面目な子だったらしいよ。そういう子が一番恐いんだよね。そうは思わないかい」。

野間先生の発案でこの事件を寸劇にして学校で演じました。ぼくが「浅沼委員長」、「タンちゃん」こと山田君が「山口二矢」、中居君が取り押さえる刑事、全員が演劇部です。小道具には手錠がありません。仕方なくボール紙を切り、銀紙を張ってぼくが作ることになります。当日の朝、紙細工にいささか自信のあるぼくが手作りの手錠をカバンから取り出そうとすると、「タンちゃん」が無造作に何かをポケットから出します。机の上に置くとき、ジャラッと音がしました。見ると本物の手錠です。驚いて、どこで手に入れたのと尋ねると「親父が貸してくれた」と答えます。「タンちゃん」のお父さんは近くの刑務所の刑務官だったのです。あの刺殺事件は、保守的と思われがちな刑務官の心をも動かしていたのでしょう。ぼくは自分の自信作を披露する気力を失いました。

全校集会の本番では、まさか「タンちゃん」が物陰から急に飛び出すとは誰も思っていないので女の子の間から悲鳴が上がりました。本物の手錠にもびっくりしたようです。その意味では成功と言えるでしょう。しかし、事件の政治的意味が分かる子供は全くいなかったと思います。

野間先生と中居君

二年生の夏休み、ぼくたちのグループは人吉の山奥に住む野間先生の義理の兄さんの家へ連れていって貰ったことがありました。当時の国鉄熊本駅から蒸気機関車の引く列車で八代駅まで鹿児島本線を辿り、そこで九州山地の中を走る単線の支線に乗り換えます。ディーゼル車に乗るのは初めてでした。窓を明けていても煤煙が入らず、目が痛んだり、息苦しくなったりしません。実に快適な乗り物です。蒸気機関車を「ＳＬ」と呼んで珍重する人は蒸気機関車で夜汽車の旅を体験して見て下さい。トンネルに入れば客車に煙が吹き込み、一晩過ごすとうがいをしても目を洗っても煤が出てくる長旅を快適とは思えなくなるでしょう。電化される前はディーゼル車の乗り心地が最高でした。風を感じながら山の間を進むと真夏なのに車内が次第に涼しくなります。線路の両側に見える家の数は次第に減っていきました。やがて山や谷を覆う木と草しか目に入らなくなります。長い時間が過ぎてやっと短いホームだけの無人駅に着きました。雑草の生い茂る谷間で、単線の線路の添え物のように見える粗末なホームです。そこに降り立った時の奇妙な印象をどう説明すれば良いのでしょうか。周囲を見ても近くに人の住んでいる気配は全くありません。何となく心細い想いがして、目の前のレールが都会にまで続いているとはとても信じられなくなってくるのです。

ぼくには目印らしいものも見えない山の斜面を野間先生は自信に溢れた足取りで進んで行きます。付いて行くぼくたちは押し黙ったままでした。こんな山奥だとは想像していなかったのです。かすかに記憶に残る生まれ故郷でもここに比べればずっと開けていました。人家があり、バスの走る道が見えます。ここには人家はおろか、道さえ無いのです。何となく元気を無くしたぼくたちは、とぼとぼと三十分ほど歩き、トウモロコシ畑に囲まれた農家に着きました。周囲をぐるりと見回しても、目に入るのはその小さな母屋と納屋だけです。先生の義理の兄さん、つまり姉さんの御主人とその一家が暮らす家でした。ぼくたちが一週間ほど世話になる所です。

敗戦の暫らく後、二十代半ばの先生の兄さん一家がここに入植します。それから十五年間、原野を切り開き、作物を植えてきました。食料と飼料を自給し、牛を飼い、増やして酪農を始めるつもりだったのです。しかし、うまく行っていなかったようです。小さな母屋には天井がありません。目を上げると、いきなり屋根裏が見えるのです。土間に続く二つの部屋も狭く、座敷に客のぼくたち用の布団を敷くと、そこの子供たちと先生の弟は上下二段の押し入れで寝るしかありません。入植した当時の仮の住まいを改築する余裕も無かったのでしょう。しかし、家族は皆んな明るく、精一杯の歓迎をしてくれました。残っているのは楽しい思い出だけです。

山奥の朝や夜は思いの外に冷え込みます。真夏だというのに肌寒さを感じながら目を覚まし、庭に下りて立ったまま冷たい井戸水で顔を洗い、歯を磨きました。先生の兄さん一家はとっくに畑に出掛けており、ぼくたちは用意してある朝食を済ませます。毎朝、野良仕事に出掛ける前に、先生の姉さんは砲丸投げの玉のように大きい海苔巻きのお握りを一人に一個ずつ作ってくれています。それに沢庵をそえた弁当を持ち、連日どこかへ出掛けました。

谷川を遡り、岩魚や山女を釣ろうと出掛けた日があります。しかし、ろくに釣りの経験もない子供達が手作りの粗末な竿を使うのですから何の収穫もありません。すぐに皆んな飽きてしまい、身を切るように冷たい谷川で水浴びを始めました。大騒ぎしているうちに誰の唇も紫色になり、体がぶるぶる震え出します。水温は思ったより遥かに低かったのです。岩の上で甲羅干しをしてもなかなか震えが納まりません。人心地を取り戻したところで昼食になりました。ところが小さな水筒に詰めて用意した水は、とっくに無くなっています。お握りを噛んで呑み込むのに苦労していると、先生が言いました。「川の水を飲めば良い」。ためらうぼくたちに先生がさらに言います。「この上流に人は住んでいない。人が住むから水が汚れるんだ。大丈夫だよ」。真っ先に自分の両手で水をすくって飲み、手本を示します。恐る恐る谷川の水を掬って飲むぼくたちの横で、川面を見ながら先生はぽつりと言いました。「こんなところ山に返せばいいんだ」。

県境を越えて遠く宮崎までピクニックに行ったこともあります。暑い日でした。疲れてしまい、帰りは近道をしようという話になります。往きには山を越えました。帰りはその山の下を通るトンネルを抜けようというのです。先生に率いられるぼくたち男四人には五歳ほどの男の子が混じっています。一人の女の子の弟が山奥まで付いて来たのです。きかん坊で手に負えない腕白に見えました。線路伝いに帰る途中でもグループの中をちょこまかと走ったり、全員を追い抜いて一人だけ先に行ってみたりとなかなか元気です。すねたり、ぐずったりしないのは有り難いものの、目を離す訳にはいかない手の掛かる男の子でした。ところがトンネルの入り口が近付くにつれて妙に大人しくなります。トンネルに入ると中はひんやりとし、暑い外に比べれば別天地でした。物音や人声が壁に反響してとんでもなく大きくなります。進むに従って辺りが次第に暗くなると、男の子は怯えて「帰ろう、帰ろう」とぐずり始めました。とうとうしゃがみこんで動かなくなってしまいます。よほどトンネルの中の闇が怖かったのでしょう。中学生であるぼくたちでさえ怖かったのですから。とうとう、姉である女の子は二人だけでトンネルを出て引き返し、山を越える決心をしました。女の子は弟を背負ってトンネルを出てゆきます。けれども、ぼくたち四人は奥に進みました。やがて一寸先も見えない闇になります。声と音だけで近くに人がいるのを確かめ、真っ暗闇の中を歩くのは本当に恐いものです。ただレールだけはかすかに光っていて方向を誤る心配はありません。人が目に感じないくらいの弱い光がトンネルの両側から入ってきているのでしょう。先生以外は誰もがおっかなびっくりでした。何時までたってもトンネルから出られないような気がします。汽車が来たらどうしようという不安が闇の中でどんどん膨れ上がり、足は自然に速くなります。闇の果てにかすかな明るみが見えた時の安心感は何とも言えぬものでした。

夕方に帰り着くと先ず風呂です。庭先に風呂桶を据え付けただけの露天風呂でした。もともと囲いも何も無く、周囲から丸見えだったのです。ぼくたちが来るというので家との間にだけ戸板を数枚立てて部屋からは見えないようにしてあります。女の子達はその風呂に入るのをひどく恥ずかしがりました。庭先にぼくたちが出て囃し立てるとキャッと言って風呂桶の中に身を沈めます。家に引き上げて暫らく時間を置き、庭に出てまた囃し立てると、キャッと言ってまたお湯の中に身を隠すのです。そんなことを繰り返しているうち、女の子の一人がのぼせて倒れ、ぼくたちは先生から大目玉を食らいました。

農作業に忙しい時期なのに、先生の姉さんは仕事を一日休んでぼくたちのために自分の家で作った小麦や小豆をひいて餡巻きを作ってくれました。漂白してない小麦粉ですから町で買うものより黄色く、見かけは良くありません。小豆も市販のものとは育て方が違うのでしょう。しかし、せいろで蒸して後から後から出てくる餡巻きは物凄く美味しいのです。大喜びで食べ終えるともう次の分が出来上がっています。大騒ぎで食べ続けるぼくたちの姿を見る先生の姉さんは嬉しそうでした。恐らく山奥ではちょっとしたもてなしに属するものが、これほど喜ばれるとは思っていなかったのでしょう。

山奥と町ではご馳走の基準が正反対です。山奥では最高のご馳走は海の魚です。だから初日の夕食に先生の兄さんは食卓に煮魚を乗せて歓迎してくれました。魚を手に入れるためには山の中を歩き、あの小さなホームで汽車に乗り、町まで買い出しに行かねばなりません。食卓に乗るまで大変な手間が掛かるのです。しかし、鮮度の落ちた魚などぼくたちは一向に有り難くないのです。餡巻きに劣らずぼくたちが大喜びしたのは醤油を付けた焼きトウモロコシでした。喜んで際限もなく食べるぼくたちを見て、呆れたように先生の兄さんは言いました。「こんな物、ここでは牛の餌なんだがなあ」。

中居君のお父さんは元憲兵軍曹で戦後すぐ公職追放になりました。有力な民間企業のない熊本で官公庁に就職する道を断たれ、個人で経理士をしています。落ち着いた寡黙な人でした。中居君の家に遊びに行くと部屋中に書類が散らばっていることがあります。今から思うとどこかの会社の決算書類をまとめる作業の真っ最中だったのでしょう。「脱税専門と看板を出せればもっと仕事が来るのに」。お父さんは家族を前に笑いながらそんな冗談を洩らすこともあったそうです。住んでいる古びた木造の一戸建ては持ち家のようでした。しかし、決して豊かとは言えなかったようです。

お母さんは当時の才媛です。戦前の高等女学校を出ていて、中学校に入った中居君に「あんたの歳で日本の小説を読むなら芥川龍之介当たりが手頃ね」とアドバイスできる人でした。「私はお父さんに騙された」が口癖です。将来有望と思った憲兵軍曹が敗戦で失職するだけでなく、役所への就職まで出来なくなったのでは救われないと思っていたのでしょう。それだけに長男の中居君に懸ける期待は大きく、その息子に目を掛けてくれる野間先生に寄せる信頼には並々ならぬものがあったようです。野間先生が人吉へ左遷されると分かると、その取り消しを求める署名運動を始めようとしたほどでした。先生が飛ばされた後も親子ぐるみの付き合いは続きます。下宿によく遊びに行ったぼくを含む四、五人の一年生の頃の教え子も連絡を取り続けていました。

ぼくは中居君や「タンちゃん」と演劇部で知り合いました。駆出しの一年生の時期は文化祭の公演で「ベニスの商人」の端役を貰ったくらいです。しかし、裏方に回された中居君や「タンちゃん」に比べれば運が良かったと言えるでしょう。アナウンサーになるつもりで放送部にも属している沢山さんがポーシャを演じます。評判は上々でした。成功の原因は何といってもシャイロックのすばらしい出来栄えです。二年上の小柄な人でした。練習中に友達が来ると机の下に隠れてしまうような恥ずかしがり屋です。それなのに舞台の上では強欲で図太いユダヤ人商人を堂々と演じ切る力がありました。二年生になると日頃の剽軽な言動から三枚目がはまり役と言われるようになります。演技力ではなく持ち味で計られるのは不本意でした。

中居君は背が高く舞台映えします。しかし声が低く、通りの悪いのが難点です。それでも二年生になってからは幾度か主役を張りました。「タンちゃん」はいつも目立たぬ脇役ばかりです。毎日の生活で剽軽なことを言うのがぼくで、するのが「タンちゃん」でした。年二回の公演に備える時期を除けば、演劇部の活動といっても、練習にことよせて週に何回か集まり騒ぐだけです。それでも居心地の悪い家よりはずっと楽しく、クラブがない時は何をするでもなく校内をうろうろと歩き回る毎日でした。

当時のぼくは中居君の腰巾着でした。喧嘩が飛び切り強い中居君と仲が良いおかげで自分より強い相手から喧嘩を売られることはありません。数少ない友達の中で一番遊びに行きやすいのも中居君の家でした。眼鏡を掛け、強い熊本訛りで話すお母さんは明るい性格の、思い立つとすぐ行動する人です。賑やかに話しているかと思うと、急に「カボちゃん、ハイキングに行こうか」

と言うなり、お握りを作り始めたりします。中居君より十センチほど背が低いのに頭はずっと大きいぼくを「仮分数」のようだと言い出したのも、それを縮めて「カボちゃん」と呼び始めたのも中居君のお母さんです。何度も中居君の弟も含めた四人連れで近くの「竜田山」へハイキングに行きました。冗談や軽口を絶やさぬ「カボちゃん」はいつも一行の人気者です。そんな時は重苦しい雰囲気の自分の家にいるよりも遥かに気楽で、ユーモアのセンスも冴え渡るのです。

近所の友達

県営住宅は昔の演習場の中に立てられていました。富川中学校はその端に当たります。演習場のかなり外に古くからの集落があります。そこに住む中居君や「タンちゃん」は学校の友達です。二人が学校から帰る方向はぼくと正反対でした。どちらの家もかなり遠くです。我が家には当時としては珍しく子供用自転車があったものの、そう気楽に遊びに行ける距離ではありません。だから、ぼくには他に近所の友達がいました。遊び相手となるとあの年頃では同い年です。一つでも歳が離れると話題も遊び方も違ってきて、年上の方が相手に合わせて遊んでやる感じになります。年上のガキ大将が年下の子供達を率いて遊ぶという古い村の構図は富川の県営住宅にはもう見られませんでした。いささか貧乏臭いとはいえ新興の住宅地で伝統も何もありません。子供達は最初から孤立していて、手探りで友達のネットワークを作っていくしか無いのです。付き合いの悪いぼくの場合もそうでした。近所の二人の友達、浜君と「ダカしゃん」こと小高君と仲良くなる切っ掛けはどちらも喧嘩です。

浜君となぜ喧嘩になったのかもう覚えていません。ともかく学校の廊下で口論している最中に、浜君がいきなりぼくの顔を殴りました。そんなことは喧嘩でも滅多にやりません。一瞬戸惑ってぼくがやり返そうとすると、周囲の友達が慌てて二人を押さえて殴り合いになるのを止めます。すると涙をこぼしながら浜君が言うのです。「母ちゃんがニコヨンだから馬鹿にした」。周りは何となく浜君の肩を持つ雰囲気になりました。しかし、その理由は全くの言い掛りです。その時まで浜君のお母さんの仕事をぼくは知りませんでした。ただ母親がニコヨンであるのを浜君はいつもひがみに近い気持ちで意識していたのでしょう。当時、「失業対策事業」と呼ばれるものがありました。大抵は簡単な土方仕事で日給が二百四十円、百円玉二個と十円玉四個分だから「ニコヨン」と呼ばれます。何の資格や技能の無い人でも健康ならできました。浜君のお母さんは毎日ニコヨンに出ていたのです。母子家庭でした。変なものでその事件が切っ掛けで浜君と遊ぶようになります。ぼくの家族が住むのはA棟で子供が数人いる夫婦用の建物です。浜君とお母さんはかなり離れた所にある六畳一間に狭い台所のC棟に住んでいます。いつも家にいる母の目の届かない所にあるし、殆どが母子家庭で友達の母親は昼間働いていて家にいません。そこでC棟の友達の家は近くの子供たちの溜り場になりました。

「ダカしゃん」とも喧嘩が切っ掛けで親しくなりました。喧嘩の最中にぼくが転んだところをゲタを履いた足で幾度も蹴飛ばしたのです。もちろん本気ではありません。それなら怪我をしたり痣が残ったりした筈です。「俺を怒らせると怖いぞ」という威嚇の意味が強かったのでしょう。これがぼくにはひどく効果的でした。倒れた相手を蹴る喧嘩は初めてだったのです。肝を潰して泣きながら逃げ帰り、みっともない話ですが訳を聞く母に言い付けます。数日後、「ダカしゃん」

がたまたま家の前を通り掛かりました。それを見た母が「うちの息子を蹴ったでしょう」とにらむと、素直にうなずいたそうです。悪い子ではないと感じた母が「そういう無茶は困るけど、仲良く遊んでくれ」と言ったのが付き合いの始まりでした。「ダカしゃん」の家もC棟でやはり母子家庭です。神経質な浜君より、のんきな「ダカしゃん」の方が気の合う友達で、よく遊びに行きました。二人とも戦争映画や怪獣映画が好きで、遠くにある場末の映画館まで歩いて行き、フィルムが極端に傷んだ三本立て五十円の映画をよく一緒に見たものです。「ダカしゃん」は今でもある「戦争オタク」の月刊誌『丸』を時々買ってもらいます。我流でイラストを描き、デビュー直後の望月三起也に注目していました。四十年も前に「戦争オタク」の子供達が納得するほど精密に銃、戦車、戦闘機を描けたのは望月三起也だけでしょう。すっかり世の中が穏やかで豊かになった七〇年代初め、一番良く売れるタバコが「ハイライト」から「マイルドセブン」に変わった頃、代表作「ワイルド7」を連載しています。なかなか皮肉なタイトルだと思いませんか。

「ダカしゃん」のお母さんは看護婦で病院に勤め、お父さんは福岡の方に住んでいるという話です。ところがお父さんの所には別に奥さんがいて、子供もいると言ったことがあります。不思議に思い、「どういうこと」と尋ねました。「子供には分からん複雑な関係」、そう答えると「ダカしゃん」はいつもの人の良い笑みを浮かべ黙りこみました。うっかり相手が嫌がることに触れてしまったようです。あの気まずい沈黙の後、二人で何を話したのか憶えていません。

子供同士が親しくなるにつれ、「ダカしゃん」のお母さんが病院の帰りに時々ぼくの家に寄り、母と話し込むようになりました。恐らく誰かに胸の内を打ち明けたかったのでしょう。敗戦の時、

「ダカしゃん」のお母さんは南方で野戦看護婦をしていました。正規の看護婦教育を受けた訳ではなく、現地の軍に徴用されて野戦病院に配属されたのです。沖縄の「ひめゆり部隊」と同じです。独身でしたが高等女学校や女子師範学校の生徒よりずっと年上でした。戦争が終わって捕虜になり、復員船の乗船順位では既婚者が優先されると聞き、野戦病院で知り合った、かなり年下の男性と書類上の結婚をします。ただし、結婚は形ばかりでは済みませんでした。日本に引き上げた後も一緒に暮らし、やがて「ダカしゃん」が生まれます。熊本では良い職が見つからず、福岡の方に出稼ぎに行ったお父さんはそのまま帰って来ませんでした。やがて別の女性と結婚したいので離婚に同意してくれと手紙で伝え、離婚届けを送って来ます。子供は自分で育てるけれど、本人が進学したいと言ったら学資を援助して欲しいと書き添えて「ダカしゃん」のお母さんは離婚届けに印鑑を押して送り返しました。「最初からそういう約束でしたから」と相手を恨む様子は無かったそうです。それでも冬の夜遅く帰り、毛布に包まって眠っている「ダカしゃん」の、冷えきった小さな体を抱き上げると涙がこぼれたと話し、目を拭うのでした。

市内の映画館に二人で行った帰りに、「お母さんの働く病院が近いから寄っていこう」と「ダカしゃん」が言います。病院に着くとぼくはお母さんの姿を捜しました。白衣をまとい、線の入った看護帽を被った婦長姿を予想していたのです。しかし、テレビでピエロが悪ふざけする場面を見て笑いをこらえているお母さんはエプロン姿でした。看護婦ではなく、無資格でも働ける看護助手だったのです。もしかしたら「ダカしゃん」はお母さんのあの姿をぼくに見せたかったのかも知れません。

父は酒をよく飲みました。酒が好きというより、大勢で酒を飲む無礼講の雰囲気が好きだったようです。だから、同僚や部下の懐具合が悪いときは勘定を持ちます。お金の無いのは同じですから、自分の「ツケ」にするのです。「建軍飛行場」から「北熊本駐屯地」に転属になった後、この悪い癖が甚だしくなりました。帰り道に「飲み助け止まれ」という居酒屋があり、たいてい律儀に止まってしまいます。常連になった「月光」というスナックでは座る席が決まっていました。月給の相当部分が飲み屋の支払いに消えてしまい、家計は火の車だったようです。ぼくの貰える小遣いも慎ましい額でした。この点では「ダカしゃん」や浜君の方がずっと「お金持ち」です。親の手が掛けられない分を小遣いで補う気持ちがあったのでしょう。二人とも高価なプラモデルを買ったり、貸し本屋で借りるのが常識の月刊誌や週刊誌を買ったりしていました。父の飲みっぷりについての噂は県営住宅から始まり、尾ヒレが付いて学校にまで伝わります。さして親しくもない、きれいな女の子が全くの勘違いで同情をしたことがあります。「大変ね、お父さんが教科書まで売り払って飲むんでしょ」。周囲には「世界に冠たる貧乏」と映っていたようです。

この世の中に学習参考書というものがあるのを知ったのは中学三年生の十二月です。父が四十五歳で自衛隊を退職し、大阪の民間企業に再就職しました。ぼくのために送別会を開いた後、野間先生はぼくと中居君を連れてデパートへ行き、当時としてはかなり高価な学習参考書を五教科について一冊ずつ買ってくれました。学習参考書を見たのはその時が初めてです。ぼくは授業中に先生の説明をよく聞くのが勉強と心得て予習も復習もしない生徒でした。一年生の間はそれで通用します。ところが二年生になり、先生が変わると驚くべきことが起こり始めます。何の説明もなく問題を黒板に書いて「さあ、これはどう解く」と数学の先生が尋ねたり、英語の先生が解説抜きでいきなり教科書の文を翻訳させるのです。不思議なことに、当てられた生徒は例外無くすらすらと答えます。ぼくには絶対に出来ない芸当です。皆んなの頭の良さにただただ感心するばかりでした。今から思うと誰もが「虎の巻」を使っていたのでしょう。学習参考書も「虎の巻」もぼくには縁が無かったのです。県営住宅の近くに本屋はないし、あったとしても本を買うお金がありません。立ち読みするためにだけ遠い市内のデパートまで行く気も起こらないのです。本は学校の図書室か貸し本屋で借りるものと思い込んでいました。なによりも、ぼくにとって本はマンガや物語りのように面白いものです。面白くも無い勉強のための本があるとは夢にも思いませんでした。

第三章　またも敗けたか八連隊

熊本から大阪へ

中学三年生の冬休みに熊本から大阪へ出て来ました。熊本を出る時、一騒動が持ち上がります。残した「ツケ」を踏み倒しはしないかと飲み屋の借金取りが何人も父を追い駆け始めたのです。父は翌年の三月末日に退職することになっており、退職金はその時点で支払われます。しかし、研修のための長期出張という名目で、この年末に熊本を離れ、そのまま大阪の民間企業に再就職するつもりでした。退職金が出たら借金を支払うという父の口約束を借金取りは信じません。払わないからと言って、大阪まで集金に行ける訳がないのです。同僚や知人に借金を申し込んでも色良い返事をする人がありません。我が家と同じようにお金が無かったのか、あるいは借金取りと同じことを考えていたのでしょう。熊本を発つ日になっても金策が付かないのです。「追い込み」を掛けられてボンボン育ちの父は参ってしまいました。行方が分からなくなり、捜し出されて連れ戻された時はベロンベロンに酔っています。ぼくは涙が止まりませんでした。母や妹達は声を上げて泣き出します。そんな最中に父の弟分の堀の小父さんが姿を現します。上司に事情を話し、退職金が出るまで、肩代わりして貰う約束を取り付けてくれたのです。安心して一層激しく泣き始めた母に代わり、小父さんの前に正座し頭を下げてお礼を言ったのはぼくでした。

その夜、熊本駅の出発ホームにはダーク・ブルーのトレンチコートに制帽の自衛官が溢れるばかりに集まっています。父を見送りに来た上司や同僚、部下でした。気の好い父は職場では決して憎まれたり、恨まれたりしてはいなかったのです。むしろ学校でのぼくと同じように人気者だったのでしょう。「相当な大物の見送りに見えるよな」。父はもう元気になっています。酒の上での失敗が多く、久留米の幹部候補生学校行きが同僚の中で一番遅かった父は数年前にやっと三尉になりました。お情けで数カ月前に二尉になったばかりです。しかし、見送りの人数だけは確かに連隊長クラスでした。ぼくや妹達の友達も来ています。がたんと一揺れして蒸気機関車に引かれる列車が動き始めると、離れた場所に立っている固い表情の中居君が小さく手を振ります。ぼくも手を振りお互いに無言で別れました。やがてホームの明かりも見えなくなります。列車の窓を閉めてガラス越しに夜の町を眺めていると何故か涙が溢れて止まりません。

一九六二年十二月末ですから冬休みの最中でした。東海道新幹線が開業する二年前です。東京－大阪間が特急でも十時間余り掛かる時代でした。鹿児島本線も山陽本線も電化されていません。乗ったのは蒸気機関車が引っ張る、薄暗い車内の列車でした。翌日の夕暮にやっと大阪へ着きます。大阪環状線の電車に乗り換えて、車内が明るくてきれいなのに驚きました。電流は架線でいくらでも供給できるので、車内の照明が桁違いに明るいのです。煤で汚れる心配が無いので車内は明るい色に塗られています。蒸気機関車の引く、暗く薄汚れた列車の車内から、一瞬のうちに清潔で明るい電車の車内に乗り移る時の、夢の世界に迷い込むような不思議な感覚はもう誰にも味わえないでしょう。

京阪大和田駅に降り立った頃、もう辺りは真っ暗です。父が再就職する天地製作所はそこから歩いて十分ほどです。駅から工場へ向かう道はアスファルト舗装でした。砂利道が普通の熊本とは大変な違いです。父の直接の上司になる労務課の係長が恥ずかしげもなく大阪弁で話し、「お子さん」ではなく、「お子たち」という言葉を使うのも不思議でした。さしあたりの落ち着き先に向かう途中、奇妙な建物がありました。道路に面した壁が無いのです。中に大型の赤い自動車が二台停めてあります。あれは絵本やテレビで見た消防車ではないかと気を取られて歩くうち、道路脇の溝に片足を踏み入れて倒れてしまいます。実物の消防車を見るのは初めてでした。これまで住んできた所には消防署も消防車もありません。消防団と消防ポンプを納めたポンプ小屋があれば良い方です。あの頃は熊本市の郊外も今の人には想像もつかないほど田舎でした。一週間程住んだ鉄筋コンクリート四階建ての社宅で都市ガスに初めて出会います。熊本では石油コンロで料理し、石炭で風呂を涌かしていました。大阪では都市ガスだけで全て用が済んでしまいます。初めて石油コンロを使った母が「七輪に比べてなんて便利なんだろう」と感心したのは遠い昔の出来事のようです。近くの道路を通る車の数が多いのにも驚きました。田舎者には道を横切る切っ掛けが掴めないのです。やがて、住居に二軒続きの社宅の一つが宛がわれます。昭和の初めに建てられた古い木造の二階建てで、板塀に囲まれた小さな庭が付いていました。床の間付きの客間、板張りの食堂、台所以外に一階に六畳、二階に六畳と四畳半の部屋があります。熊本の県営住宅の倍以上の広さに最初は戸惑い、無性に嬉しかったのを憶えています。念願の子供部屋と一月に千円の小遣いも貰えるようになります。父の退職金が下りた後、冷蔵庫や洗濯機が我が家にも入り、一通りの食器にコーヒー・カップまで揃いました。ぼくはレコードプレーヤーを買って貰います。大阪に来て一挙に都会の普通の暮らしが始まったのです。

門田中学に転校した日のことです。授業が終わり家に帰るため京都行きの電車に乗りました。京阪大和田駅に着いて改札口へ向かうと、声を揃えて「ジオン君」と誰かが呼びます。振り返ると四、五人の同級生が手を振りながら「さようなら」と言って大阪方面のホームへ移るところでした。気付かれないように同じ電車に乗り込み、ぼくを驚かせたのです。転校生へのこの挨拶はちょっと洒落ていて、いかにも都会風でした。万事こんな調子で、わずか二カ月の在校期間でしたが同級生について嫌な思い出はありません。しかし、ここにも気になる友達がいました。ダルマさんのような顔の小柄な同級生です。ちょっとした冗談にも声を上げて笑います。明るい性格なので一時期は一番親しい間柄でした。あることが切っ掛けで離れて行ったのです。グラウンドで一緒にサッカーを見ている時でした。お互いの家族の話になり、相手が母子家庭であるのを知ります。お父さんはどうしたのと尋ねると「戦死した」と答えました。ぼくたちは敗戦の年から二年後に生まれています。恐らくぼくが変な顔をしたのでしょう。「お母ちゃんのお腹に二年以上いたんや」。笑いながらそう言われても何と答えて良いのか分かりません。目の前に転がってきたボールを思い切り蹴飛ばし、友達はひどく元気な声で言いました。「お釈迦さん並みやぞ。凄いやろう」。返す言葉が見つからないままぼくは黙り込んでしまいます。その気まずい雰囲気は卒業まで解けませんでした。三百万の戦没者の大半は若い男です。同じ年頃の若い妻も恋人もいたでしょう。あの友達のような生い立ちの子供も当時は少なくなかったに違いありません。

二カ月ほどいた門田中学の雰囲気は熊本の富川中学と全然違います。男子生徒は揃って見るからに大人しそうで羊のような目をしています。「これなら誰が相手でも勝てる」と思いました。勉強のことではありません。喧嘩のことです。帽子を斜めに被り、肩を怒らせて歩く「不良」がちっとも怖くないのです。滑稽に思え、からかいたくてなりません。同級生と廊下の壁にもたれて喋っている時、そんな一人が通り掛かりました。ちょっと足を出して転ばせ、「あ、御免、御免」と謝ります。相手はぼくを睨んで文句を言ったものの、その場は何とか納まりました。ところが後になって同じ同級生と教室で話していると、その「不良」が近付いて来ます。「わざとやっただろ」と睨み付けて言うのです。にやっと笑うぼくをしばらく見て「今度からはただですまんぞ」と凄んで帰って行きました。そばの同級生は驚いています。わざとやったのかと尋ねました。ちょっと得意になって、そうだと答えると思い懸けないことを言うのです。「危ないことするなよ。あいつらすぐ刃物を出すんだぞ」。大阪でも喧嘩は素手でするものと思い込んでいました。なるほど、「不良」が恐がられるのも道理です。事情を知らないぼくが余りふてぶてしいので、あの「不良」は背後にどこかの組織が付いていると誤解したのでしょう。卒業まで何事も起こりませんでした。門田中学にも生徒によく平手打ちを浴びせる生活指導の有名な先生がいます。その人が朝礼の壇上から校内きっての「不良」を名指して言ったことに驚きました。「お前が校外で何をしようと構わん。しかし、校内では卒業まで何もするな」。ぼくにはみっともない言い草に思えました。けれども、学校は校外に拡がる「不良」のネット・ワークに、もう手が出せなくなっていたのでしょう。

富川中学にも「不良」はいました。校外で何をしていたか知りません。しかし、校内では大人しくて全く目立たないのです。創立まもない中学校ですから「不良」の人脈もろくに無かったのでしょう。ただ、三年生になってしばらくした頃、変な男が転校して来ました。大柄で目付きが悪く、暗い雰囲気を漂わせています。どこか嫌な感じがあって誰も自分から近付こうとしません。明るい腕白小僧とは正反対でした。その男が理由もなくいきなり若い体育の先生の腹を殴ったのです。大学を出たばかりの元気一杯な先生でした。まだ、言葉や身のこなしに子供っぽさが残っています。だから舐められたのでしょう。一撃されて「何をするか」と若い先生が声を出し、身構えると、その男は「すみません」と言いながら頭を下げました。思わず先生が言葉を失った一瞬の隙に、その男は歩み去ってしまいます。生徒が先生を殴るとは富川中学で前代未聞の事件です。あっというまにその話が学校中に知れ渡りました。しかし、もっと奇妙なのはその後です。処分はありませんでした。何事も無かったかのようにその男はそれからも登校を続けます。噂が立ちます。これまで幾度も暴行事件を起こして転校を重ね、もうその男を受け入れてくれる学校が無いと言うのです。真偽を確かめる方法もないまま、誰もがその男を怖れるようになりました。あの男は恐らく本物の「不良」だったのです。

将来の見通しなど立て様もない毎日を過ごし、大阪に来てみれば高校入試まで二カ月余りでした。幾度か出張を名目に大阪で研修を受けた際に、父は息子を公立普通科高校に入れたいと会社の人に相談したようです。近くには堀川高校と三条高校があります。堀川は旧制高等女学校で三条は旧制中学です。息子さんには三条が良いでしょう。そこまで聞いて父は安心してしまいました。自分が昭和の初め簡単な試験を受けて平安中学に入ったように息子も楽に三条高校に入れると思ったらしいのです。冬休みが明けて母と門田中学校に転校の手続きに行くと、受け持ちになる女の先生はひどく不機嫌でした。「よりによってこんな時期に」と前置きして「この学校の成績の良い子でも三条は難しいんですよ。九州で良く出来ても大阪では通用しません」と決め付けます。自分の社会の授業で質問し、正解すると「あなたの志望校は三条ね、それなら通ります」とおだて、答えられないと「あなたの志望校は三条でしょ、それでは通りませんよ」と必ず圧力を掛けるのです。熊本では会ったこともない、悪い意味での典型的な都会の女教師でした。高校受験を控えて、学校全体がどこか浮き足立っています。のんびりした熊本からいきなり絵に描いたような受験戦争の渦中に投げ込まれ、つい取り乱してしまいました。「ちゃんと勉強していないから今年は受けない」と両親に言ったのです。高校入試をさほど重大な問題と考えていなかった両親はもっと取り乱します。説得することも出来ず、なだめる言葉も知らず、おろおろするばかりです。ただ、休みに京都から遊びに来ていた叔父が聞き咎めました。「力を尽くして不合格になるなら仕方がない。だが、受けもしないで逃げたいなどと情けないことを言うな。お前は親戚の子供の中で最年長だろう。不合格の手本を見せてやれ」。叔父の言葉を聞いて、憑き物が落ちたように心が鎮まりました。不合格でも良いのか、それでぼくはやっと安心したのです。

それから本格的な受験勉強がはじまります。野間先生から贈られた分厚い五冊の学習参考書を読み、練習問題を解くのが中心です。今から思うとかなり良質な物でした。所々に息抜きのためのコラムがあり、英語の参考書ではイギリスや英語の歴史についての興味深いエピソードが載っています。英語の単語の七割ほどがフランス語からの借用語であるという事実は意外です。とりわけ英語が全く話せないイギリスの王様がいたとは想像も出来ませんでした。受験準備は順調に進み、二月の私立高校受験を迎えます。当時はまだ模擬テスト業者などいなかったのではないでしょうか。三条を狙うなら腕試しに桃山学院高校を受けてみるよう言われました。私立の最難関校で合格者の他に一次補欠、二次補欠等を採ります。成績上位の者は大半が公立高校の「滑り止め」です。入学金は支払うものの入学を辞退し、実際に入学するのは二次補欠以下だと言われていました。その年は上宮高校でちょっとした手違いが起こります。募集定員を示す数字に0を一つ多く付けてしまったのに気付かず公表し、一万人を遥かに超える入学志願者が殺到しました。おかげで桃山を受けるのは例年より楽になったものの、広いグランドを埋め尽くす受験生の大群には圧倒される思いです。競争率は六倍ほどで、どうやら合格しました。すると担任の女の先生の態度が豹変したのです。「まあ、通ったの。だったら三条は大丈夫」。受験生を心理的に追い詰めたり、おだてたり、ぼくは戸惑うばかりです。都会の高校受験によくある駆け引きだとしても、田舎者が一月余りで慣れるのは無理でした。

公立高校の受験が近付くにつれ、正味二カ月余りの受験勉強では心許なく、つい無理を重ねるようになります。試験の一週間程前から睡眠時間は短くなり、風邪気味のままの受験勉強が続きます。試験の前夜はうとうとしただけで朝を迎えました。体調の悪いぼくを心配する母に付き添われ、不安な気分のまま三条高校へ向かいます。しかし、グラウンドに並ぶ受験生を見て一安心しました。校舎の建つ敷地から五、六段下の、ひどく広いグラウンドの片隅に、小さな集団が固まっているだけです。受験生がグラウンドに溢れ返る桃山とは大違いでした。これなら何とかなるかもしれない。わずかながら希望を持ちました。

過去の入試問題を調べる知恵も浮かばなかったため、作文問題にテストで初めて出くわし驚きました。午前の最後のテストが終わりに近付く頃から気分が悪くなります。昼休みは食事どころではありません。母は風邪薬を求めて薬局を捜し回り、ぼくは保健室に担ぎ込まれました。風邪薬は試験に影響するという保健の先生の判断で、ともかく注射を一本だけ打ち、午後の試験に臨みます。どうやら筆記試験も終わり、お世話になったお礼を述べに行くと、その先生から種明かしがありました。注射したのは単なるビタミン剤で、気休め以上の意味は無かったのだそうです。試験から合格発表まで気の重い一週間を過ごしました。準備も不十分な上に体調まで崩し、とても合格したとは思えないのです。それでも結果は確かめねばなりません。合格発表の日、母と一緒に気の進まぬまま三条高校へ向かいます。田と畑に挟まれたバス停留所で降り、十分程歩いて校門をくぐりました。校内の人の流れに乗って進んで行くと奥まった平屋の建物の壁に合格者の受験番号が貼りだしてあります。そこに自分の受験番号を見たとたん、これは何かの間違いだと思い込みました。三条は難関校だと嫌になるほど言われて来ましたし、受験準備は不十分、おまけに体調まで崩したのです。どう考えても合格するはずがありません。

受験の日に父兄の控え室で一緒だったらしい人が驚いた様子で母に声を懸けています。「えっ、合格なさったんですか。お子さんは確か試験中に具合が悪くなられたのでは……」嬉しそうに通ったことを話す母の声を聞きながら、頭の中の考えはますます変な方向へ進んでいきます。「たとえ合格が間違いでも、実績を作れば退学にならないかもしれない。一学期の中間試験で頑張らなければ」。いきなり都会に出てきて錯乱気味の田舎者は本気でそう思っていたのです。

しばらくして、中居君から手紙が届きました。熊本県随一の進学校、熊本高等学校を落ちたと書いてあります。これから一年間、高校浪人すると言うのです。思いも懸けない話でした。「タンちゃん」は工業高校へ進みました。「ダカしゃん」とは連絡が取れなくなってしまいます。

卒業式の日の中学校の雰囲気は独特のものでした。担任の女の先生がスーツに帽子とベイルをかぶって現れ、声を上げて泣いたのには驚きました。きつい性格の反面、かなり涙もろい方だったのです。かなり年配で堅物の数学の先生が一杯機嫌で教室にやって来ます。上機嫌で「オオ、ソレ、ミヨ」を歌い、気持ち良く別れを告げました。学級委員長だった勝ち気な女の子はお別れ会で進んで縦笛を吹き、いつものように元気一杯の感じです。それなのに散会した後は三階の廊下からグラウンドを見下ろし、何か沈んだ面持ちでした。声を掛けると涙ぐんでいます。ぼくには二カ月の思い出しかない中学校です。卒業するからと言って懐かしくも悲しくもありません。しかし、大半の卒業生には大なり小なり掛け替えのない思い出があったのでしょう。

中学校の卒業式が終わった後、就職する同級生が近くの京阪の駅まで送ってくれました。「俺の分まで頑張って勉強してくれ」と明るい顔で言いながら、いつまでも手を振ります。ぼくも笑顔で手を振りました。しかし、立場が逆だったらぼくに同じことができるだろうかと感じます。比較的ゆとりのある家の子供たちに混じって二流とはいえ進学校に進み、不適応症状を起こし続けたのが高校の三年間でした。後の経過を思うと、あの光景は何かとても大事なことを暗示していたように思えるのです。

三条高校入学の頃

大阪の人は四条畷が田舎だとよく言います。九州出身の体育の先生が授業中にこう言ったことがありました。「君達は四条畷を田舎だと言うけれど、九州に持って行けば立派な都会だよ」とたんに教室中でどっと大笑いが起こります。ぼくだけは笑いませんでした。九州から出て来たぼくには九州者の先生の言いたいことがよく分かったのです。当時でも四条畷までは複線の電車が走っていました。それだけでも都会の印に思えます。熊本から阿蘇山のカルデラを抜けて大分へ続く線路は単線でした。衝突を避けるためタブレットと呼ばれる鑑札を持たないと線路を走れない決まりになっています。タブレットは直径一メートル程の輪に付けられていました。走り抜ける蒸気機関車から機関助手が身を乗り出してタブレットを受け取ったり、用の済んだタブレットをホームの端にあるらせん形の器具に投げ掛ける姿をよく目にしたものです。本だけを売る本屋があるのも都会の証拠です。田舎ではありふれた物を揃えている万屋で雑誌が手に入るくらいでした。本を買う機会は無かったものの、買うとすれば繁華街のデパートへ行ったでしょう。どこから見ても都会の四条畷をなぜ田舎と言うのかぼくには分かりませんでした。

ぼくの入学した年に大阪府下の学区が再編成され、大阪市内の一部まで三条高校の属する学区に入りました。ダサい学生帽を抵抗無くかぶる芋学生の溜り場だった高校に、セットした髪が乱れるのを嫌がって帽子をかぶらない都会っ子が大量に入ってきたのです。大阪府北河内郡の芋学生よりもずっと芋だったぼくは律儀に帽子をかぶり、周囲の同級生や先輩の言動に目を丸くする毎日でした。

入学式で憶えているのは、頭が禿げ、眼鏡を掛けた生活指導の「ドンコ」がしきりに強調した二つのことです。第一は父兄に対する注意でした。高校に入れた後、まるで刑務所にでも放りこんだように子供にも学校にも関わろうとしない父兄がいる。決してこういう態度は取らないで欲しい、という趣旨です。第二は新入生に対する注意でした。中学校までは神童よ、天才よと持て囃された末に、高校で学年のビリになる者も出るはずだから覚悟をしておけという内容です。手違いで合格したと固く信じているぼくには空恐ろしい言葉でした。さほど成績を気にする者もいない熊本の中学校で三年近くを過ごしています。神童や天才と呼ばれたことは一度もありません。

クラス分けが終わり、教室に入るとクラス担任が入ってきました。小言が好きな化学の「オクメ」です。自己紹介が済むと「オクメ」がメモを片手に口を切ります。本来、学級委員は選挙で選ぶものだ。しかし、知り合いも少ないクラスで選挙はできない。そこで、今回だけこちらから指名する。イガグリ頭に眼鏡の田上の名前が最初に呼ばれました。学級委員長です。驚いたことに次に名前を呼ばれたのはぼくでした。文化委員です。その後に名前を呼ばれた四、五人は全員女の子でした。

同じ一年のクラスで記憶に残っているのは後に柔道部に入った神田でしょうか。父親は交野市の市会議員らしく、本人は長身のスポーツマン、苦みばしった男前でした。リーゼントが普通の当時に珍しくスポーツ刈りで、その頃は知りませんでしたが、同じクラスの女の子の間で人気は最高だったのだそうです。先生と距離を置く癖のあるぼくと違い、平気で馴々しいくらいに話し掛けるタイプでした。上質な生地をぴったり身体に合わせて仕立てた学生服を纏い、クラスの中でとりわけ目立つ男なのです。ぼくに話し掛けることもあります。好きなマンガの話で「さいとうたかを」の『台風五郎』が共通の話題になり、良く話すようになりました。字がとても巧く、見事な楷書体で黒板に大きな漢字を書いて見せることがあります。本格的に書道を習っていたのでしょう。2の平方根を「一夜一夜に人見頃」と憶えるのはありふれていてつまらない。「いよいよ兄さんゴロツキに」の方が気が効いている、などと頼みもしないのに教えてくれたりします。田舎者のぼくには眩しいほどの都会っ子でした。

入学して高校生活にやっと慣れた頃、ぼくは演劇部を訪ねました。キャスト志望と言うと小柄で派手な顔立ちの女の先輩が大喜びします。喜色満面とはああいう表情を言うのでしょうか。舞台に立つ気の男子部員がいないため使える台本が限られ困っていたようです。やがてスタッフ志望の地味な一年生男子も二人入って来ました。当時の演劇部は完全に女の「仕切る」世界でした。生活指導の「ドンコ」の娘、理屈っぽい「テンコ」がスタッフのまとめ役で、よく大声で笑う派手な顔立ちの「ウエッチン」がキャストの中心です。二人とも相当に気の強い方でした。台本選びも配役もこの二人がうんと言わなければ進みません。春の公演に選ばれた台本は女二人が中心のドラマで、入ったばかりの一年生二人が起用されます。しかし、脇役に男二人が必要です。ぼく一人では足りません。そこでスタッフ志望の二年生の一人を口説き落として端役に回すことになりました。台本と配役が決まって公演の準備に入ります。

まず、全員に一部ずつ行き渡るよう台本を謄写版印刷する準備をします。薄い和紙にロウ引きした原紙をヤスリ板の上に載せ、尖った鉄筆で字を刻み込みます。仕上げた原紙を謄写版に張り付け、積んだ藁半紙に被せて上から油性インクの付いたローラーを転がすとコピーができます。一人では時間と手間が掛かり過ぎますから、手分けをして四、五人で原紙を切り、謄写版に掛けるのです。折って綴じた台本のコピーは数ページおきに癖の違う字が現われ、その区切り目に意味の無い余白があります。コピー機が普及した現代では考えられない苦労の末、どうにか読める台本を作っていたのです。

読み合わせを一度やってから、演出担当の「テンコ」が台本の解釈を述べ、討論が始まります。春の公演では一年生中心のキャストよりも二年生が多いスタッフの方から異論が続出しました。舞台は敗戦前後の満州国の首都、新京です。混乱期を生き延びるため日本人の娘がかつて親友だった中国人の娘を撃ち殺す結末でした。二人の心の複雑な動きについて女三人の解釈が割れたのです。激情家の「ウエッチン」には何もかも辻褄のあった「テンコ」の解釈は平板過ぎると見えたようです。戦後しばらく中国にいて、混乱期の名残りを知っている「テラサン」には筋建てのリアリティーに異議がありました。穏やかな「テラサン」が話し終わった後、残る二人の間でやり取りが続くのに、溝はなかなか埋まりません。結局、「テンコ」が二人の言い分を少しずつ取り入れる形で解釈をやり直しました。

立ち稽古になって演出がしきりにぼくの演技をけなします。ぼくの役は根こそぎ動員で娘を残していく父親でした。体を売ってでも生き延びろという台詞を憶えています。ぼくにはこの役が何か捕らえ所のないものに思えました。どう演じて良いのか分からないのです。演出には立って台詞を暗唱しているだけに見えたのでしょう。幾度も表情が無いとか目が宙を見ていると言われます。最後には父親をどんなものだと思っているのかと聞く始末です。「普段は調子が良いけれど、いざとなったら真っ先に逃げ出す男」。そこまで口に出して、初めて演出との違いがはっきりしました。ぼくは父親が娘の行く末を気遣っていると思っていなかったのです。演出の「テンコ」から猛烈に叩かれます。色が黒く、小柄で可愛い顔の「テラサン」も中国にいた頃の自分の母親と弟に起こった事件を話してぼくの解釈をとがめました。野良仕事をしていた母親はよちよち歩きの弟が線路に入り込んだのを知りませんでした。鋭い汽笛が何度も鳴るので線路に目を向け、初めて自分の子供が驀進する列車の進路に迷いこんでいるのに気付きます。鍬を放り出して必死に線路へ走り、列車に轢かれる寸前の子供を救い出したと言うのです。その話を聞いても俄には信じられず、議論はどこまで行っても噛み合いません。ぼくたちは「親」という共通の言葉を使いながら、それぞれの個性的な自分の親について語っていただけでした。

公演まで残り十日程になると講堂の前の方に舞台を作り始めます。力仕事ですから男子部員全員を駆り出さねばなりません。分解して講堂の奥に仕舞ってある舞台の部品を持ち出し、組み立てました。ロープと滑車を使って天井へ上がり、幕を垂らす作業も仕事の一部です。毎日の放課後、作業を済ませて稽古をするのですから公演の直前になると家へ帰るのは夜の九時を過ぎました。大道具もその頃には完成していて本格的な舞台稽古ができるようになっています。その頃までに台詞は頭に入っているし、演出の解釈は役作りの方向を決めているので一場ごとに稽古して出来上がりを確かめることができます。通し稽古は公演前に二回程しただけでした。メイク・アップをし、本番で使う衣裳を身に付けたリハーサルもうまく行き、公演準備は完了します。

公演の日は幕が上がる前からキャストは落ち着きません。とりわけ舞台に出る前に感じる独特の不安は場数を踏んでもどうにもならないものです。芝居が終わって、幕が下り、演じている間から続く緊張感がほぐれると何とも言えぬ充実した気持ちが残ります。二時間足らずの芝居をするため、一月半を費やして準備し、やり遂げたからでしょう。しかし、放課後、お好み焼き屋で検討会があり、先輩達の話を聞いているうち何とも言えぬ虚脱感が湧いて来ました。芝居についての好みと考え方の違いが中心メンバーのどの二人を取っても歴然としてきたのです。こんなに異質な考えを持つ灰汁の強い者同士で一月半も一つのチームを作れたのが不思議なくらいです。熊本の中学校の演劇部では顧問の先生が台本を選んで配役を決め、演出も兼ねていました。配役に不満があっても、クラブの和気藹々とした雰囲気は崩れません。ところが高校の演劇部では何かというと角突き合わせる激論が始まり、どちらの側も一歩も退かないのです。芝居が好きだということを除けば殆ど共通する物の無い人間の集まりを、気の強い二人の女が仕切っています。夢中で公演の準備をしていた時は目に入らなかった物が見えてきました。男が肩身の狭い思いをする演劇部に、居心地の悪さを感じます。しかし、主役を張りたいばかりにクラブ活動を続けました。

三条高校の前身は陸軍士官学校、海軍兵学校に多数の卒業生を送り込んだ典型的な田舎の旧制中学です。戦前の広島高等師範学校に進んだ者も多く、教師として母校で教鞭をとる人がかなりいました。当時の校長、ちびの「フセカン」もその一人で、何かというと「小楠公精神」や「滅私奉公」が飛び出します。「本校の女子教育は良妻賢母を育成することにある」と公言して女子生徒の神経を逆撫でしていました。昔気質の頑固者で節を曲げることを知らないのです。戦後の軍人の息子であるぼくは違和感を持ちませんでした。後に、「フセカン」が懐の深い古風な教師であると知ることになります。しかし、周囲の友人の中には「フセカン」のアナクロニズムを笑う者が幾人もいました。

三条高校は広島師範閥で、ぼくが入学した次の年の新任教師三人のうち二人は広島大学の教育学部出身です。残る一人はおしゃれな若い音楽の先生でした。色が白く、背が高く、スタイルも好い、大変な美人です。その先生が運動場に並ぶ僕たちの前に現れ、新任の挨拶をすると、居並ぶにきび面の間からどよめきが起こりました。広島師範系の先生の授業は型に嵌まった面白くないものが多かったように思います。一年生で印象に残っているのは地理の林先生の授業です。イギリスの地理を勉強する時間に、いきなり大きな字で短い英語の文章を書きました。所々を生徒に訳させ、手に余ると見ると意味を教えます。それはイギリスの国歌、「ゴッド・セイブ・ザ・クイーン」で、それをクラス全員に合唱させました。フランスなら日本語訳の「ラ・マルセイエーズ」を歌うのです。中学校では経験したことのない型破りな授業で、ひどく楽しかったのを憶えています。クラスの中でぼくだけが「アニミズム」という言葉を知っていて林先生を驚かせたこともありました。ぼくが勉強家だったのではなく、たまたま買った参考書に載っていたのです。それより一月程前に「世界史」の参考書を大阪市内の本屋に捜しに行ったことがあります。ぼくには貸し本屋でマンガを借りる時以来の癖がありました。面白いかどうかで本を選ぶのです。眼鏡に適って買った参考書には「アニミズム」、「シャーマニズム」ばかりかベルギーの歴史学者、アンリ・ピレンヌの学説まで紹介してありました。イスラム教徒が地中海を支配したために、東ローマとの連絡を絶たれ、アルプスより北でヨーロッパ世界の生まれる条件が整ったとする「ピレンヌ・テーゼ」です。アルフレッド・ウェーゲナーの「大陸移動説」を知ったのも林先生の授業です。大胆な仮説に過ぎないとして忘れ去られていた「大陸移動説」が、海洋底の残留磁気調査によって、劇的な復活を遂げているのはちょうどその頃でした。今では学会の定説になっています。

林先生の世代は、多感な旧制中学の生徒として戦争を過ごしています。戦争を他人事として語ることの出来ない世代でした。恋人が自分の子供を身篭もっているのを知りながら出撃して行った特攻隊員や、戦果など望みようも無い、無謀な戦艦「大和」の最期の出撃について話す時には、眼鏡を拭う振りをしてハンカチを目に当てるのでした。

高校で初めて数学の問題集というものに出会いました。そこに出てくる「与式」という言葉が分からず困った憶えがあります。どんな公式のことかと水野に尋ねると呆れたような顔で言います。「馬鹿だなあ。与えられた式という意味だ。問題に出てくる式のことだよ」。先生が生徒を煙に巻こうと変な問題を出せば、すかさず神田が「子供騙しや」と声を上げます。手首から肘を覆う黒い腕抜きを両手に付けて熱心にノートを取り、よく質問する小柄な女の子までいました。都会者は良く勉強して何でも知っているらしいと畏れに近い気持ちを抱きます。手違い合格の汚点を拭うのは容易なことではないと思い定めました。授業では身を入れて先生の説明を聞き、中間試験の十日前から準備に掛かろうと覚悟を決めます。もともとノートなど録らない方なのに、授業のポイントと思える所だけは自分なりに要約してノートに書き込み、教科書の全試験範囲に目を通しました。数学では練習問題を全て解いてみます。幾何は好きなので苦になりません。しかし、代数では中学時代に計算練習を怠ってきたせいで計算ミスが目立ちます。一日に二科目以下と目標を絞って試験準備を進めました。中間試験は一日せいぜい四科目なので翌日に備えて勉強する時間があります。きちんと準備をしたせいで中学校時代より楽でした。何とか退学は免れそうだと一安心します。

学習指導要領が改訂されたため過去の経験が役立たず、一年生の学力を捉え損なった先生が何人かいました。林先生もその一人で、四十点未満の不合格者を減らすため、全員にゲタを履かせたそうです。お陰で丸の数には不釣り合いな高得点が取れました。返してもらった答案を見ながら神田が浮かぬ顔をしています。思ったよりずっと悪い点数だったのでしょう。「ちょっと見せてくれ」と言ってぼくの答案を覗き込み、驚いたようです。「俺より大分ええやないか」。呑気な田舎で育ったぼくは、もともとテストの点数にこだわらない方です。でも、都会育ちの神田はそうではないようでした。二つの答案の点数を見比べて、ぼくは苦笑するしかありません。とたんに神田の表情が変わります。「あ、笑ったな。よおし、今度は負けへんぞ」。それを聞いて、僕は驚きました。神田の点数を笑ったつもりはないし、点数で競り合おうと思ったこともありません。これは僕の問題ではなく、恐らく神田の問題なのです。神田は高校に入るまで、勉強でもスポーツでもトップクラスの、神童の一人だったのでしょう。次の時間にテストが返されると明るい顔になり、さっそくぼくの点数を見に来ました。けれど、答案の点数を見比べると首を傾げてぽつりと言います「やっぱり、あかん」。神田ほどはっきり分かる形ではないものの、一年生の大部分が同じ思いを味わったのだと思います。その後、神田は勉強に興味を失い、柔道に熱中するようになりました。

全ての答案が返されて暫らく過ぎた日の午後、職員室に呼び出されました。卒業した門田中学校に封筒に入った書類を届けるように言われたのです。事情が分からないまま、中学校に書類を届けました。卒業した時の担任だった女の先生は近所に住んでいます。たまたま道で母に会ったその先生の話から、ぼくの役目が分かりました。高校一年の一学期中間テストの成績は出身校ごとにまとめられ、中学校に渡されていたようです。その使いは出身者の中の成績トップの者がすることになっていました。母はぼくが大喜びするものと信じ、さっそく家に帰るとその話をしました。居間の畳に新聞を拡げ読んでいたぼくは、その話を聞くと頭を抱えてごろりと横になりため息をついたのだそうです。母は変な子だと思いながら言葉を続けます。学級委員は入学試験の成績順に指名されると言うのです。それを聞いても心は晴れません。手違いで合格したのではなかった。評判に反して学力レベルのひどく低い二流の高校に入っただけだ。ろくに受験準備もできなかったぼくが体調を崩しても、上位で合格したのだから。体中から力が抜け、本気で勉強する気が無くなってしまいました。学年を一年ずつ隔てて二人の妹がいます。ぼくが大学へ入れば大学生一人と高校生二人を抱えることになるのです。家の経済状態を考えれば大学へ行く見込みが立ちません。明日のことを考えないからこそ、今日を生きられる生活に逆戻りです。学校で手応えのあることが出来そうなのは演劇部の活動だけに思えてきました。

田舎へ帰る田舎者

二年生になる前の春休み、一年振りで熊本へ帰りました。中居君が開設されたばかりの有明工業高等専門学校に合格し、熊本高等学校を二回目に受験して結果を待っている時期です。両方通ったらどちらに進むか迷っていると書いてありました。通り一遍のお祝いや忠告の手紙で済む友人ではありません。何より久々に会ってみたいという気持ちがあります。親に相談すると意外なことに行っても良いと言います。熊本時代に比べれば、家計にゆとりが生まれていました。大阪に再就職したせいで父と熊本時代の飲み友達との縁が切れたのです。おかげで家計に占める飲み代の割合がぐんと減りました。長い道中の暇つぶしに文庫本を二冊買います。一冊が三木清の「人生論ノート」でした。当時のぼくは三木清について何も知りません。題名と最初の数ページの印象だけで買う気になったのです。読み応えのある本だと感じました。しかし、書いてあった内容は全く覚えていません。雰囲気は気に入ったものの、理解するには幼な過ぎたのでしょう。もう一冊は有りふれた人生談義で題名も著者も忘れました。それなのに水溜まりに映った月の影の例えや戦前から名の通った俳優、江川宇礼雄が自分の不肖の教え子だったと書いていたのを憶えています。分かりやすい身近な話題を取り扱っていたせいだと思います。途中で四人連れが乗り込んで来ました。周囲を見回し、ぼくに声を掛けてきます。「若い者三人が交替で年寄りの面倒を見るつもりでいたのに、向かい合って四人で座れる席がありません。あちらの三人連れの学生さんの席に移って貰えませんか」。確かに相当な年齢の人を連れています。席を譲っても良いと思いました。ただ、大学生らしい制服の三人はかなり年上に見えます。見ず知らずの相手に声を掛けるのにためらいがありました。しかし、このままでは年寄りが気の毒に思えて同意すると、その中年の男が嫌な言葉を吐きます。「同じ学生さん同士だから話も弾むでしょう」。自分達の一方的な言い分を好意に見せ掛ける小狡さが不愉快です。それ以上相手にしたくありませんでした。黙って荷物を取り上げ、席を移ります。

　挨拶と自己紹介が済み、制服の三人組が防衛大学校の学生であると分かります。春休みを利用して九州へ帰る途中だったのです。一人は熊本の出身、残る二人は鹿児島でした。父が元自衛官で一昨年退職したと話すと三人も幾らか親近感を覚えたようです。口調が柔らかくなります。普通科高校の一年生と聞いて、リーダー格の一人が大学へ進むのかと尋ねました。できればと答えるぼくに重ねて聞きます。「法文系志望?」初めて耳にする言葉でした。普段のぼくなら「法文系」の意味を尋ねたでしょう。しかし、初対面の相手に自分の無知を曝すのが恥ずかしく、意味も分からないまま「はい」と答えてしまいます。リーダーは言いました。「そうか。理工系志望なら防大を勧めるんだがな。戦技訓練はある。しかし、重機関銃の実弾射撃訓練どまりだ。それ以外では全くの理工系大学なんだ。国家公務員だから給料も貰えるしな」。熊本に住んでいる頃、防大の話はよく聞きました。父のような古参下士官上がりが息子の将来を考えるとき、最初に考えるのは防大です。親には全くお金が掛らず、本人は衣食住をただで与えられた上に給料が貰え、卒業すれば振り出しが士官なのですから。防衛大学校は戦前の陸軍士官学校、海軍兵学校を統合したものに当たります。子供の頃、戦争映画で大声を上げて部下を罵り、殴る陸軍将校の姿を幾度も見ました。「陸士出」という言葉も覚えます。「陸士出」はどんな人達だったのかと父に聞いてみました。すると、予想もしない答えが返って来ます。父は一呼吸置いてしみじみと言うのです。「公明正大だったな」。ゆとりのある祖父母の許から十分な仕送りを受け、軍隊時代も父は遊び廻っていたようです。ある日、直属の上司に当たる少尉か中尉に本業を尋ねられたことがありました。浄土真宗西本願寺派の僧侶だと答えると、こう諭されたと言います。「自分は軍隊で一生御奉公するつもりだからこのままで良い。だが、貴公はいずれ地方に帰る身だ。本業を疎かにしてはいかんぞ」。如何にも年長者らしい忠告に思えます。感心したぼくの言葉に父は苦笑いしながら付け加えます。「相手は年下だったんだ。軍隊では星の数が多いと理屈抜きで年上に見えるから不思議だよな」。古参下士官は、陸士出の将校を「実包」、予備士官を「空包」と呼び、「実包」は「コワい」が「空包」は「ヤワい」と噂していたようです。石見弁で「コワい」は堅いこと、「ヤワい」は柔らかいことを指します。「ヤワい」「空包」は与し易いと評判だったのです。目の前にいる防大生は二十数年前に父をたしなめた若い将校の後輩になります。

三人の防大生からは全く嫌な印象を受けませんでした。どれを取っても九州育ちらしく裏表も駆け引きも無い好漢です。軍人には美点でしょう。しかし、世知辛い世の中を渡るには致命的な欠点だと今では思います。不思議なことに、好印象以外何も残っていないのです。今から思うと文学や映画の話は全く出ませんでした。ぼくの憧れるような大学生振りではなかったのです。リーダーは『三太郎の日記』を是非読めと勧めます。その本を古本屋で見つけ、買ったのは十年以上も後のことでした。幾度か手に取ったものの未だに読み通していません。やがて夜が更け、話も一段落すると三人は次々に眠り始めました。目が冴えて眠れないぼくは本を開きます。蒸気機関車の引く客車の中は薄暗く、内装は木造で独特のニスの匂いがしました。知らないうちに眠り込んでいたようです。

賑やかな話し声に目が覚めました。熊本出身の防大生が浮き浮きした調子で話しています。「もう直ぐ見えて来る。あのアンテナが見えると国に帰ってきた気がするんだよな」。熊本市の郊外にある無線通信の高いアンテナ塔のことです。汽車が山裾を廻り、その大アンテナが見え始めると身繕いを始めました。駅に着いてもいないのに立ち、制帽を被ると残る二人に早々と別れを告げます。ぼくに分からない感情がそうさせるのでしょう。「お国はどちらですか」と尋ねられてよく困ります。「本籍地でしょうか、育った所でしょうか、それとも一番懐かしい土地ですか」。一度、本気でそう聞き返して笑われました。たいていの人はこの三つが一致しています。しかし、ぼくにはバラバラでした。どの土地にも取り立てて愛着は無いのです。懐かしいのは関わり合った人々との記憶だけです。故郷を失ったとは言えないでしょう。最初から無かったのです。駅に着くと熊本出身の防大生は残る二人に敬礼します。二人も起立して敬礼を返しました。降りて行く防大生に続いて、ぼくも一年振りに熊本の土をふみます。

熊本駅に下りて驚きました。目に映る駅前の風景に変わりは無いはずです。それなのに印象が全く違います。ごみごみした田舎臭い町並みにしか見えません。繁華街から離れているとはいえ、一年余り前に旅立った国鉄熊本駅がこれほどうら寂しいはずはないのです。記憶を辿って建物や通りの形や位置を一つ一つ確かめても寸分の狂いもありません。だとすると、その間に変わったのはぼくの方だったのでしょう。迎えに来ていた中居君と落ち合い、まだ春休みに入っていない富川中学へ行くことにしました。駅前でバスに乗り込み、郊外へ向かいます。市の中心部を離れると舗装もされていない田舎道が始まりました。バスは火山灰地の道路をひどい埃を上げながら走り続けます。晴天が続けば埃が立ち、雨が降れば泥の海になる土地に長く住みながら、今では不思議なものを見る思いです。がたがたと揺れるバスの中で、見かけぬ制帽と校章に県外の人間だと分かったのでしょう。ブーツを履いた男の車掌が笑いながら声を掛けました。「こん辺りは馬車道ばっかだもんね」。富川中学に一番近いバス停留所で降りると、中居君が用事を思い出したと言い始めました。今から思えば顔馴染みの先生に会うのが気まずかったのでしょう。一人で中学へ向かい、校門を潜った所で社会科の小杉先生に会いました。まるで漫談のような面白い授業をする先生で、郷土民話の研究家でもあったようです。ラジオ番組に出ると授業中に聞いた憶えがあり、ずっと後にテレビでも見掛けました。最近の様子を尋ねられ、大阪にいると話します。父が大阪の天地製作所に再就職したと話すと、「ああ、大洋ベアリング系列の」と社会の先生らしく素早い反応が返って来ました。用事があるのでと急ぐ先生と入れ代わるように校舎に入り、演劇部の顧問だった理科の神本先生を探します。顔見知りの若い事務の女性に尋ねると授業中だと教えられました。教室の外に立つと白衣の神本先生が逸早く気付きます。じっと見てぼくだと分かったらしく顔を綻ばせ手を上げました。授業を中断して外に出て来ます。懐かしげな様子で言葉を掛け、暫らく待つようにと言い残して教室へ戻りました。神本先生は九州大学の出身です。

大学時代に気の合った仲間達と山に登ったり、無銭旅行をした話をよくしてくれました。旅の途中で着替えの下着が無くなると、道端の小川に下りてパンツを洗ったそうです。濡れたパンツはリュックに載せれば半日で乾くと大真面目な顔で教えられ、ぼくたちは吹き出してしまいました。ずっと演劇部の指導に熱心でしたが、三年生になって暫らくは違います。今から思うと新任の英語の先生に熱を上げていたのです。前年の教育実習に姿を見せた実習生の一人、背の高い相当な美人です。どうも好きになれない初老の先生が担当する英語の授業を見学するグループの中にいました。英語の先生が実習生の質問に答えている時、教科書のよく分からない所をその人に尋ねてみます。「それはいずれ先生の方から説明があるから」と突き放したのが強く印象に残りました。恐らく神本先生はあの女性と結婚したのでしょう。やがて授業が終わり、神本先生と話したはずです。熊本を離れて一年余り、お互い話題には事欠かなかったでしょう。しかし、何を話したのか全く憶えていないのです。

県立高校の合格発表を中居君の家のラジオで聞きました。すぐ中居君の名前が上がります。続いて幾人もの知り合いの名前が聞こえたので驚きました。当時の熊本県には有力な私立の進学校がありません。浪人しても熊本高校を狙う者が相当いたのです。中居君も高校浪人を気にしないで済むと安心します。その後、連絡が付いた友達の幾人かに会いました。「山ちゃん」の姿と言葉が取り分け記憶に残っています。チビの「山ちゃん」も複雑な事情を抱えた友達でした。お母さんがお妾さんだったのです。腹違いの兄が同じ中学の一年上にいました。長身でバスケット・ボールの花形選手です。以前と同じ質素な服の「山ちゃん」はまじまじとぼくを見詰めます。やがて諦めたように言いました。「ジオン君な、お洒落になったね」。改めて自分の服装を周囲の友達の姿と見比べました。大阪の高校生にしては地味なぼくの服装も、熊本ではお洒落に映るのです。熊本にいた頃のぼくの姿は目の前の「山ちゃん」と大差の無いものだったはずです。父と昔の飲み友達の縁が切れたのは我が家にとって大変な違いでした。四十年前の都会と田舎に一目で分かる格差があったのも事実です。気付かぬ内に生まれていた、境遇の違いを思うと何時もの冗談も出ず、つい黙り込んでしまいます。

中学卒業までの一年間、中居君の担任だったのは美術の中嶋先生です。ぼくは薄気味の悪い人だと感じました。しかし、中居君やお母さんとの相性は良かったようです。一年半振りに富川中学へ行った時、中嶋先生にも挨拶しました。自然に中居君の話になります。中嶋先生は苦笑しながら言いました。「中居君が落ちてショックを受けたのは、本人よりもお母さんの方だったよ」。中居君の進路も話題になりました。ただ、先生が言葉を濁したのは気になります。「戦前の高専は大した物だったが……」もう人吉に左遷されていた野間先生から手紙が届いていました。ぼくを連れて相談に来るようにと中居君に勧めています。有明高専と熊本高校のどちらを選ぶかは慎重に決めて欲しいとも書いてありました。余り乗り気には見えない中居君と二人で人吉へ向かいます。久々に会った野間先生はどこか元気がありません。ぼくたちを前にしながら、まるで独り言のように話しました。郡部の学校は富川中学と随分様子が違う。下駄で登校する生徒が多く、よく下駄を間違えて喧嘩になる。そこで名前を書けと言うと、「俺の」と書く猛者が幾人もいて何の解決にもならなかった。そう話す口調には以前の覇気が感じられません。まるで翼をもがれた鷲のようでした。

野間先生の意見を聞いて、中嶋先生がはっきり口にしなかったことが分かりました。戦前の高専は現在の工業大学にあたります。それに対し、今回新設された高専は工業高校に二年間の課程を追加したもので将来については実績に基づく評価の下しようがない。好んでそれを選ぶのは危ういと言うのです。熊本高校を選んだ方が良いと言いたいようでした。しかし、畳の上に座って俯く中居君は黙って先生の話を聞くばかりです。よく考えてみると、ぼくにもどっちへ行きたいとは言っていないのです。言葉を選びながら説得しようとする先生も一言も返さない中居君の態度に黙り込んでしまいます。話題を変えようと冗談を言ってみても二人は、にこりともしません。とうとう何も言わず互いに顔を見合わせて座っているばかりになりました。気まずい雰囲気が消えたのは、同居している先生の甥が帰ってきてからです。陽気で人を笑わせてばかりいる男でした。人吉の山奥で夏休みの一週間を過ごした時、ぼくたちの布団を敷く余地を作るため、大騒ぎをしながら押し入れで寝た一人です。今は近くの工業高校に通っていて一年か二年上でした。思い出話で賑わううち、何となく中居君のことは明日にでも話そうという雰囲気になります。

翌日の午前、野間先生には用事がありました。直ぐ済むから待つようにぼくたちに言って先生は出掛けます。しばらくすると中居君がそそくさと身仕度を始めました。どこへ行くのと尋ねると、ちょっと用事を思い出したと言います。靴を履いて小走りで出ていく背中に、自分の荷物を背負っていました。何か変だなと感じながらも中居君の言葉を疑いませんでした。程なく野間先生が帰って来ます。中居君が出掛けてまだ帰っていないと伝えると先生の口から大きなため息が漏れました。「あいつ……逃げたか」。中居君はとっくに家を出て高専での五年間の寮生活をする方を選んでいたのです。

演劇部から生徒会へ

演劇部が秋の公演の準備に取り掛かる頃、スタッフの中心だった「テンコ」が退部しました。進学組ですから、そろそろ大学受験が気になって来たのでしょう。自然に就職組の「ウエッチン」がクラブを牛耳ることになります。美人で気が強く、キャストとしての力は相当なものです。しかし、厄介なことに、リーダーにしては好き嫌いが激し過ぎました。思ったことをすぐ口に出す生意気な下級生のぼくはすぐ睨まれるようになります。秋の公演に使う台本は「ウエッチン」の推す「象の死」に決まりました。戦争中の上野動物園で実際に起きた事件に題材を採った一幕物で、主役は動物園付きの獣医です。キャスト志望の男子部員はぼくしかいません。今度こそ主役と思っていると、「ウエッチン」はスタッフ要員の二年生男子を特訓して主役に使うと言い出しました。一度も舞台に立たず裏方ばかり続けてきた人です。背が低く舞台映えしませんし、演技力は無いに等しいと言えるでしょう。特訓は初歩の発声練習から始めねばなりません。大阪府の高校演劇コンクールは年に一回だけで、「象の死」はそれに出されます。ことさらそんな冒険をする理由は無いのです。何とも納得の行かない起用でした。ぼくは憎まれ役の陸軍の獣医中尉を割り振られます。配役が決まると主役を演じる二年生は朝早くから高校に来て講堂で発声練習を繰り返します。一生懸命なのはよく分かりました。しかし、象を餓死させる老獣医を切れ味良く演じられるとは限りません。春の公演と同じような手順を踏んで文化祭に第一回の公演が行なわれます。市内の劇団に所属する二人の俳優さんに文化祭の公演を観て講評して貰いました。

表現は穏やかなものの主役に対する評価は厳しいものです。一人が「人の善い田舎の獣医さん」に見えたと言います。それでは芝居になりません。もう一人はぼくにこんな言葉を掛けました。「君が現われたとたん、戦争中を思い出しましたよ。あんな目付きの将校が一杯いました」。脇役のぼくには最高の褒め言葉に聞こえます。演出をやや手直しして演劇コンクールに臨んだものの一次予選で落ちてしまいます。ところが、その年に優勝した高校が上演したのは「象の死」でした。オリジナルの台本ではなく、圧縮したテレビ・ドラマ用の脚本を使う隙の無い芝居だったそうです。もし主役が自分だったらと幾度も考えました。秋の公演が終わるとスタッフ志望で入ってきた一年生の二人が俄に退部します。随分前に退部の打診はあったようでした。それを秋の公演が終わるまでと説き伏せて引き延ばしていたらしいのです。「ウエッチン」は当て付けがましくぼくに言います。「同じ学年なのに大きな顔をする人がいるからよ」。恐らくそれは違うと思います。二人は進学組のようでした。クラブを続けながら学校の勉強に付いていくのが苦しくなっていたのでしょう。しかし、「ウエッチン」の言葉で自分がクラブでただ一人の実力者に嫌われているのを改めて思い知らされました。このままクラブに残って待っても主役は回って来ないだろうと感じます。数日後、ぼくは演劇部を辞めました。

秋では体育祭の日に行なわれたファイア・ストームも印象に残っています。夕暮れからグラウンドの真ん中で焚火をし、大勢でフォーク・ダンスを踊る催しでした。男女の生徒が人前で話すとスキャンダルに近い形で話題になる時代です。学校の中で公然と女性の手を握る機会は他にありません。参加したい男は多いのです。体育祭が終わっても帰る者は殆どいませんでした。女の方も心の中は同じだったでしょう。一、二年前から幾人かの上級生が中心になり計画して、やっと認められたものです。予算は生徒会から出るものの、ファイア・ストーム実行委員は今で言うボランティアでした。お仕着せの生徒会組織とは別枠で、ファイア・ストームを企画、実施するためだけに集まっています。生徒会が予算を与え行事の実行を「丸投げ」する組織で、入るのも出るのも自由でした。ファイア・ストームを実施するには生徒会予算を割り振って貰い、生徒会を通じて職員会議の許可を取らねばなりません。しかし、それ以外は何の制約も無い企画・実行集団です。

入学した頃の生徒会長は眼鏡を掛けた気の弱そうな二年生です。二流の進学校なので勉強が何より大事という雰囲気があります。それぞれが好きなことをするクラブ活動なら盛んでした。しかし、生徒会の役員に進んで立候補する者はいません。何をするにも議案をクラスに下ろして討議させ、それぞれの委員会で検討した上で代議員大会の決議を得ねばならないのです。しかも、職員会議が拒否すれば全てが無駄になります。どこかの政治組織に関わっていて立候補する物好きなら昔はいたかもしれません。しかし、当時の三条高校では六〇年安保当時の無理な街頭動員がたたって、数年前に社会科学研究会が潰れています。生徒会選挙が学外の政治勢力から影響を受けることは全くありませんでした。労力と時間ばかり食う割りの合わない「お務め」を誰に押しつけるか。それだけが半年に一度の役員選挙の意味でした。選挙期間になると選挙管理委員が誰かを立候補させようとする光景が校内のあちこちで見られます。立候補者が出ない時は選挙管理委員長に詰め腹を切らせるのが恒例ですから本人はもう必死です。眼鏡の会長も詰め腹組だったのでしょう。生徒集会で発言する者が特に目を付けられました。秋の役員選挙が終わり、次の生徒会長が決まると生徒集会が開かれました。離任の挨拶をしながら、眼鏡の前会長は公約を守れなかったと泣き言とも取れる言い訳をくどくどと重ねます。黙って聞いているうちむらむらと腹が立ち、手を挙げて発言を求めました。「皆んなはあなたを選んだ。そのあなたがやろうとして出来なかったのなら、言い訳は要らないだろう」。九州育ちの芋の理屈でした。大の男が人前で泣き言を言うのに我慢ならなかったのです。それを切っ掛けに発言を求める一年生が相次ぎ、上級生からは「今年の一年生は口だけは達者だ」と呆れる声が上がります。次の役員選挙で吊し上げる絶好のカモを見つけたと喜んだ人もいたようです。カモの筆頭がぼくでした。

演劇部を辞めてから何か張り合いの無い高校生活が続きます。そのうち生徒会の役員選挙が近付きました。これまで生徒集会で一言居士振りを見せていたぼくは生徒会長に立候補させる絶好のカモでした。五、六人の上級生に廊下や教室で取り囲まれ、なぜ立候補しないのかと吊し上げを喰らいます。自分だけは貧乏くじを引きたくないという口の達者な都会者ばかりですから、筋の通らない屁理屈を並べ立て容赦なく責め立てるのです。「自分に出来ないことを他人にやれと言ったのか」という言い掛かりに、単純な田舎者のぼくはつい頭に血が昇りました。だったら、やってやると相手の注文通りの言葉を返してしまいます。これが二年生の一年間を棒に振り、生徒会と関わるそもそもの始まりです。

生徒会長になるなら気心の知れた友達を役員にする方が心強いと考えました。中学以来の知り合いが数人いるものの卒業まで二、三カ月の付き合いでクラスも違います。入学して一年近い今となっては心安い同級生を当たるしかありません。先ずガール・フレンドの優子さんに相談してみました。生徒会など嫌いなのは分かっています。そこを強引に副会長に立候補してくれと頼んだのです。暫らく考えて、同意してくれました。日頃の言葉や態度からは予想もつかない答えです。ぼくを気づかってくれたのでしょう。その上、優子さんは仲良しのカンちゃんを説得して会計に立候補させます。書記候補は手当て出来なかったものの、これで同級生同士の一年生コンビが新学期から揃って生徒会役員になるはずでした。しかし、詰め腹立候補を何としても避けたい選挙管理委員長は、ぼくたちには内緒で別に二年生を副会長に立候補させていたのです。立候補者が一人しかいない会長、書記、会計は信任投票です。副会長だけは優子さんと二年生男子の選挙になりました。立ち会い演説会で余り印象に残らない短い話をした優子さんは落ちてしまいます。そのため、学期が改まり前期が始まってみると生徒会の会長、会計は二年生、副会長、書記が三年生という変則的な構成になってしまいます。各委員会の委員長を任命するのも大変でした。付き合いの悪いぼくには友人、知人が少なく、飛び出したクラブに人脈はありません。色々な人から紹介された見ず知らずの相手を、同意さえ得られれば任命するばかりです。どうやら陣容が整ったと思ったらさっそくボロが出てきました。

引き継ぎが終わった頃、副会長の三年生が変なことを言い出します。「自分は立候補者を釣り出す呼び水の役目を頼まれただけだ。受験勉強もあるし、生徒会の活動はしない」。その言葉に驚いて、だったら別の副会長候補が出た時点でなぜ立候補を辞退しなかったのかと問いただしました。すると平然とこう言うのです「女の子の方が通ると周りが言ったから、安心していた」。その言い草に呆れると同時に、頭がかっとなります。生徒会の仕事をしないなら辞任してくれ、繰り上げ当選か再選挙で後任を決めたいと言いました。前期には生徒会活動で一番大変な仕事、年間予算の決定が待っています。戦力にならない飾り物の副会長を置く余裕はないのです。僕の剣幕に三年生の副会長は姿を消します。暫らくすると生徒会顧問の一人、英語の川口先生がやって来ました。パイプを愛用する山男で、歳は三十代前半、なかなかの好男子です。冬山で遭難し掛けたことがあるそうです。吹雪を避けるため雪洞を掘り、その中で火の付いたロウソクをそれぞれの手に持って、火が消えたら周りの者が揺り起こし、初恋の話をしながら生き延びたと聞きます。なかなか粋で話の分かる先生だと女生徒にずいぶん人気がありました。その川口先生が事を荒立てないでくれと言い出します。進学組の三年生には受験勉強が一番大事だからと副会長の肩を持つのです。ぼくは納得できませんでした。立候補し当選しておいて仕事はしない、辞任もしないで通るなら生徒会役員選挙の意味など無いも同然です。自分が引き受けたことを、後になって平気で反古に出来るなら、約束の意味がありません。周囲に調子を合わせて楽に世渡りするつもりなら、重宝な生き方でしょう。しかし、表面を巧く取り繕い、面倒事は他人に押しつけて終わりという態度に我慢なりませんでした。まして筋の通らない自分の言い分を通すため、顧問に泣き付くなど以ての外です。しかし、生徒会顧問はその肩を持ち、ぼくの抗議を受け流すばかりです。ぼくが意外に頑固なのに気付くと顧問の川口先生は会計のカンちゃんを口説き落としました。カンちゃんに「私も頑張るから」と言わせ、事を納めようとするのです。世間によくある手なのかも知れません。しかし、それが不愉快でした。副会長の辞任による繰り上げ当選も再選挙も顧問の先生方は認めるつもりは無いようです。いっそ生徒集会を開いて全てを暴露しようかとも考えました。しかし、ぼくが筋の通らない言い分を非難して解任を迫っても、二流の進学校の生徒達が同意するでしょうか。さらに繰り上げ当選や再選挙を認めるでしょうか。決心が付きかねているうちに予算編成の仕事が始まりました。程なく書記の三年生の女の子も就職活動を理由に生徒会活動はできないと言い出します。副会長の前例があるだけに顧問の先生達も認めるしかなく、ぼくは事の成り行きにただ呆れるだけでした。本来なら四人の生徒会役員が二年生ばかりの二人になってしまったのです。

人脈と呼べるものの全く無いぼくが何とか前期生徒会長の仕事をこなせたのは数人の熱心な協力者のお陰です。生徒会活動について過去の記録は全く残っておらず、手探りで各部長との個別交渉をするしかありません。予算編成の仕事の中で知り合った牧本は体育系クラブの向こう意気の強い部長達との強烈なやり合いで幾度も矢面に立ってくれました。それに加えて、前年のファイア・ストーム委員だった三年生達が全面的に支援してくれたのです。ぼくがファイア・ストーム予算の確保を公約にしていたからです。ファイア・ストームを数年越しで実現した上級生達は誰でも参加できるこの楽しい催し物を高校の伝統にしていこうとしていました。ぼくの公約は渡りに船だったのでしょう。生徒会費は学校が徴収し、生徒会の会計が管理しています。生徒会予算の大半を占めるのは各クラブへの助成金で、それを削らない限りファイア・ストームの予算は組めません。ファイア・ストームを実行しようとすれば各クラブの既得権を侵すことになるのです。

それぞれのクラブには生徒会の予算から助成金が出る慣行でした。不可欠な年間行事の費用や個人で買えない必需品の購入費が優先されます。各クラブが提出した予算要求の細目を検討し、不必要と判断したものを削り予算案を作るのがぼくたちの仕事でした。ただし、一方的に削ることは出来ず、各クラブの部長に提示し説明する義務があります。文化系の部長は大人しいタイプが多く、配分される金額も小さいのでさほど波風は立たず交渉が進みました。カンちゃんが中心になって手際良く話し合いを片付けて行きます。波乱と呼べそうなのは図書部との交渉くらいでしょうか。代表としてやってきた優子さんが頑として自説を曲げず、ぼくたちをからかうような態度を取りました。それを見とがめたファイア・ストーム委員の上級生が優子さんを一喝します。優子さんは泣き出してしまいました。その場で交渉相手を慰める訳にもいかず、ぼくはうなだれて帰る後ろ姿を見送るばかりです。その日の午後、部員募集のポスターを掲示板に貼る優子さんを見掛けます。黙って見ているとぼくに気付き、にっこり笑いました。ほっとすると同時に何となく嬉しくなったのを憶えています。

ぼくと牧本が担当した体育系クラブの反発は予想を遥かに上回るものでした。どこのクラブでも秋の大会が終われば二年生の中から次の部長が指名されるのに、ラグビー部では際立った大男の三年生がまだ部長をしています。三条高校で全国大会に出場する力を持っている唯一のクラブでした。二流以下の実績しかない他のクラブと同列に扱われるのは心外だと言い張ります。それまでずっとラグビー部は特別扱いされて来ました。生徒会室へ通じる途の両側にユニフォーム姿のラグビー部員が並び、スパイクを履いた足を一斉に踏み鳴らして圧力を掛け、予算を増額させた例もあると聞いています。助成金の減額は「ラグビー部の伝統」を侮辱するものと映ったことでしょう。しかし、最高額の助成金を受け取っているラグビー部に手を着けない限り、他のクラブが納得しません。幾度も遣り合っているうち、ぼくの言葉に大柄な三年生のラグビー部長が顔色を変え、身を乗り出して、「二年生のくせに何を言うか」と掴み掛かりそうになったこともあります。慌てて付き添いのラグビー部員が引き止め事無きを得ました。もっとも、これはかねて打ち合せ済みの芝居だったようです。時々、その三年生と同じバスに乗ることがありました。予算編成の期間中は目が会うと睨み付けていたのに、予算が通った途端、こちらの顔を見てにやりと笑ったからです。二年生の部長の中で手強かったのは山岳部と剣道部でした。前部長が選んだだけあって、向こう意気が強く口も達者です。統率力もあったでしょう。少しでも予算項目を減額すれば、昼休みでも練習中でもすかさず説明を求めて押し掛けて来ます。二カ月近く悪戦苦闘が続きました。協力してくれる人達の助けがあっても、ぼくとカンちゃんは昼休みも日曜、祝日も返上して四人分の仕事を二人でこなすしかありません。そのうち二人の考え方の違いがはっきりしてきました。カンちゃんが助成金の減額は「こちらからお願いするものだ」と言い始めます。ぼくや牧本の強硬な遣り方は交渉をこじらせるだけと見えたようです。しかし、それは各クラブに与えられる助成金を既得権として認める態度です。ぼくたちは生徒会予算を生徒全体のプールした資金だと考えていました。だからファイア・ストームのような生徒全体が参加する行事の予算はクラブの助成金に優先すると思っていたのです。また予算案の作成は選挙で選ばれた生徒会執行部の権限だと理解していました。「去年までは認めていた」、「これはクラブ活動に不可欠だ」と食い下がる相手を振り切り、ファイア・ストームの資金を作ろうとすれば、それ以外に有力な論拠が無いのです。特に相手が多額の助成金を受け取っている体育系クラブなら「お願い」はあっさり蹴られるでしょう。反目とまでは行かないものの、二人の間の溝は予算編成の終わるまで埋まりませんでした。

勉強そっちのけで各部長との個別交渉を続けるぼくの姿はどこか異様だったでしょう。体重もかなり減り、ひどく痩せました。授業中に当てられ、英文を翻訳出来ないぼくに佐竹先生が厳しい調子で言ったことがあります。「学生の本分は勉強だ。本分を尽くした上での自治会活動だろう」。相変わらず勉強を軽く見ていたぼくの耳に逆らう言葉です。今から思えば、厄介な役割を背負ってくれる重宝な生徒と見ていた形跡のある多くの先生方に比べ、親身になってぼくに忠告してくれた数少ない先生の一人でした。その言葉は記憶に残ったものの、何を伝えたいのかが分かるには一年近くかかります。三年生役員二人の手抜きを認めた生徒会顧問の川口先生に至っては責任逃れとしか思えないことを言い出します。前の会長は何人もの友達に仕事を割り振り、何もかも自分で引き受けたりはしなかった。まるで全てはぼくの手際の悪さにあるとでも言わんばかりです。元々、ぼくは友達の少ない方で、各委員長の任命にも苦労しました。しかも、前の会長が担当した後期は前期に決まった予算に基づき年間行事を実施するだけで済みます。とても比較にはなりません。

苦労の末、予算案が出来上がり、どうやら代議員大会に漕ぎ着けます。その場でクラス代表の優子さんがぼくの目を見詰めながら痛烈な発言をしました。「昼食も取らず、休みの日まで出て来て予算編成作業をするなんて、ただの安っぽいヒロイズムだと思います」。その言葉を聞いて、四十人を越える代議員が集まる教室中が急にしんとなりました。傍聴に来ていた三年生のファイア・ストーム委員が発言を求め、ぼくたちを弁護するものの、もうひとつ説得力がありません。優子さんがことさらそんな挑発的な言葉を口にした理由がその時のぼくには分かりませんでした。今から思うと、たしなめたかったのかもしれません。新しい学校行事を続けるため、勉強そっちのけで火中の栗を拾っていたのは紛れもない事実でしたから。予算案が代議員大会を通り、生徒会活動にゆとりが生まれるとやっと一息つくことが出来ます。

予算編成の期間中、他の仕事は各委員長に任せ切りでした。体育委員長は陸上部の部長、南田です。一面識も無いまま人の紹介で委員長にした男でした。穏やかな人柄で、いつの間にか頼んだ仕事を片付けてしまいます。校内球技大会はクラス代表の選出、会場の確保、競技の実施まで全て南田の手で行なわれました。いつもと違う学校の様子に、当日になってやっとぼくは球技大会のことを思い出す始末です。文化委員長を頼んだ高井はぼんやりした感じの困りものでした。まともに仕事をしてくれないのです。担当する大きな行事が無いから良いようなものの、苦言を呈しても糠に釘でどうにもなりません。二年生も秋から三年生と一緒に校内の模擬テストを受けるようになった時、高井の成績が学年のトップ・クラスであるのを知り、意外な感じがしました。

授業に顔を出す以外全く勉強しなかったのが生徒会長の時期です。ただ二年になって世界史を教わった中年の男の先生には奇妙な思い出があります。最初の授業で開口一番こう言ったのです。「おい。こんな天気の好い日には勉強する気なんか起こらないよな。花でも眺めながら寝転がっている方がよっぽどましだ」。どっと笑い声が起こり、見事に生徒の心を掴みました。空はうららかに晴れ渡り、窓の外は満開の桜の季節です。ひどく呑気で、時にはぐうたらと思える面も見せる先生でした。授業はさほど面白いとは言えず、脱線して話すエピソードの方に人気がありました。その一つが長崎の原爆を目撃した体験談です。当時、その先生は長崎に近い町にある旧制中学の上級生だったそうです。勤労動員で数人の下級生を指揮し大八車を押していると、急にどーんと大きな音がした。振り向くと長崎の方で巨大な雲がもくもくと沸き上がり、どこまでも天に伸びて行く。間もなく強い熱風が吹き寄せてきた。ただ事ではない。下級生に大八車の下に避難するよう指示し、見守るうち、ついこんな言葉が出た。「おい、日本はまだ大丈夫だよ。B29の大編隊でもあの新兵器を爆発させれば一たまりもないだろう」。翌日から重傷を負った大量の避難民が流れこみ始める。とても建物に収容できる数ではない。小学校の校庭一杯にむしろを敷き、寝かせるのがせいぜいだ。炎天下の地面に横になった負傷者はどんどん死んで行く。そうして死んだ者の数は最初の一撃の犠牲者を遥かに上回るだろう。ぐうたら先生にしては珍しく真剣な口調です。ぼくたちはいつになく身を入れて聞き入りました。

三条高校の体育系クラブは押し並べて弱かったと言えるでしょう。全国大会に出るのはラグビー部だけで、他のクラブは殆ど一回戦で敗けてしまいます。ところが夏の甲子園を目指す一次予選で、硬式野球部が十数年振りに勝ちました。この久々の快挙に校内は沸き立ちます。戦前の全国中等学校野球選手権大会はともかく、戦後になって甲子園に行ったのは年配の先生の記憶でも一度しか無いのです。もしかしたらという期待は高まるばかりでした。二回戦に応援に行こうという話はすぐまとまり、だったら応援団が無いと格好が付かないと言い出す者が現われます。たちまち水泳部の部長を中心に臨時応援団を作る話が決まりました。元来、お祭り騒ぎは好きな方ですから、その手の話を黙って見ていることが出来ません。姉妹校の堀川高校には常設の応援団があると聞き、数人で応援のノウハウを初歩から教えて貰おうと出掛けます。国鉄の鄙びた駅に近い三条高校と違い、京阪電鉄の沿線にある堀川高校の構内はどこか都会的でした。気後れしそうになる気持ちを抑えて、堀川高校の応援団長を捜します。やっとめぐり合えた応援団長は、どこか崩れた感じのする高校生でした。手の振り方や三・三・七拍子など最低限の応援術を懇切丁寧に教えてくれます。しかし、全くの素人ばかりですからにわかに身に付くはずもありません。ぼくたちの呑み込みの悪さを見て取ると、「臨時応援団の応援に行ってやる」と言ってくれました。二回戦が初舞台の素人達には心強い限りです。三条高校では翌日から熱のこもった臨時応援団の練習が続きます。程なく二回戦の日が来ました。

幸いその日は快晴でした。野球場の入り口近くで学生服の上に黄色の長いタスキを掛け、同じ色の鉢巻きを締めます。両手に白い手袋をはめ、臨時応援団長の水泳部部長の掛け声に一声答え、勇んで観客席に繰り込みました。こちら側の応援席には三百人近く座っています。校長の「フセカン」や教頭まで来ていました。先ずは上々と気を良くし、相手側の応援席に目を移して呆気に取られてしまいます。応援に来ている生徒は一人もいません。一塁側スタンドの前の方に小さな一群が見えるだけです。十人足らずの応援団が横一列に並び、前に応援団長、後に太鼓と校旗の担当者が控えています。こちらにとって十数年ぶりの快挙でも、甲子園の常連校には二回戦など消化試合です。昔から野球の弱い高校での壮挙に過ぎなかったのです。臨時応援団がいささか元気を無くしている所へ、堀川高校の応援団長が姿を現しました。なんと、黒の紋付、袴に高下駄という出で立ちです。束髪に仕込み杖を加えれば、そのまま明治時代の壮士の姿でした。ぼくたちの話から、大観衆同士がせめぎ合う激しい応援合戦を予想して装束を整えて来たのでしょう。相手側の観客席を見て意外の感に打たれたようです。相手側の応援が小さく聞こえて来ると、いささか元気をなくしている臨時応援団を叱咤し、向こうの応援を潰そうとします。味方の攻撃では必ず声を揃えてバッター・ボックスに立つ打者の名前を叫ばせ、元気付けるのを忘れません。応援団同士のエール交歓の作法も初めて知りました。七回の始まる前に相手側の応援団から申し入れがあったのです。向こうの連絡係は堀川高校の応援団長に話し掛けていました。服装からてっきりこちらの応援団長と思っていたようです。攻撃側が校歌を歌うから、守備側は起立してほしいというものです。攻守が入れ替われば同じことをするからと。応援する人間の数で圧倒していても、ゲームそのものは両チームの実力相応に終わりました。ゲームが終わった後、チーム全員が応援に来たぼくたちの前に横一列に並び、帽子を脱いで感謝の意を表します。ぼくたちが校歌を歌い終わるまで、うなだれて立っています。どの野球部員の目にも涙が溢れ、号泣している者もいました。気楽に甲子園の応援スタンドを夢見たぼくたちと異なり、野球部員は本気で甲子園のグラウンドに立とうと奮闘した末に敗れたのです。無念の思いは他の者に窺い知れぬほど強かったことでしょう。

東京オリンピック

ぼくが高校二年生だったのは一九六四年です。東京オリンピックの年でした。夏休みが明けた頃、大阪府下の高校に四人だけ入場式への参加枠が割り当てられたようです。府下の全高校の間で抽選があり、三条高校は引き当てました。高校から一人だけオリンピックの入場式に参加できるのです。生徒会長なら生徒の代表だから異論は出ないだろうとぼくが選ばれ、東京に行くことになります。「何時でも代わるからね」というカンちゃんの言葉に、余り乗り気ではないぼくは危うく首を縦に振るところでした。しかし、両親は一生に一度の事だから是非行けと盛んに勧めます。父は男子独身寮の寮生から双眼鏡を借り出し、玩具のように小さなカメラを買ってくれました。母は新しい学生服と革靴を買い揃えます。行こうかなという気になりました。

一九六四年十月九日午前六時頃、当時の国鉄大阪駅に集合しました。簡単な自己紹介の後、「大阪府」と印刷された腕章を渡されます。以後はこの腕章を外さず、集団行動を取るようにと言われました。東海道線上りのホームで暫らく特急電車を待ったのを憶えています。東海道新幹線は十日程前に開通していたはずです。しかし、料金が高かったのか切符が手に入らなかったのか、利用したのは在来線でした。高校生三人はぼくより年上のようで、全員が学生服姿です。背が低く、痩せて眼鏡を掛けているのは滝野高校の代表でした。仁王様のように大柄でしゃがれ声の、どこかの工業高校の代表はひどく世馴れた感じです。社会人で夜間高校に通っている人だけは帽子を被らず、髪を整髪料できれいになで付けていました。ぼくの小さなカメラとは好対照の、当時としてはかなり高価なカメラ道具一式を抱えています。真新しいものでした。もう働いて定収入があるので今回のため買い込んだのでしょう。高校生以外に中学生も数人一緒です。どこでも大騒ぎをし、手を焼きました。次の年、その内の一人の顔がニキビ面の新入生の中に見られます。

東京へ向かう電車の中でおかしなことが起こりました。一人で席を離れて外を眺めていると、通り掛かった食堂車のウエイトレスがぼくに近付いて来ました「ねえ、何に出るの」と尋ねます。「入場式です」と答えると、にこにこ笑いながら「そっちじゃない方よ」と畳み掛けて来ました。「大阪府」と書いた腕章を見て、てっきりオリンピックで何かの競技に出る選手だと思ったのでしょう。入場式を見に行くだけだと答えても信じません。「隠さなくても好いでしょう。ちゃんと分かっているんだから」。入場式に参加する代表に選ばれた事情を説明してみました。しかし、聞く方からすれば出来過ぎた話です。こうと思い込んだ女性の誤解を解くのは大変です。その場から逃げ出し、席に戻るしかありません。東京駅に着いたのは夕方の五時過ぎでした。現在、新幹線に乗れば二時間半か三時間で東京へ行けます。しかし、当時の東海道線を使うと特急でも十時間以上掛かっていたのです。

電車を乗り換えて暫らく歩き、低い町並みを見下ろす古びた旅館に入りました。中央線に沿う町中にもまだあちこちに木立ちが残っている頃です。修学旅行以外で旅館に泊まるのは初めてです。玄関辺りの古風な調度品に見とれていると、仁王様がぼくに声を掛けました。「三条高さん、帽子を脱いでください」。慌てて白線の入った野暮ったい学生帽に手を掛けて周りを見ると、ぼく以外に帽子を被っている者はいません。建物の中では帽子を取るのが礼儀と知っていたのに、幾らか揚がっていたのでしょう。部屋割りで中学生達とは別れて高校生四人で一部屋を使うことになりました。夕食後、自由時間になると高校生だけに数時間の都内見物が許されます。四人で集団行動をするようにと言われただけで監督する大人は付いて来ません。先ず浅草に行こうと相談がまとまり、大人びた仁王様を先頭に出掛けました。夜間高校の代表は浅草寺の山門の前で三脚を立て、カメラを固定して写真を撮ろうとします。「こんなに暗くても写真が撮れるんですか」と尋ねてみると、大丈夫という答えが返って来ます。「シャッターを暫らく開放にしておけば映るはずだ。カラー・フィルムはＡＳＡ１００だから」。四十年前、それが最も感度の高いフィルムでした。現在、普通に使われているカラー・フィルムでもＡＳＡ４００です。

その後、仁王様の提案で二人ずつに別れて行動することになりました。仁王様と社会人が一組、ぼくと滝野高校の代表で一組です。落ち合う場所と時間を決めて別れます。眼鏡を掛けた小柄な「滝野さん」は大通りのパチンコ屋へ行こうと言い出します。ぼくは驚いてしまいました。時々、都会の高校生は訳の分からないことをやります。一年生の頃、駅へ行く途中にある本屋の前で、一緒に帰る演劇部の先輩が立ち止まりました。そして、ぼくに声を掛けるのです。「立ち読みして行こう」。ぼくが同意するといきなり店先で週刊誌を取り上げ、折り畳まれたグラビア写真を広げました。現われたのはビキニ姿の若い女性の裸です。ぼくは心臓が止まる思いです。それを尻目に、先輩は人目も憚らず写真に見入っていました。今度は制服姿でパチンコかと思いながら、「ぼくは遠慮します」と答えます。「滝野さん」は暫らくここで待ってくれと言うなりパチンコ屋へ入って行きます。入り口に近い台で打っている姿がガラス戸を通して外からもよく見えました。当時のパチンコは玉を一発ずつ指で入れる方式です。左手の親指を使い、手際良く玉を押し込む様子はなかなか手慣れています。昨日今日に始めたものとは思えません。自分がどこにいるかも分からぬ東京で、ぼくはパチンコ屋の近くをうろうろするばかりでした。二十分程経って「滝野さん」が出て来て言います。「やばい、やばい。コートを着ても学生服の襟が丸見えじゃないか」。店を出る時、ガラス戸に映る自分の姿を見たのでしょう。襟には校章が付いていました。いつもは私服でパチンコを楽しんでいたのだと思います。

門限ぎりぎりに四人で旅館へ帰り、部屋に落ち着いたものの、眠るまでかなり時間があります。仁王様が口火を切り、お喋りが始まりました。互いに見ず知らずの男四人に共通の話題は自然にセックスになります。ただし、四十年も前ですからポルノグラフィーやヘア・ヌード写真は高校生の手に入りません。セックスの経験がある高校生は殆どいなかったでしょう。都会育ちでハンサムな牧本は校内屈指の軟派です。同志社大学経済学部の二回生と称して年上の女性に声を掛け、いつも奢ってもらうという噂でした。それなのに女性とキスしたことも無かったようです。大学一年の夏休みに久しぶりに会い、牧本が新しいガール・フレンドを作り、幾度かデートしたと話しながら、こんなことを言いました。「初めてのキスなので身体が震えた」。名うてのプレイ・ボーイですらその程度の時代ですから、セックスの話といっても自分の体験を話すものではありません。四人のうちセックスについて最も熱心に語ったのは仁王様でした。自分の愛読する山田風太郎著『くノ一忍法帖』の数々に出てくるあれこれのエピソードに基づき、忍法帖直伝の由緒正しい知識をぼく達に伝授してくれます。ぼくは、ただただ感心しながら拝聴するばかりでした。

翌朝、一団の責任者であるどこかの校長先生に連れられ、東大本郷構内を見学しました。その先生が東大卒なので部外者であるぼくたちも入れてもらえたのです。黄金色に色付いた銀杏並木の落葉を踏みしめ、その奥に更に進むと、いきなり高く聳える安田講堂が現れます。それを初めて見上げた時に受ける威圧感は何とも言えないものでした。三四郎池の周りを歩き、記念写真を撮って国立競技場へ向かいます。憶えているのはあちこちに木立のある郊外と覚しき場所です。歩いても国立競技場らしいものは一向に見えてきません。言われるままにぎっしりと人で埋まった小さな野球場へ入りました。見通しの利かないスタンド席に座って待つ時間がひどく長く感じられます。快晴の空にジェット機がうっすらと大きな五輪のマークを描く頃、やっと順番が回って来ます。野球場を出て少し歩くと木立のすぐ向こうに巨大な国立競技場が見えました。木々に隠れて見えなかっただけで、目と鼻の先だったのです。ぼくたちは貴賓席の真向いにあるスタンド席の上の方に案内されました。目に映る限り、観客席はどこもかしこも一杯です。誘導されて入る観客の最後に近かったのでしょう。陸、海、空自衛隊と警察のブラスバンドが場内アナウンスに従って順番に引き上げて行く最中でした。音楽や華麗な集団演技を披露して入場式を待つ観客が騒ぎだすのを防ぎ、時間を稼いでいたのだと思います。見下ろすと広いグラウンドがまるで谷の底にあるように見えました。スタンド席の上の方は地面からはるかに高い所にあるようです。最後のブラスバンドが姿を消して暫らく経つと、客席が次第にざわつき始めます。双眼鏡を取り出して貴賓席を眺めると、洋服の人々の中に一人だけ眼鏡を掛けた紋付、袴の姿が見えます。どうやら当時の総理大臣、池田勇人のようでした。六〇年安保の騒動が収まった後、「所得倍増」を掲げ、高度成長政策の舵を執った辣腕の首相です。今でも国会の壇上で大見得を切って言ったとの幾つかを憶えています。「経済のことは池田にお任せ下さい」。「私は嘘は申しません」。暴言癖があり、幾度かの疑獄を潜り抜け総理大臣になるとひたすら「低姿勢」を続けました。重症の癌を押しての出席であると分かったのは数カ月後に亡くなった時です。戦争が無ければ東京オリンピックは一九四〇年に行なわれるはずでした。二十四年後の東京オリンピックは戦後の復興も終わり、国力は回復したと内外に示す晴れの舞台です。池田勇人も思い残すことは無かったでしょう。前面に巨大な電光掲示板を取り付けた国旗掲揚台の上には純白の制服に身を包んだ数人の姿が見えます。夏を思わせる強い日差しを浴びながら両手を後ろに組み身じろぎもしません。服装から見て防衛大学校の学生のようでした。

ここは以前の明治神宮外苑競技場のはずです。昭和十九年、戦況の逼迫に伴い、文科系の大学生の徴兵猶予が取り消されます。彼らは学業半ばで陸軍や海軍に編入されました。そして、基礎訓練の後、予備士官として戦場に向かいます。その多くのものが二度と帰ってきませんでした。世にいう学徒出陣です。二十年前の冬も近い遅い秋、冷たい雨の降る中で出陣学徒壮行会がここで行なわれました。それを記録した白黒フィルムの映像を見たことがあります。都内の各大学から集まった出陣学徒は学生服に角帽、足にはゲートルを巻いています。何れも銃剣を吊るした弾帯を腰に巻き、小銃を肩に歩調を揃えて分列行進しています。カメラが足元の大きな水溜りを写すと、そこに上下が逆になった銃を担ぐ学生服の群れが映りました。続いて一人の学生の足元が画面に現れます。靴の周りの小さな水溜りに雨が降り、ゲートルを巻いた足から上半身に画像が移動すると捧げ銃をする手が雨に濡れていく様子が捉えられます。最後に端正な横顔と角帽が現れました。帽子についている記章からすると東大生のようです。神宮外苑競技場に出陣学徒代表の悲痛な言葉が響きます。「…我ら元より生還を期せず…」今、目の前に広がる巨大なスタジアムに、その二十年前の出来事を思い出させるものは何一つありません。

突然、ファンファーレが響き渡ると、大音量で奏でる音楽に合わせて選手団が入場してきました。観客席から一斉に拍手と歓声が沸き上がります。次々に入場口から現われる各国選手団はそれぞれ鮮やかな色のユニフォームに身を包んでいます。国ごとに違う色合いで、その姿は華麗としか言いようがありません。先頭のギリシャと最後の日本以外は英語で表した国名のアルファベット順です。そのため冷戦の最中なのにU．S．A．のアメリカに続くのはU．S．S．R．のソ連です。現代のオリンピック入場式と違い、どの選手団もきちんと隊列を組み、歩調を取ってまるで軍隊のように行進しました。先頭の旗手が貴賓席の前で国旗を倒して敬礼し、進みます。それまで戦後のオリンピックで見慣れた光景です。ヒットラー政権下のベルリン・オリンピックあたりから始まった習慣でしょう。こういう整然とした集団行動がぼくには美しく見えました。続々と入場する各国選手団の最後に赤いブレザーコートに白のズボンとスカートの日本の大選手団が入場します。スタジアムを揺るがす大歓声と激しい拍手が湧き起こりました。赤い服の大集団はひっきりなしに続く盛大な拍手を浴びながらトラックを一周します。全選手団が広いグラウンドに整列すると開会式が始まりました。

再び高らかにファンファーレが響き、最後の聖火ランナーがトラックに現われます。トーチを右手に掲げ、靴、ショート・パンツ、ランニング・シャツは全て純白でした。トーチから立ち上る煙の量は驚くほどです。走り抜けるトラックを覆わんばかりでした。かなりの速さなのに、思ったより長い時間を掛けて各国選手団の周りのトラックを半周します。目の前のグラウンドは見掛けよりずっと広いのでしょう。やっと聖火台に続く長い階段の下まで来ました。グラウンドから階段を踏んで上がる動作を延々と続けているのが見えます。しかし、一向にスタンド席の最上部にある高い聖火台へ着かないのです。驚くほどの高低差があるようです。ぼくが一気にあの階段を登るのは無理だな。そんなことを考えながら見ているうち、やっと頂上へ着きます。貴賓席の方を向いてトーチを高々と掲げ、ファンファーレに合わせて点火しました。巨大な競技場全体を揺るがす歓声と拍手が一気に起こり、暫らく鳴り止みません。それが幾分収まると式辞の朗読が始まりました。最初に昭和天皇が奇妙なイントネーションで開会の言葉を述べました。それに続いて次々に要人の挨拶が続きます。しばらくするとグラウンドで見たこともない動きが起こりました。どこかの国の選手団の後方がぱらぱらと解け、輪を作って芝生に座り込みお喋りを始めたのです。皆目分からない日本語の挨拶に退屈したのでしょう。気持ちは分からないでもありません。しかし、ぼくには重要な儀式を台無しにする嫌な光景に映りました。

開会式が終わると選手団の退場が始まります。続いて観客が誘導され引き上げ始めました。その中を次々に花火が打ち上げられます。スタンド席にいると頼りない音に聞こえました。それなのに、国立競技場の出口近くで聞くと、建物に反響してまるでひっきり無しに轟く雷の音のようです。こうしてぼくの東京オリンピック見物は終わりました。

次の生徒会長

予算編成や幾つもの学校行事の経験から、生徒会規約に基づく委員会、代議員大会が何の役にも立たず、かえって邪魔になると考えるようになりました。どの会議も、自分が何もしたくない人間が大半です。そして、他人に仕事を押しつけようと小田原評定を繰り返すばかりでした。委員長の多くは意欲が無いか、企画や実施になると肝心の実務能力がありません。何をするにも決定までにひどく手間取り、実行するとなると仕事を引き受ける者が殆どいないのです。惰性だけで続いている組織のポストに必要も感じず、熱意も無く、嫌々ながら就かされた者が大半ですからサボっても大目に見てもらえます。お仕着せの制度と手続きに従っている限り動きが取れなくなるのは当然でした。生徒会と好対照なのが体育系のクラブとファイア・ストーム委員会です。意欲の有無が行動力の大きな差を生んでいるように見えます。予算編成から生徒会に関わってきた牧本と二人でいろいろ話しました。こんなに煩雑な仕組みや手続きでは新しいことは何もできない。従来の行事を続けるにも支障が多い。生徒会の機構を思い切って簡素にし、体育系のクラブやボランティアから成るタスク・フォースに個々の学校行事を企画、実行させる方が遥かに上手く行く。それが二人の出した結論でした。

定例の代議員大会でぼくがそう提案すると猛烈な反対が起こります。小柄な三年生の女の子の発言が満場の拍手を浴びました。「そんなのは理想論です。会長は努力が足りないと思います。今のままでも頑張れば何とかなる筈です」。こと生徒会活動に関する限り、努力したことも頑張ったこともない部外者から見当外れのお説教をされるとは夢にも思いませんでした。殆どの代議員が盛大な拍手でその意見に賛成したのも不可解です。何も知らない人間が努力や根性を振り回して感情論を繰り広げ、喝采を浴びるとは意外です。綺麗事を並べたて、平然と他人に仕事を押しつける、いつもの態度にもうんざりしました。拍手が収まるのを待ちながら、どう説明しようかと考えていると教室の後ろの方から低い声が響きます。「それは違う。理想を捨てたのが問題なんだ」。一斉に振り返る代議員の視線の先にいたのは、室内でも学生帽を阿弥陀に被った野暮ったい男でした。両手をズボンのポケットに突っ込み、教室の壁に寄り掛かり立っていま す。どこか地方の訛りが残る言葉で続けました。「会長は手際能く行事を片付けることしか考えていない。効率を上げるのに理想は要らないと言っているんだ。とても理想論なんて呼べないよ」。生徒会の内情を知らない者の発言とはいえ図星でした。その一言が議論に止めを刺した形になります。反論する言葉を見付けられないまま、代議員大会は終わりました。制度改革は最初の一歩でつまずいてしまいます。しかし、次期生徒会長候補が見つかりました。追い込みに使う手管も言葉も今では心得ています。先ず選挙管理委員長にし、立候補者が出なければ詰め腹を切らせるつもりでした。殺し文句は例の言葉です。「自分に出来ないことを他人にやれと言ったのか」。その男の名前は川田純、同じ二年生でした。以来四十年の付き合いになります。

秋になってもファイア・ストームの許可が下りません。実行の準備はもう始まり、体育系クラブにそれぞれの役割が頼んであります。焚火のことは全て山岳部が手配し、学校から駅やバス停留所までの警備は柔道部、剣道部、ラグビー部等が担当します。放送部が音楽を受け持ち、ファイア・ストーム委員はフォーク・ダンスの指導に全力を上げているのです。ぼくは生徒会顧問の川口先生に職員会議に諮るよう幾度も頼みました。それなのに川口先生は「もう少し時期を見て、職員会議に諮る」と繰り返すばかりです。体育祭まで残り三週間もありません。居たたまれなくなって休み時間に教室を抜け出し、校長室のドアを叩きました。中から答える声に応じてドアを開け、デスクの向こうに座る校長に一礼し、「生徒会長のジオンです。今日はお願いがあってまいりました」と切り出します。勧められるままソファーに腰を下ろし、ファイア・ストーム実行の許可を求めました。生徒達が今年もファイア・ストームをしようと動きだしているのを校長は知らなかったのかもしれません。既に春の段階で予算を確保し、各クラブに仕事を分担する作業も終わっていると聞いて意外に思ったようです。尋ねられるままにあれこれ答え、話が弾むうち授業時間の終わりを知らせるベルが鳴りました。校長がぼくの話を引き取ります。「よく分かった。私の権限で実行できるようにする」。礼を述べ、部屋を出ようとするぼくを校長が制止しました。「この時間は誰の授業だったのかね」。なぜそんなことを尋ねるのか見当も付かないまま、担当の先生の名前を告げました。すると校長が言うのです。「この時間は私が君に授業したことにする。後でその先生に連絡しておくから、欠席扱いにはならないよ」。向こう見ずな戦後生まれへの古風な頑固者の配慮でした。

翌日の昼休み、川口先生が血相を変えて生徒会室に現われました。開口一番ぼくに言います。「何てことをするんだ。ぼくの立場が無いじゃないか」。ぼくも含め、その場にいた誰も何のことか分かりません。よくよく聞くとファイア・ストームが許可されたようです。朝の職員会議で校長がいきなりこう切り出しました。「昨日、生徒会長からファイア・ストームを今年も実施したいという申し入れがあった。事情を聞いたところ、生徒側の準備は十分に整っており、実施に問題は無いようだ。校長の権限でファイア・ストームを許可する」。川口先生が何をどうしようと思っていたのかは知りません。根回しをした上で、いまさら生徒に止めろとは言えないとでも説明するつもりだったのでしょうか。体育課を中心に反対の先生方も結構いたそうです。グラウンドが荒れるというのが最大の理由でした。しかし、ぼくには顧問の立場よりもファイア・ストームの方が大事でした。直訴は成功だったと思います。

間もなく任期が終わる頃、川田を選挙管理委員会の委員長に推薦しました。田崎という名前の一年生が副会長に立候補します。書記と会計の候補も揃いました。しかし、受け付け期間が終わろうとするのに生徒会長の立候補者がいません。いよいよ奥の手です。立候補者がいない時は選挙管理委員長が責任を取るのがこれまでの慣例だと説明すると、そんなことは知らないと突っ撥ねようとします。だったら役員選挙をどうするんだと詰め寄ると川田は考え込み、二人だけで話そうと言い出しました。もう秋の風が吹く、暗くなった校庭を二人きりで歩きながら川田は言うのです。「俺の親父は共産党の秘密党員なんだ。戦後すぐ入党して岡山でレッド・パージを食らい、大阪に出てきた。それを隠して今は教師をしている。俺も子供の頃から政治がらみで山ほど嫌な思いをしてきた」。どんなつもりで川田がそう言ったのか今一つ分かりません。政治絡みの生徒会活動なら関わりたくないという意味だったかもしれません。しかし、当時の三条高校の生徒会は政治党派の影響を全く受けていませんでした。自分は危険な人間だと思わせてぼくを遠ざけようとした可能性もあります。しかし、ぼくは全く別のことを考えていました。「共産党は本当にあるのか。しかもこんなに身近な所に」。五、六歳の子供の頃、確かにその名前を聞いた憶えがあります。それは水を浴びせられて広い滑走路を朝から晩まで逃げ回る奇妙な人々のことでした。まるで夢物語に出てくる小人達のように頼りないものです。歩きながらぼくの横で話している川田を通し、それがにわかに現実味を帯びてきました。しかし、ぼくには共産党に対する警戒感もアレルギーもありません。つい先程までこの世にあるとは思っていなかったのですから。ぼくの説得工作は続きます。一番大変な予算編成の作業は前期で終わっている。後期は学校行事を実施するだけで済むからずっと楽だ。そう説明しても川田は首を縦に振りません。いよいよ例の殺し文句の出番です。とうとう川田も追い詰められてしまいました。ぼくが全面的に協力してくれるならという条件付きで立候補を決心します。

後期の役員選挙が終わり、晴れて生徒会長の役を降りることができました。仕事は無いも同然で、心理的な負担がずっと軽くなります。どうにか勉強する時間が生まれ、授業が終われば帰り道で優子さんとお喋りする楽しみもあります。川田は生徒会活動で悪戦苦闘していました。寝屋川に住んでいて中学校の同窓生が多く、付き合いも広い方です。委員長人事に苦労は無かったものの、やはり仕事をしてくれない委員長や委員に泣かされていました。生徒会の見方はぼくとは少し違っています。生徒会は生徒の自治組織で、役員には生徒会行事について決定する権限があるとぼくは思っていました。川田はそんな高望みをせず、もっと醒めた見方をしています。「間接民主制に慣れるための練習場」といつも言うのです。それでも普通の生徒の無関心や非協力に生徒会長になって改めて驚いたようです。生徒集会で訴えたり、生徒会室前の掲示板一杯にアピールを貼ったりしても、何の反応もありません。前期のような大仕事が無く、四人の役員全員がちゃんと役目を果たしたとはいえ、苦労はしていたようです。川田の本領は校長の「フセカン」に苦言を呈する姿です。戦前の教育勅語の申し子に戦後民主主義の嫡子が朝礼の場で楯突く姿はなかなか見物でした。川田の任期中に「期待される人間像」の全文を「ドンコ」と並んで生活指導を担当する、陰気なメガネの先生が見せてくれたのも記憶に残っています。鳴り物入りで発表され、新聞には抜粋だけが載りました。ひどく古めかしく見えるけれども、あれは一体何なのだろうと二人で話している所にメガネの生活指導の先生が入って来ました。生徒会顧問も兼任していたのです。あの文章は何なのですかと尋ねてもはっきり答えません。代わりに、「君達二人だけが読むのなら半日ほど貸してもいい」と言います。昼休みに「期待される人間像」のパンフレットを二人で順番に読み、一貫する考え方の古臭さに呆れ果てました。ぼくには戦前育ちの老人の繰り言にしか思えません。「フセカン」の専売特許だと思っていた「滅私奉公」ばかりか、遠回しな表現を使っているものの「忠君愛国」まで入っているのです。放課後、パンフレットを回収に来た生活指導の先生に感想を聞かれ、時代遅れのお説教にしか思えないと答えた憶えがあります。

秋の行事をごく普通の高校生として楽しむことが出来ました。文化祭の記憶は殆どありません。普通科高校の文化祭は一体につまらないものです。憶えているのはファイア・ストーム委員が多かった音楽部の発表会くらいです。予算編成の時に何かと力になり、バスに乗り遅れたぼくをよく自転車の後ろに乗せてくれた先輩も音楽部でした。お洒落で美人の若い音楽の先生が顧問です。高校卒業までやり投げの選手だったという話でした。長身のほっそりとした立ち姿が遠目にも際立ちます。あの時代ならファッション・モデルでも勤まったでしょう。音楽部の発表会に顔を出したのは案外あの若い美人の先生を間近に見るためだったかもしれません。舞台に現われる男声合唱、女声合唱、混声合唱の小グループの顔触れはいずれも知り合いばかりです。年間予算の全額を費やして購入したアコーディオンを奏でるのが、あの自転車で僕を送り届けてくれた先輩でした。

体育祭の方は幾分か憶えています。毎年、クラス単位の仮装行列があります。暫らく前に「史上最大の作戦」という映画が封切られたせいで、Dデイの敵前上陸を再現する三年生の出し物がありました。上陸用舟艇は竹や板の骨組みに新聞紙を張り、絵の具で色を付けたものです。装備も全て新聞紙で作り、巧みに彩色してあるので離れて見ると本物のように見えます。着込んだ人間が激しい動きをするとびりびり破れてしまうのも御愛敬でした。陰気で口うるさいメガネの生活指導の先生が神主姿で現われ、真面目くさってお祓いするとあちこちからくすくす笑う声が起こります。三年生がフォーク・ダンスに使う曲は「高校三年生」でした。あの頃大ヒットした歌謡曲です。父が管理人を務める男子独身寮内でも一日中響いていました。そこに起居するのは中学を卒業し、集団就職で大阪に来て働く若い工員達です。当時の経営者が「金の卵」と呼ぶ、高校進学のかなわぬ人々でした。父を「寮監」と呼び、年末や年始以外の時期にも遊びに来る顔見知りが何人もいました。母が女子独身寮の寮母をした一時期には同じ年頃の女の子達が家に出入りしています。地方の高校進学率はやっと五十パーセントを超えた位でしょう。紙一重の差で異なる道を歩んだぼくには何か気懸かりな人達でした。笑顔を浮かべて踊る三年生達の姿を目の前にしながら、心の中では複雑な思いが起こります。ぼくを追い込んだ以前の選挙管理委員長の屈託のない顔もフォーク・ダンスの列の内に見えました。

体育祭が終わり、その後片付けも済むと、いよいよファイア・ストームの準備です。グラウンドの中央で熱心に動き回るのは焚火の管理を任せられた山岳部員です。体育科の先生方の苦情をかわすため、農家を回って要らなくなったトタン板を貰って来ました。薄い鉄板に亜鉛メッキをした当時のありふれた材料で、農具や資材を置く小屋の屋根をふくのによく使われました。ブリキよりずっと安いけれど、古くなってどこかに傷が付くとそこから雨水が染み込みたちまち錆が全体に広がってしまいます。そこで仕方なく新しいトタン板に葺き変えるのですが、要らなくなった古いトタン板の処分がどうにもなりません。運び出すには手間が掛かるので、大抵は納屋や小屋の壁に立て掛けて放置してあります。山岳部はそれに目を付けました。ただで譲り受け、グラウンドの中央に敷き詰めて臨時の火床にしようと考えたのです。焚火が終わればトタン板を運びだせば済みます。これならグラウンドは痛みません。燃料にも独特のアイデアを働かせます。当時の国鉄・四条畷駅の近くに交換された使用済みの枕木が大量に積み上げてありました。無用になったとはいえ国有財産ですから勝手に処分はできません。しかし、安値で払い下げする抜け道がありました。そこに目を付け、格安の値段で分けてもらったのです。防腐剤にタールを染み込ませた固い材木で、燃やせばひどく煙が出ます。だから室内で使うには不向きです。しかし、火力が強く長持ちするので野外の焚火の燃料には格好なのです。十本程の枕木を買い込み、鋸で切り適当な大きさに揃えることから、点火して焚火を起こし消火するまでの作業を全て山岳部がやってくれました。春の予算折衝でさんざん遣り合った山岳部の部長に、限られた予算の枠でこれほど手際よく仕事をこなす能力があるとは思いもかけませんでした。手強い交渉相手だった山岳部長を改めて見なおします。上下関係の厳しい体育系クラブに得意分野の仕事を頼めば頼もしい戦力になる。仕事をてきぱきと片付ける手際の良さを見ると、去年の経験が後任部長にきちんと申し送りされているのが分かります。

体育祭の後片付けが済み、夕闇が迫ります。生活指導の「ドンコ」がマイクを取りました。八時で散会、ただし警備担当はその三十分前にフォーク・ダンスを止め、それぞれの責任者の指示に従い配置に就くよう伝えます。事前に打ち合わせた通りです。ファイア・ストーム委員の誘導に従い千五百人近い生徒が男女別に分かれ、内から小、中、大と三重の人の輪を作って行きます。見かけによらず難しい作業であるのはこれまでの練習で分かっていました。しかし、三年生のファイア・ストーム委員が中心になり何とか列を整えて行きます。音楽が流れ始め、フォーク・ダンスが始まると、次々と相手が変わっていきます。そのうち一年生の頃に世界史を教わった先生とペアになりました。「あら、ジオンさん」と声を掛けて微笑します。生徒を必ず「さん」付けで呼ぶのです。小柄で細い体付きの女の先生です。色は黒いものの整った顔立ちで、御主人はどこかの大学の教授だと聞きました。なぜか文章を旧仮名遣いでしか書きません。「オリンピックに開催される都市の名前が付けられるのは何故でせう」と学級通信に書いたのが記憶に残っています。クラスにも物知りがいて、「古代ギリシャが都市国家だったからだ」と次の学級通信で答え、皆んなを感心させました。三条高校は女子生徒の数が男子生徒より少ない学校です。フォーク・ダンスをするには男子を何人も女子の列に入れ頭数を揃えねばなりません。順番で交替することになっていたものの、男子生徒の中から不満の声も出ていました。女の先生の幾人かはフォーク・ダンスの列に加わってくれます。残念なことに美人の若い音楽の先生は体育祭が終わるとすぐ帰ってしまったようでした。ダンスの合間には音楽部員がリードし、全員で歌います。世界各地の民謡や日本の唱歌の歌詞を載せた小さな手帳を作り、春に配布してありました。これまで幾度も練習し、歌い慣れた曲も夜の闇の中で燃え盛る巨大な焚火を囲み歌うとどこか神秘的に響きます。火が衰えると山岳部員が慣れた手つきで金属の水差しからガソリンを注ぎ、その度に燻っている枕木は再び大きな炎を上げます。幾度かフォーク・ダンスと歌を繰り返すうち、やがて祭りの終わりがやってきました。再び生活指導の「ドンコ」がマイクを握り、言わずもがなの老婆心を見せます。男子生徒は顔見知りの女子生徒を家まで送り届けて「大いにナイト精神を発揮するように」と言葉を結びました。上機嫌の参加者達が三々五々と帰り始めるグラウンドで、山岳部、放送部は撤収の準備を始めます。ラグビー部、柔道部、剣道部等はもう下校ルートのあちこちで配置に就いているはずです。後に面白い話を聞きました。女の子二人連れで帰りを急いでいたのだそうです。すると一人が何かに気付いて立ち止まり、もう一人の腕を掴んで制止しました。よく見ると少し先に電柱があり、その脇に大柄な男が立っています。二人が立ち止まっても男は動きません。薄気味が悪くなり、戻ろうかと相談していると、二人に男が声を掛けました。「早う帰りや」。近付いて見ると二人が知っているラグビー部員だったそうです。警備を担当する各部長同士の申し合わせで、高校からずいぶん離れた所まで警備範囲に入れてあったのです。二人の女の子はまさかこんな所にまで警備担当の運動部員がいるとは夢にも思わず、人影に怯えたのでした。

後片付けが終わるとファイア・ストーム委員会の反省会が生徒会室に隣り合う教室で始まります。現生徒会長の川田と前生徒会長のぼくも呼ばれました。やや興奮気味の三年生達は成功を喜び、ぼくたちに来年も続けて欲しいと言い、二年生は必ず来年もしますと威勢よく答えます。予算は確保したものの、実施段階でさほど関わりの無かったぼくも深く考えることなく同意しました。翌年、ファイア・ストーム委員になって初めて、この行事の経験も知恵も何一つ申し送りされていないのに気付きます。生徒会執行部の場合と全く同じ、その場限りのやっつけ仕事です。日誌さえ付けられておらず、いつ、何を、どうやったのかは皆目見当がつきません。三年生が卒業すると同時にファイア・ストーム実行に必要な全てのノウハウが消えてしまったのです。

遅めの受験勉強

秋から二年生も校内の模擬試験に参加し、受験態勢に入ります。指導要領も学区も変わって初めての校内模擬試験でした。問題が謄写版刷りだったのを今でも憶えています。それも癖の無い読みやすい字でした。コピー機はまだ無く、オフ・セット印刷も高価な時代です。数百部の印刷物をきれいに仕上げたければガリ板切りのプロフェショナルに原稿を渡して原紙を切ってもらうのが普通でした。原紙一枚数百円が相場で、ガリ板切りで生活する人までいたくらいです。ラーメン一杯が百円もしない時代ですから悪い収入ではありません。試験結果はパンフレットにして生徒に渡され、総合点と各教科ごとに上位五十人の点数、氏名、学年が載ります。三年生がトップを独占すると思われていたのに、数学の最高点を取ったのは二年生の女の子でした。三年生を対象にして作られた問題が苦もなく解けたようです。過去に例の無いほど大勢の二年生が上位五十人に食い込んだと聞きました。ぼくが文字通り身の細る思いで生徒会活動をしている時期に、着々と受験準備をしている者が大勢いたのです。勉強の手抜きを続けたぼくが出遅れているのは明らかでした。

二年生から英語の授業は学力別クラス編成になっていました。上級クラスの末席を汚していたぼくは担当の佐竹先生に叱られる回数では一番だったでしょう。先生はクラス全員にホーンビーの英々辞典を使えとしきりに勧めます。短期間で読解力を付ける絶好の手段と思い、買ったものの使えるようになるまでが大変でした。ある言葉の定義を読んでいると意味の分からない言葉が出てきます。読み掛けの部分に指を挟み、その言葉の定義を読むとまた分からない言葉が出てくるのです。最後は指が足りなくなって放り出し、英和辞典で確かめるしかありません。慣れるまでの十日程は気が狂いそうでした。しかし、英語の言葉同士の関連や用法に敏感になるには最良の方法でしょう。もっとも動物や植物の名前が出てくるとお手上げでした。英語の定義を読んで「アライグマ」と「タヌキ」の違いを見分けるのは無理です。

カリフォルニア大学が英語を学ぶ外国人用に編集したラダー・シリーズを教えてくれたのは同級生の大山です。読み通すのに必要な基本単語数が千語の本から千語刻みで五千語のものまであり、自分の力に応じて好きなレベルの本が選べます。その一冊で初心者用のヘレン・ケラーの伝記を貸してくれました。十日ほどかけてどうにか読みおわり、礼を言って返した後、味をしめて自分で市内の本屋へ探しに行きます。基本千語で読めるロケット開発の歴史の概説書を見付けて買いました。人類最初の人工衛星、スプートニクが上がって五年ほど過ぎた頃で宇宙時代は始まったばかりです。時流に乗った面白い読み物と言えました。確かに易しい言葉を使っています。しかし、教科書にはない言い回しや息の長い構文がいかにもバタ臭く読みやすいとは言えません。これまで読んだことの無いタイプの文章に戸惑いながらも内容の楽しさに釣られて辞書も引かず一気に読んでしまいます。日本の「鴨取り権兵衛」のように沢山の鳥の足に紐を結び付け月まで飛んでいくという近世ヨーロッパのS．F．大型のロケット花火を幾つも束ね、椅子を取り付けて空を飛ぼうと試み爆死した中国人。そんな話から始まりアメリカ人のゴダードやドイツ人のフォン・ブラウンが登場します。第二次世界大戦末期、ペーネ・ミュンデのロケット研究所は多数の「V2」ロケットと生産設備ともどもソ連の手に落ち、主なロケット技術者はアメリカ側に逃げて戦後のロケット開発競争の出発点を作ります。その本の結末はそのままぼくの小学校の頃につながります。スプートニク打ち上げ直後でした。映画館で見たニュース映画を憶えています。ソ連に遅れ、焦るアメリカはバンガード・ロケットを打ち上げようとして立て続けに失敗します。当時のアメリカで最新鋭の大型ロケットの形は北朝鮮のテポドンそっくりです。エンピツのように細い機体が爆煙を上げながら横倒しになる様子を二度も大きなスクリーンの上で見ました。あの頃、戦争中にドイツが開発した技術に磨きを掛ける点ではソ連に一日の長がありました。朝鮮戦争の中期、ソ連製のミグ15戦闘機が登場するとアメリカのジェット戦闘機、スター・シューターは蝿のように叩き落とされました。大日本帝国の都市という都市を焼け野が原にした「超空の要塞」、B29も翼を連ねて密集隊形を作り、得意の「戦略爆撃」をすることが出来なくなります。目標地点に対して大編隊が爆撃コースに入れば高度と速度を揃え一糸乱れず直線運動を続けることになります。日本の戦闘機の追撃を振り切った時速六百キロメートルの最高速度もジェット戦闘機から見れば七面鳥の歩みでした。鈍重な七面鳥の大群を待つ運命は明らかでしょう。後期に投入されたアメリカのジェット戦闘機、F86セイバーは低空での運動性能と操縦性でミグ15にまさっていました。しかし、スピードに物を言わせて高空から一撃離脱戦法を採られると分が悪かったと言います。アメリカの大型ジェット爆撃機が二本のジェット・エンジンを束ねて使っているのに、ソ連側は一本で済ませていました。推力が二倍近く有ったのでしょう。一九六一年、

「フロンティア・スピリット」を掲げる四十二歳のケネディ大統領が登場し、一九七〇年までに人間を月に送り込むと宣言します。しかし、アメリカが信頼性の高い次世代の大型ロケット、アトラスを開発するまで、宇宙開発競争はソ連の独壇場でした。英語の佐竹先生は英字新聞を読むようにとも言います。これは基礎学力の養成が急務のぼくにはまだ手の届かない勉強法でした。

比較的得意だった数学も、二年生の前半は苦労します。正弦定理、余弦定理あたりはまだ分かり易い方です。しかし、複雑怪奇で意味の分からない三角関数の証明問題を延々とやらされるのにはうんざりしました。三年生になり積分を習ってやっと三角関数が重宝なのを知ります。物理の公式まで自力で証明出来るようになりました。二次方程式が実数の解を持つ条件だけを頼りに、様々な問題を解くのも苦手でした。こうすれば正解を見付けられるという手順をいくら教え込まれても、何故そんなことをして良いのか、この不自然な解き方にどんな意味があるのか見当も付きません。ひどく味気ない授業でした。二年生の後半に微分や積分を習うと、これまでの訳の分からない場当りな解法が、全て関数を微分して微分係数が0になる値を求めれば良くなります。そうなってまた数学が苦にならなくなりました。ただ、出遅れはどうにもならず、何か体系的な復習の方法を考えて早く学力の穴を塞がねばなりません。

二年生も終わろうとする頃、大学入試に備えてオリエンテーションがありました。やってきたのは四人の講師です。最初は前年、久々に東大に合格した先輩の父親に当たる大阪府立大学の数学教授です。印象に残ったのは数学の苦手な息子が色々な参考書や問題集を買い込んでいるのを見て、いちばん薄っぺらい問題集を除いて全て捨てさせたという話でした。清書用のノートと下書き用の計算用紙を準備し、問題を清書用のノートに写し、計算用紙に答案の下書きを書く。付け加えたり、削ったりして完璧な答案を作り、納得の行く下書きが出来たら、清書用のノートに丁寧に書く。これを順番に続けて一冊の問題集を消化すれば数学の力は大幅に伸びる。ぼくには天啓のような言葉でした。以後、高校一、二年数学の復習用に与えられた問題集で教えられた通りの方法を続けることになります。

次の講師は大阪大学の数学科助教授でした。工学部に入ったものの、後に理学部数学科に移ったそうです。微分方程式を解く度に、答えを出すよりも何故こんな方法が使えるのかと気になったのが最大の理由でした。憶えているのは二つのエピソードです。二個の水素原子と一個の水素分子を比べれば、原子の結合エネルギーの分だけ質量に違いが出るはずです。物理学の専門家に尋ねたところ、このくらいの差があると教えてくれました。そう言いながら0の後に小数点を打ち、0を延々と書いていきます。十個ほども0が続いた末にやっと0以外の数字が現われました。ひどく感心し、どうやってそんなに小さな違いを見付けるのだろうと不思議に思います。すっかり酔っぱらってしまったお父さんが家に帰ろうとしている。四つ辻に来るとどっちに向かうか全く見当も付かない。お父さんは家に帰れるだろうかという問題も有りました。阪大の助教授は自信を持って「お父さんはいつか家に帰ってきます」と言います。ただ、それに付け加えた言葉がどこか奇妙でした。「ただし、お父さんが永遠に生きているのが条件です」。穏やかな助教授が話す浮き世離れした話に何処か惹かれます。もっとも大抵の生徒にはつまらない話に聞こえたようです。

次は大阪外国語大学の英語学科の教授でした。日本で十本の指に入る専門家だと後に知ります。例として話す英語は本格的な発音で正調のイントネーションです。ところがその言葉を耳にすると、聞いている高校生の大半が笑いだすのです。日本人特有のカタカナ発音が身に付き、平べったいイントネーションの英語を聞き慣れた耳には、本格的な英語が異様に聞こえたのでしょう。話の勘所に来ると必ず起こる笑いに第一人者の先生もとうとう諦めて、耳慣れたジャップリッシュを使うようになりました。そこでもホーンビーの英々辞典が話題になります。例として英語の head が首から上の全ての部分を指すという定義を上げ、「顔」も「頭」も含まれているという話を面白く聞きました。つまり、「顔を向ける」と言いたいなら「turn one's head」で十分だというのです。また、日本語に多い形容詞、副詞中心の表現に比べ英語では名詞中心の表現が自然だという話も大いに参考になりました。

四人目は大阪教育大学の事務長です。教育大学へ進めばどんな特典があるかという話が主でした。その特典に与るにはどうすれば良いかという、細かな質問が会場中からしきりに浴びせられ、いささか驚きます。田舎で育ち、世界屈指の大都会の近郊に出て来たのは二年足らず前でした。演劇部、生徒会とてんてこ舞いを続けて過ごしたぼくには、将来のことを考える余裕など全くありません。大学へ進めば第一世代となるぼくには、そこがどんなところか実のところ見当も付かなかったのです。ただ漠然と学問と真理の府であり、世俗の身過ぎ世過ぎとは無縁だと思っていました。だから、教育大学をお得な職業訓練所のように見做している知り合いの感覚が理解できなかったのです。しかし、戦前の広島高等師範学校に卒業生の多くを送り込んだ三条高校の伝統から考えれば当然の反応だったかもしれません。

ベトナム戦争の影

ベトナムで高僧が抗議の焼身自殺をしたのは高校一年の頃だったと思います。あらかじめ新聞社やテレビ局へ知らせてあったのでしょう。一部始終がフィルムに収めてあったようです。テレビのニュース映像が伝えたのはその最初と最後の部分だけでした。前以て全身にガソリンを浴びていたのでしょう。大統領官邸前に座禅の要領で座り、合掌した僧侶の姿が一気に炎に包まれます。数秒その場面が続くと、いきなり全身が真っ黒に炭化した場面に変わり、燃え続ける姿がゆっくりと崩れ落ちてゆきました。通り掛かった数人の女性がその光景を目にして次々とその場にひざまずきます。思い詰めた表情のまま、最後まで手を合わせ、見守っていました。全部で二十秒ほどのニュースを見て慄然とします。同時に思いました。国民にこんなことをさせる政権など碌なものではない。当時の南ベトナムの大統領は、後に暗殺されるクリスチャンのゴ・ディン・ディエムです。その夫人が焼身自殺を「人間バーベキュー」とさげすんだのにも憤りを感じます。ぼくがベトナム戦争を意識した最初の事件でした。同じ頃、「ベトコン従軍記」が新聞に連載されます。南ベトナム政府は南ベトナム民族解放戦線のゲリラ部隊をベトコンと呼んでいました。バーチェットというオーストラリア人の新聞記者がベトコンの一部隊に同行し、見聞記を書き送ったのです。政府軍のパトロール部隊を待ち伏せする話が印象に残っています。至近距離から一斉射撃を浴びせると、政府軍のパトロール部隊は大混乱に陥ります。アメリカ人の軍事顧問がいくら態勢を立て直そうと号令してもどうにもなりません。パトロール部隊の大半が逃げ出しては、軍事顧問も急いで後退するしかなく、豪華な昼食を戦場に落として行ったというのです。政府軍が遺棄した物資を回収していると上級指揮官が現われました。距離二十メートルで発砲したのは何故か、十メートル以内に引き付けて射撃を始めよと命じたはずだと部隊長を詰問します。今日は従軍記者を連れていたので大事を取っただけだと答えて、部隊長はお咎め無しとなりました。今から思えば、書かれたことの何処までが事実だったのか分かりません。しかし、ベトナム戦争の方向を決める切っ掛けになった記事でした。古タイヤを切って作ったホーチミン・サンダルを履き、黒い農民服の肩に旧式のライフル銃やカービン銃を掛けたベトコン兵士というイメージを確実に定着させたのです。また、バーチェットの記事では解放戦線の支配地域を黒く塗った地図が紹介されました。国土の六割前後が既に黒くなっています。アメリカが本格的軍事介入を決心した最大の理由はその地図だったそうです。南ベトナム政府の公式発表によれば解放戦線の支配地域は国土の一割にも満たないはずでした。以後十数年続くベトナム戦争の経過を思えば、功罪ともに大きい連載記事だったと言えるでしょう。ベトナム戦争が激しくなると、毎日新聞の社会部長だった大森実が、南ベトナムの首都サイゴンに居座って派手な連載記事を書き送り、にわかに時の人になります。

ぼくは数学では幾何や順列組合せが好きでした。化学の入門書でメンデレーエフが周期律を発見して未発見の元素の質量や化学的性質だけでなく、どんな化合物から分離できるかまでぴたりと言い当てたという話を読んだことがあります。興奮して読み続けられなくなり、高ぶった気持ちが静まるまでしばらく部屋の中をぐるぐる歩き回った記憶があります。資質から言えば理科系だったのでしょう。しかし、ベトナム戦争が激化するにつれ、歴史的背景を知ろうと岩波新書の歴史関係のものを読むようになります。まだ歴史研究の分野でマルクス主義が権威を持っている頃です。日本史関係では羽仁五郎や遠山茂樹の名前を憶えています。『アメリカ人民の歴史』を書いたレオ・ヒューバーマンはアメリカ共産党が最も力を持っていた三〇年代中頃以来の古強者でした。独学で歴史を学ぼうと本を読めば、否応無くマルクス主義の洗礼を受けることになります。政治党派とは何の関わりも無いまま、マルクス主義者が書いた岩波新書や歴史の概説書を読むことでぼくは際限もなく左傾して行きます。軍人の息子ですからもともと武力闘争に違和感がありません。半世紀前のロシア革命よりも、十数年前に起こった身近な中国革命が気に入っていました。一九六四年秋、ソ連のフルシチョフ書記長失脚に合わせて中国は原爆実験を行ないます。アジア・アフリカ諸国で初めての核保有国が生まれました。毛沢東は既に退任しています。代わって国家首席になった劉小奇の下で中国は超大国への道を歩み始めたように見えます。文化大革命以前の「北京放送」は、女性アナウンサーが穏やかながらも自信に溢れた口調で「長征物語」を朗読していました。「中国の赤い星」が最も輝いて見えた時期です。

修学旅行

当時の大学進学率はもう少しで二十パーセントに届く程度だったでしょう。三条高校の男子生徒は大半が大学へ進みます。しかし、女子の半分以上は就職するのです。進学組に比べ、就職組の勉強に対する意欲は低いと見なされていました。進学組の大学受験に障害となりそうなものは全て始末する校風です。女の子達ばかりの就職組二クラスが作られ、隔離されてしまいます。教室は本館から離れた図書館の建物に置かれました。残念なことに同じ学年で上位三人に数えられる美人は残らず就職組です。大学教育を受けさせると生意気になって嫁に貰い手が無い、娘を四年制大学へ行かせると婚期を逸する、せいぜい短大が限度だ、本気でそう心配する親がまだまだ多かったのです。

もう朝夕の肌寒さを感じる頃、修学旅行がありました。恐らく早めに済ませたかったのでしょう。九州横断四日間の旅です。行きの一泊は汽車の中、帰りの一泊は船の上で過ごす日程でした。正味三日足らずで長崎、熊本、宮崎、別府を回り、阿蘇山にも寄るという強行スケジュールです。それを知った時、参加を見合わせようと思いました。旅行の費用は月々の授業料と一緒に積み立て済みです。しかし、熊本の中学校で南九州一周の修学旅行を経験していました。阿蘇山には幾度も登っています。初めて行くのは長崎だけなのです。上の妹が高校を受けるのは四カ月後、下の妹も中学二年になろうとしていました。積立金を取り崩せば、ただでさえ苦しい家計の足しになるはずです。母にそう話すと意外なことに良い思い出になるから是非行けと強く勧めます。以前、ぼくは奨学金の申請をしたいと相談したことがあります。母はその時、ぼくの顔を睨み付けてこう言ったのです。「うちはまだ人様の施しを受けるほど落ちぶれちゃいない」。母には「人並み」であることに何か強いこだわりがあるようでした。

修学旅行の第一日で記憶しているのは牧本とやった「掟破り」です。修学旅行参加者はクラスと無関係に「女性専用車両」と「男性専用車両」に割り振られました。それがぼくたちには面白くないのです。別に関所があるのでもなく、監視の先生が立っている訳でもありません。しかし、何となく境を越えるのがはばかられます。こんな雰囲気の中で女の子の方から遊びに来るとは思えません。こっちからガール・フレンドに会いに行こうと牧本と相談がまとまります。「女性専用車両」に入って、ぼくは真っすぐ優子さんの席へ向かいました。牧本は背中を向けて誰かと話しているガール・フレンドの両肩をいきなり掴んで驚かせます。それぞれ自分のガール・フレンドと冗談混じりの陽気な会話を続けるうち、次々に遊びに来る者が姿を現します。ついには「隔離政策」の意味が無くなりました。「さあ、もう夜も遅いから」と、人の好い点では定評のある英語の「ゼニヤン」が声を掛けるまで、ぼくたちの「掟破り」は続いたのです。恐らく車両を男女別に割り振るのが修学旅行の慣例だったのでしょう。三条中学と堀川高等女学校がそれぞれの生徒を半分ずつ交換し、新しく三条高校、堀川高校になったのは十五年余り前でした。修学旅行が始まってもずっと「男女七歳にして席を同じゅうせず」という孔子の教えは生きていたのです。大阪から博多まで急行でも半日以上かかる時代でした。三時間で済む現代の感覚からすれば、遠い昔の、どこか不思議な話かもしれません。

翌日の朝、長崎に着きました。お決まりのグラバー邸や浦上天主堂を訪れた後、昼前に二時間程の自由時間があります。グループの中に知ったか振りで言う者がいます。「長崎の名物は皿うどんだ」。聞いたことも無い名前です。そう言う本人もどんな物かよく知らないようでした。近くの食堂へ入り、物は試しと注文してみます。出て来たのはごくありふれたチャンポンでした。午後、船で熊本の三角半島へ渡り、観光バスに乗り移って九州を横断します。熊本城は周囲をバスで一回りするだけでした。途中でバスを降り、見物したのは阿蘇山だけです。噴煙を上げる中岳の麓に着いた頃、空は晴れていました。しかし、吹き曝しの火口周辺は思いのほか風が強く、学生服だけで外に出ると寒さに膚が粟立ちます。バスを降りると愛想の好いガイドが寄ってきて案内してくれます。過去の噴火の話、自殺するつもりで火口に身を投げる者が時々いる話、その大半が途中で引っ掛かり「助けてくれ」と叫ぶ羽目に陥る話、様々なエピソードを面白おかしく紹介し、最後に案内料代わりにと絵葉書を売り込みます。山の稜線や火口にある溝が鮮やかに見える写真です。我勝ちに買い込みました。促されるままにバスに乗り込み、暫くして出して眺めれば、鮮やかなのも道理、原画の輪郭を墨でなぞり強調した、いい加減な代物です。観光地を舞台とした香具師の一群だったのでしょう。

九州山地を横断するバスの中で退屈しのぎに隠し芸を順に披露しました。ぼくの番になります。「空を超えて ラララ 星の彼方……」と「鉄腕アトム」を歌い始めると、もっと面白い歌をやれと声が掛りました。クラスの大半は一年前に放映が始まったテレビ・アニメ「鉄腕アトム」を見ていたのでしょう。なにしろ手塚治虫の『鉄腕アトム』と横山光輝の『鉄人28号』を読んで育った世代です。毎月、月刊誌『少年』の発売日をじりじりする想いで待った覚えは誰にもあるはずです。初のテレビ・アニメ「鉄腕アトム」を見過ごす道理がないのです。ただ、高校生になると表立ってマンガの話をしません。そこで、マンガと縁を切っていると周囲が勘違いします。「鉄腕アトム」が不評なので、「ひょっこりひょうたん島」のテーマ曲に変えてみました。「波をチャプチャプ、チャプチャプチャプ掻き分けて……」と素っ頓狂な出だしにバス中がわっと笑い出します。NHK人形劇で使われたテーマ曲は「チロリン村とクルミの木」が牧歌的、「宇宙船ピリカ」は美しいものでした。それに続く「ひょっこりひょうたん島」のテーマ曲は型破りです。田舎で並ぶ物の無い権威を持つNHKが、大阪では堅苦しい、面白くないとさんざんな評判です。関西には四つの民間放送局があり、面白い番組が目白押しだからです。NHKの娯楽番組を見ている者は少なかったのでしょう。熊本で午後六時より前に放送しているのはＮＨＫとＮＨＫ教育だけです。ＮＨＫの子供向け人形劇を見る外ありません。つい習慣で「ひょっこりひょうたん島」まで付き合ってしまったのです。

当時、マンガは子供の読み物という考え方がまだ根強く残っていました。中学校卒業と同時に縁が切れるはずの、「心の離乳食」だったのです。しかし、ぼくたちが高校生になってもマンガを読んでいるのは先生達も知っていました。一年生の春、初めての古典の時間です。奈良女子大学を出た、オールド・ミスの先生がクラスの男子生徒を指名し、質問します。何を尋ねてもはかばかしい答えが返って来ません。最後に先生が聞きます。「愛読書は？」生徒は口をもぐもぐさせているばかりです。にっと笑って先生が言いました。「ひょっとして『少年マガジン』？」とたんにどっと笑いが起こります。『少年マガジン』はその時より一年余り前に創刊された最初の週刊マンガ誌です。あれだけ多くの同級生が声をそろえて笑ったのは、誰もが一度は読んでいたからでしょう。体育祭の仮装行列に、途方もなく大きな「オバＱ」が登場したこともあります。マンガを読んでいない先生達には出来の悪い雪ダルマにしか見えなかったでしょう。しかし、中には幼い子供のいる先生もいます。特攻艇「震洋」の乗組員だった日本史の石東先生がそうでした。次の授業で開口一番こう言います。「仮装行列に『オバＱ』が出たと言うと息子が目を皿のようにしてあれこれ聞いて来るんです。『目は大きかった？』、『口も大きかった？』、『頭の毛の数は？』。見たままを答えると最後に言います。『間違いない』、実に残念そうな表情でした」。二人が遣り取りする場面を思い浮かべると自然に笑いが込み上げて来ます。

テレビ・アニメ「鉄腕アトム」が始まると、スポンサーの明治製菓はオマケに「アトム・シール」を入れるようになりました。クラスではそれを集めるのが流行します。明治製菓の「マーブル・チョコレート」に一枚入っています。円筒の蓋を外して筒を皿の上で傾けると、小さな碁石のようなチョコレートがざらざらとこぼれ出ます。そして、派手な色の糖衣に包まれたチョコレート粒に混じって、切手四枚分ほどの「アトム・シール」が現れるのです。明治製菓は幼稚園児や小学生向けに、コマーシャル・フィルムを作ったのでしょう。起用されたのは小学校低学年の女の子でした。しかし、高校生も本気で「アトム・シール」を集めていたのです。オマケ欲しさに品物を買うのは今も昔も同じです。ただ、最近はオマケを手に入れると肝腎の品物を捨ててしまう場合があると聞きます。ぼくたちにそんなぜいたくは許されません。お子様用であるのは百も承知で、けばけばしい色のチョコレートを一粒残さず食べました。あの頃もまだ「贅沢は敵」だったのです。

別府で地獄巡りを済ませて、旅館に落ち着きました。廊下で友達と二人お揃いの白いセーターを着た優子さんたちと擦れ違った記憶があります。翌日、晴天の日南海岸へ行きました。空は青くどこまでも澄み渡り、海はエメラルド・グリーン。いかにも南国らしい風景です。新婚旅行のコースに選ばれるのも無理はありません。赤と白、青と白のパラソルが岸辺に交互に並ぶ大淀川の水もダーク・ブルーです。感心しているぼくたちに、観光バスの女性ガイドは意外な話をします。「宮崎には産業がありません。工場が無いから空気は澄み、水は汚れないのです。風景は美しいけれど、仕事の無い土地です」。高度経済成長のうねりは起こったばかり、まだ地方にまで届いていません。田舎から都会へ仕事を求めて流れ込む人が増え始める時期です。

高崎山へ行ったのが何日目か思い出せません。猿の馴れ馴れしいのに呆れました。餌を手に入れるまで、目を付けた人間のズボンやスカートの端を掴み離さないのです。ぼくたちは絶好の「カモ」なのでしょう。恐がって悲鳴を上げる女の子もいます。しかし、一向に効き目はありません。気になるのは自分より強い猿だけのようでした。

野猿公園には柵があります。人間に「越えて山奥へ入るな」と示す標識です。人間の群れに背を向け、その柵に腰掛けて猿の方ばかり見ている男がいました。一見、垢抜けしない中年の山男、ただ地下足袋、軍手姿が奇妙です。大分市の職員か何かに見えました。「ゼニヤン」が遠慮がちに声を掛けます。猿について説明してほしいとでも言ったのでしょう。面倒臭そうな様子で男はこちらに向き直ります。素っ気ない説明を少しすると、ポケットから殻付きのピーナッツを取り出します。近くの友達に渡し、殻を剥くように言いました。友達はくびれた部分で二つに分け、それぞれを縦に割いてピーナッツを取り出します。次に男は柵に座っている猿に殻付きピーナッツを与えました。猿は殻を一気に縦に引き裂いてピーナッツを取り出します。「猿の方が賢いな」。にやっと笑って言うなり、また男は背を向けて猿の群れを見始めました。如何にも人を食った話です。しかし、あの男は名のある日本のサル学者だったのではと今になって思います。フィールド・ワークの最中に邪魔が入り気を悪くしたのかもしれません。

帰りは瀬戸内海の船旅です。ただし、夜なので景色は全く見えません。それでも込み合う船室から出て甲板に上がる者が目立ちます。やがて輪を作り集団ゲームが始まりました。「社長」、「専務」、「部長」、「課長」を決め、残りの参加者に「平社員」の通し番号を振ります。右、左と調子を合わせて指を鳴らし、自分の役職名、指名する相手の役職名を声に出すのです。指名されたら同じ要領で応答せねばなりません。失敗した者は最下位の平社員に格下げされ、同時に当人より低い地位にあった者の序列が一つずつ上がります。ゲームが白熱すると目まぐるしく序列が変わりました。新旧の役職名を取り違え応答を忘れる者が続出します。ゲームに加わる者がどんどん増え、輪は大きくなります。とうとう後甲板一杯に拡がりました。瀬戸内海には珍しい風の強い晩です。船の揺れは次第に激しくなります。船室へ戻るよう言われたのは午後九時近くだったでしょうか。

生徒会その後

川田の任期が終わり、生徒会から足を洗ったぼくは暫らくぼんやり過ごしました。その後、優子さんのいる図書部に入ります。図書館には専門の司書が一人しかいません。その女性が先生方や生徒達から購入希望のある本のリストを作り、図書部顧問と相談して購入する本を決めます。購入した本の分類や教師だけが利用できる閉架式図書の管理も仕事の一つです。司書室での仕事が多く、生徒の前に姿を見せるのはまれでした。図書館で生徒の相手をするのが図書部員です。貸し出しカウンターに交替で座り、生徒が利用する開架式の図書の貸し出しや回収と本棚へ返す作業を担当します。現代ならクラスから図書委員を選び担当させる作業でしょう。それを図書部員という名のボランティアがやっていたことになります。特典といえば一度に数冊の本を借りられることくらいでした。司書室を溜り場にして、のんびりした雰囲気で、他愛も無いお喋りのできるクラブです。週に一、二回カウンターに座り、あとはガールフレンドと一緒に過ごすのが日課になりました。音楽部と並んでファイア・ストーム委員の多いクラブで、一年間の生徒会活動で関わってきた先輩や二年生の知り合いが多くいます。付き合っている優子さんと一緒に、高校時代には珍しく穏やかな時を過ごせた場所でした。大学受験の影がもう射している時期に司書室だけは楽しい時間が流れていたのです。

後に事故死した顧問の矢野先生は今から思うと共産党員だったのでしょう。穏やかな性格なのに他の先生方から警戒されていました。当時の図書部では生徒個人について貸し出し記録を採っています。「これは思想調査ではないのか」と言い出したぼくに、強く同意したのは矢野先生でした。ある時、用事でやってきた別の先生に優子さんも交え、政治の話題が出たことがあります。もう一人の先生が言いました。間もなく憲法は改正され、徴兵制度が復活する。見過ごしていいのか。生徒会で懲りたぼくは答えました。政治に関わっても碌なことはない。面の皮の厚い人間が得をするだけだ。それを聞く優子さんは大喜びでした。取り成す矢野先生の使った決まり文句を、後に何度となく他人から聞かされます。「そんなことを言えば、まとめて敵に進呈することになる」。その後の話は覚えていません。しかし、当時の日本では職業軍人でも表立って「敵」という言葉を使う人は少なかったでしょう。矢野先生は明確な敵を持っている人なのだという印象が強く残りました。

三年生になり、数学と物理を教えている上原先生が担任になります。勉強嫌いの生徒に歯に衣を着せず容赦無い批評をする先生です。父は大学へ行かせてやると常々言っていました。しかし、それは父の心づもりに過ぎません。家計の実態を知っているのは母だけです。母は授業料の安い国立の大学ならと条件付きで同意しました。どうにか大学進学への道が開けます。しかし、親戚や知人に大学へ行った者はおらず、大学の様子が分かりません。他人に相談する習慣がないので、親しい先生の意見を求めようとも思いませんでした。ともかく選択の幅が広い理科系のコースを選び、受験勉強を始めます。文科系と理科系のどちらに進むかは年末にでも決めようと思いました。ただ授業料の安い国立大学でないと親の負担能力を超えてしまいます。どうせ入るなら有名な大学の方がいい。手近で有名な国立大学となると京都大学か。三年生の初めになっても考えていたのはその程度のことです。勉強そっちのけで一年生、二年生と「華麗なる高校生活」を続けています。「学生の本分」を忘れて、自分では一端の大物気取りでした。志望校を上原先生に尋ねられたのはそんな時期です。ぼくの答えを聞くと、ただでさえ大きい眼を一層大きく見開き、改めてぼくの顔を眺めながらぼそりと言いました。「こんな成績で京大へ行くなんて冗談だろう」。その瞬間、無知な受験生の淡い希望に過ぎなかった京大は具体的な目標になります。一年近い狂気のガリ勉生活の始まりでした。司書室に顔を出すことは少なくなり、優子さんと一緒に帰るのもまれになります。

同じ学年の進学組では、恐らく大半の生徒がとっくに大学受験を意識した勉強を始めていたでしょう。差し当りは遅れを取り戻すのに精一杯でした。幾つかのことを並行して手際能く片付けるのは大の苦手です。その代わり一つのことに集中すれば他人に真似のできない効率を上げられます。そこで学校の授業は無視し、目標を一、二年の数学の復習に絞ってひたすらマイ・ペースの勉強に励みます。授業中に別の教科の勉強をするのを当時は「内職」と呼んでいました。受験に不必要な教科では「内職」する者が相当います。ぼくは全ての時間に本気で「内職」をしたのです。授業中の先生の説明など全く聞いていないのですから三年生一学期の成績はひどいものでした。物理ではちょうどレンズを扱っている時期です。凸レンズの軸に平行な入射光が反対側の焦点を通り、レンズの中心を通る入射光は直進するという、二つの原理を覚えておけば像を結ぶ位置は簡単な作図で求められます。しかし、そんな基本的なことまで聞き落とすほど「内職」に熱中していました。物理のテストで問題用紙に書いてあることが皆目分からないのです。かなり平均点が高いテストなのにぼくの点数はクラスで最低の一桁でした。生徒の名前を呼び、点数を披露しながら答案を返す物理の先生がぼくの答案に思わず吹き出してしまいます。三年になって習う微分・積分も惨めな点数です。説明の明快さでは定評のある上原先生が教える教科でした。しかし、聞いていない生徒に施す術はありません。数学のテストは一、二年の復習と微分・積分の二本立てになっており、それぞれ五十点満点のテストがあります。両方を合計したものが数学の成績です。先ず微分・積分のテストが返ってきます。ひどい点数で倍にしても不合格点です。「三年生の範囲でこんな点数を取るなら一、二年のテストは満点なんだろうね」。その言葉にいささか気を悪くしながらも胸に期する所がありました。しばらくして返された一、二年数学のテストは満点ではありません。しかし、それまでに比べればかなりの高得点と言えます。一学期に幾つものテストでひどい点数を取りました。けれども、一度に一つの目標だけを徹底して狙うという変則的な受験勉強は順調に進んでいたのです。夏休みが終わる頃、どうやら遅れを取り戻し、学校の授業より先に進む余裕も生まれます。やっと一息吐きました。

三年生になっても生徒会との縁が完全に切れた訳ではありません。楽しいことの好きな優子さんとファイア・ストーム委員になっていました。実施には予算を確保する必要があります。先ず、生徒会に働き掛けねばなりません。生徒会長は川田が会長だった頃の副会長、二年生の田崎ですから心安いと言えます。その年は陸上部の陽気な北山がファイア・ストーム委員長に選ばれます。

北山の人なつっこい性格も手伝い、これまでになく委員の数が増えました。北山が先頭に立ち、白地に洒落た字体で「ＦＳ委員」と書いた腕章を作り配ります。集まれば「今年もやろうね、楽しいよね」とお喋りが続くものの、何をどうするという話は一向に決まりません。過去の例に習い、日程の大まかな目安を付けるだけです。これまでの実績で恒例の行事になったのはいいことです。しかし、ファイア・ストーム委員長は実務能力より、人柄の良さで選ばれているように思えます。裏方の苦労を知る身としては不安を感じました。会合の和やかな雰囲気にも馴染めないのです。けれど、就職した小柄で可愛い顔立ちの先輩が薄化粧に洒落たスーツの見違えるような姿で現れると、挨拶しない訳にはいきません。「今年もファイア・ストームを続けてくださいね」。目を見つめながらそう頼まれると、つい「はい」と答えてしまいます。新会長、田崎の執行部はさしたる波乱もなくファイア・ストームの予算を通しました。役員の半分が動いてくれない片肺飛行の去年と違い、全員で予算編成に当たれたようです。名分も「一年だけの試み」から「生徒の総意」が定着しかけています。何より田崎が叩き合いの議論に強い性格でした。もっとも、そのために妙な事件も起こります。

会長が田崎になってから時たまビラを配るようになりました。日韓条約の批准を巡って久々に学生運動が紙面を賑わしていた頃、佐竹先生の英語の授業中です。何の前置きもなく、校内放送が教室に響きました。「先生方は生徒会のビラをすぐ回収してください」。生活指導の陰気なメガネの声です。一言で片付ければどこの高校にもいる「嫌な奴」でした。前の年、ぼくと川上に「期待される人間像」の全文を半日だけ貸したことがあります。当時は好意で見せてくれたのだと思っていました。しかし、後々の言動を考え合わせると、どこかの政治党派とつながりがないか探るためだったのかもしれません。話題に上っても黙っていれば済むことです。ぼくたちは高校に一部ずつ全文が配布されていることなど想像もしていなかったのですから。

前例のない校内放送で教室は騒然となります。ビラを受け取ったものの、目を通していない者が大半でした。慌ててビラを取り出し、机の下で開いて読み始める者がいます。ぼくもその一人です。田崎が生徒会名義で出すビラは一方的な自分の言い分を書き連ねることが多く、誰もが辟易していました。だから、配るたびにビラを読む者は減っていきます。初めに書いてあるのは田崎と生活指導のメガネとのやりとりの日韓条約についての一部です。そして相手の言葉尻を捉えて党派色を決め付けているのです。正直言って、またかという思いでした。これまでにもあった田崎特有の独断です。ただ、なぜ授業中に校内放送を使ってまで回収を命じたのかが分かりません。教室の騒ぎが納まると、佐竹先生は一渡り教室の生徒の顔を見渡してから口を開きました。「自分はビラを回収しない。高校生なんだからビラは君達が処分しろ」。思いも掛けない言葉でした。あちこちから拍手が沸き起こります。英語の授業に熱心で、周囲と摩擦を起こすのを嫌う人に見えました。だから、佐竹先生を「英語バカ」と呼ぶ者もいたのです。授業以外の時間に顔を会わせると、相手構わずどうすれば外国語を物にできるか説明し始めます。ぼくも一度捕まったことがありました。日曜日の朝、全国大会に出場するラグビー部の見送りに行った時のことです。大阪駅からの帰りに声を掛けられ、旭屋の洋書部を一時間余り引っ張り回されました。しかし、後に聞いたところでは、深夜に数人で反戦ビラを貼って歩いた過去もあるようです。朝鮮戦争の頃でしょう。一方、「数学バカ」の上原先生は一枚残らずビラを回収したと聞きます。

昼休みに川田や牧本と生徒会室へ行ってみます。田崎の独走をとがめたい気持ちがある半面、生活指導のメガネの強引なやり方には反感を持っていました。すぐにメガネが姿を現します。田崎とゆっくり話す暇もありません。食って掛かる田崎にメガネが変なことを言いました。「君は私が個人的に指導中であるのを忘れたのか」。ぼくたちには全くの初耳です。メガネはもちろん、田崎もそんなことは一言も話していません。何か妙だと思う間もなくメガネが追い打ちを掛けてきます。「生徒会の名前を使う以上、代議員大会の議決を経ているんだろうね」。こちらのいちばん痛いところです。恐らく他の役員の同意すら取っていない田崎の独走なのです。誰もが黙り込んでしまいました。その場にいる者の顔を順番に眺めながらメガネが続けます。「どうなんだね、議決はあったのかね」。自信有りげな様子が癪でした。目が合った時、つい真っ赤な嘘を吐いてしまいます。「役員会の決定を経ています。O．B．としてその場に居合わせました」。しかし、たちまち追い詰められます。片手に持ったビラを振りながら、メガネがぼくに言うのです。「では、君もこんな内容のビラを配るのに同意したのか」。思わず言葉に詰まります。「それは……」と言い掛けて後が続きません。暫らくその場にいる生徒の顔を見渡し、メガネは引き上げて行きました。強引なビラの回収方法について生徒会から抗議はないと踏んだのでしょう。それにしても田崎のすることは変でした。好んで生活指導のメガネと事を構えているように見えます。もしかするともうどこかの政治党派と関わりがあったのかもしれません。

校長室に直訴したぼくのやり方は校長の「フセカン」好みだったようです。「飛び込んで来るものは拒まない」と朝礼の場で訓示したことがありました。続いて飛び込む者が出ないので、川田の会長時代から校長と生徒会役員との話し合いが行われるようになります。ついでに招かれたぼくは次第に憎まれ口を叩くようになりました。

日韓条約の頃

当時、ベトナム戦争と並んで日韓条約が紙面を賑わすようになっていました。「李承晩ライン」と言っても若い人には何のことか分からないでしょう。李承晩は戦後に成立した大韓民国の初代大統領です。当時、領海は海岸線から三海里以内が常識でした。ところが李承晩はそれを遥かに超える海域を囲い込む線を引き、今で言う「排他的経済水域」と宣言したのです。その「李ライン」を越えて操業する日本の漁船は片っ端から拿捕されました。停船命令に従わず逃げようとすれば韓国の警備艇が容赦なく発砲します。遠洋漁業の基地である下関はこの「李ライン」に取り分け敏感でした。戦後の軍人の子であるぼくは日本の漁船が拿捕されるニュースが流れる度に悔しい思いを味わったのです。対馬海峡の向こう側にある国の内情は全く知りませんでした。日韓両国の交渉が大詰めを迎えるにつれ、新聞やテレビに韓国特集が目立つようになります。韓国の漁船に同乗した新聞記者のレポートは信じられない遣り取りから始まっていました。韓国漁船の船長に丸暗記した言葉を並べ立てて、できれば日本語で話してほしいと頼むと、立派な日本語で答が返ってきたそうです。「こっちにはどちらでも同じ事だ。ようがす」。もう、戦前の日韓併合は知っていたはずです。しかし、徹底して日本語を叩き込まれ、必要なら自由に操れる世代が今も韓国にいると思ったことがなかったのです。記者のレポートは向こう側から見た「李ライン」の意味を伝えていました。強力なエンジンと最新の装備を積んだ日本の大型漁船が現れると漁場のめぼしい魚をあらかたさらっていってしまう。韓国の旧式な小型漁船では一晩の水揚げがバケツ数杯に終わる時さえある。何だか気の毒に思える話でした。テレビの特集で印象に残ったのは「ソウルに同じバスは一台としてない」と教えるドキュメンタリーです。現代では韓国の自動車産業が日本に迫る勢いを示しています。しかし、四十年前の韓国に本格的な自動車産業はありません。首都ソウルでもバスの車体を板金工が手作業で作っていました。材料は当時ならいくらでも安く手に入るドラム缶です。上下の蓋を落とし、胴を切り広げると一枚板になります。曲げて輪にしてあるドラム缶の胴は意外にも良質な鋼で、板金加工に向いているのです。大規模な製鉄業がない国で、厚みの揃った均質な板金を安く手に入れるにはドラム缶が最適だったのでしょう。車体ができれば駐留アメリカ軍が払い下げたジープのエンジンを取り付けてバスができ上がります。手に入った有り合わせの材料を曲げたり、溶接したりして作るので、同じバスは一台としてないとナレーションが続きます。いずれも貧しい隣国の素顔を見せ付けるようなエピソードばかりでした。日本の政府がそこに付け込んで、また不正を働こうとしているのではないかと思うようになります。周囲でも日韓条約の評判は散々でした。特に田崎が強硬な意見で、とても同意できないような見方を披露する時があります。もっとも校長の「フセカン」を相手に議論を吹き掛ける馬鹿はぼくだけでした。ぼくの急激な左旋回を「フセカン」はいぶかしく思ったかも知れません。昔から相手構わぬ放言癖があります。政治の風が吹き込むのを極端に嫌う校風に苛立っていたのも事実です。思えば自分の急速な左傾を感じるエピソードは幾つかありました。

当時、英語の週刊紙を取っていました。そこにソ連の戦略ロケット軍の戦力が特集されたことがあります。教室で読んでいると本名より通称の「ベトコン」で呼ばれることの多い戦争オタクの同級生が近付いてきました。ぼく以上の戦争オタクで、事ある毎に「ベトコン」の悪口を言う反共派です。政治・経済のレポートでは中国を「好戦国中共」と決め付け、仮借無い先制攻撃によって直ちに撃滅すべきだと主張する始末でした。趣味の話では合うものの、考え方はひどく違い、親しい同級生とはいえません。けれど、ぼくの読んでいる英字新聞の特集記事に惹かれたようなのです。くれないかと持ち掛けてきました。しかし、同じく戦争オタクのぼくにも大事なものだからと断りました。すると、読み終わったらしばらく貸してほしいと言い出します。ぼくにはその執着振りがひどく嫌でした。気が進まないと言い返します。週刊紙でも保存すると最後には始末に困るほどの量になります。次号が届けば前号は読み終わっていなくても捨てることにしていました。ですから捨てないで「ベトコン」にあげてもよかったのです。けれど何故かそれが出来ませんでした。多分、ぼくはもう敵に塩を送る度量も欠くほど頑固な中国支持派になっていたのでしょう。

英語の小説で最初に読んだのは佐竹先生の勧めるジョージ・オーエルの『Animal Farm』です。先生にはその小説を通して伝えたいメッセージがあったのかもしれません。ロシア革命とその結末に対する痛烈な批判だということは一読して分かり、後味の悪い思いをします。しかし、後にオーエルの経歴を知り、共産主義に不信感と敵意を抱くのも無理はないと思うようになりました。オーエルはスペイン内戦でアナーキストの軍隊に加わり戦っています。軍部のクーデターを潰し、市民政府を救ったスペインのアナーキストはソ連の大規模な軍事援助と多数の軍事顧問の派遣を得て急激に勢力を伸ばす共産党から手ひどい弾圧を受けているのです。辛うじてイギリスに生きて帰ったオーエルにはスターリンの支配するソ連の正体が見えたのでしょう。ぼくにはまだ見えていませんでした。それに、「ソ連は駄目だが中国は素晴らしい」と言う人も当時は多かったのです。中国の実情を知ろうにも普通の人には公式ルートを通じて流される情報しか手に入りません。公式の情報、つまり宣伝では中国を誠に好ましい姿で描いていました。素直に受け取れば、中国は質素だが安定した生活を国民に保障し、貧富の差が無く、着実に超大国への道を歩む社会主義国家のお手本に思えます。さして違和感も持たないまま、そんな理想化された中国を実像に近いものと信じていました。

最後のファイア・ストーム

体育祭を数週間後に控えたファイア・ストームの予行演習前日に、まさかと思うような不手際が発覚しました。千五百人余りを誘導して大、中、小の踊りの輪を作る誘導係の作業手順が何一つ決まっていなかったのです。誘導係はかなり前に決まっていました。しかし、自分が何をするのか誰も知りません。グラウンドの四隅に参加者を集め、短時間で三つの輪を作るのは相当手際よく誘導しないと無理です。そう言っても本気で耳をかす者がいない有様でした。過去のノウハウは全く伝えられていません。だから、下手をすれば大変な時間を喰う作業になりかねないのが分かっていないのです。今までうまく行ったから、今度も何とかなると思い込んでいるようでした。何とか工夫しなければ大変な混乱を招くという意見に同意したのは牧本だけです。二人で話しているうち、ふと閃くものがありました。三重の楕円を描いた紙に誘導する集団を待機させる位置を示し、赤線で出発時刻と歩いて所定の位置に向かうコースを示すのです。それを厚紙に張り、糸を通して結び、首から下げられるようにしました。これで輪を作る際の混乱が最小限に押えられるはずです。二人掛かりで何とか指示カードを作り上げました。翌日、カードの使い方を誘導係に説明します。誘導作業は何とか無事に終わったものの、予想を遥かに上回る時間が掛かりました。ぼくや牧本の心配も杞憂ではなかったのです。

だんだん他の委員達の気楽な振る舞いに嫌気がさすようになります。集まって楽しく騒ぐばかりで何もはかどりません。作業をこなせないファイア・ストーム委員会では意味がないのです。ぼくは次第に会合を休むようになりました。距離を置いて眺めてみると、秋の行事を控えた校内の熱気が、何か異様なものに見えてきます。世間は日韓条約の批准を巡り騒然としていました。与えられた手ごろな玩具に夢中になり、外の世界から隔離されても気付かない子供達……それがぼくも含めた周囲の高校生の現実の姿ではないのか。だとしたら、進んで他人の掌で踊るのは真っ平だ。ファイア・ストームなんかつぶれても構わない。次第にそう思い始めます。意を決して久々に会合に顔を出し、自分の思いをぶちまけました。普段はお喋りの絶えない場が静まり返り、聞く者の表情は固くなって行きます。誰も自分から話そうとはしません。川田や牧本まで黙っています。暫らくして政治色の一番強い田崎がやっと口を開きました。「ジオンさんの言う通りかも知れない。それでも、今回のファイア・ストームだけは成功させたいんだ」。誰もがこの一言に救われたのでしょう。ぽつりぽつりと自分の意見を述べ始める者が出ます。もうそんな話に付き合う気はありません。ファイア・ストーム委員を辞めると捨て台詞を残し、ぼくは会場を跳び出しました。ずっと後に知り合いから聞くことになります。暫らくして散会になった後、優子さんは人気の無いグラウンドへ一人で向かったそうです。気になって後を追うと、校舎の壁にもたれ、声を殺して泣いていました。その姿を目にし、とても声を掛けられずに黙って引き返したと言うのです。

秋の行事に関わる気持ちが全く無くなりました。クラス対抗の仮装行列に備える話を混ぜ返します。元々まとまりの悪いクラスでしたから企画は立ち消えになりました。体育祭の当日には学校を抜け出し、四条畷神社で牧本と過ごします。そんなことをしたのは初めてでした。川田の方は十人程に声を掛け、俄か仕立ての「民族舞踊団」を作ったようです。体に墨を塗って腰蓑を付け、仮装行列に参加したと聞きます。夕方、牧本に説得されて学校に戻りました。ファイア・ストームの出来栄えを見届けるためです。心の底では失敗すればいいとさえ思っていました。しかし、誘導作業は滞りなく進みます。どの誘導係もぼくと牧本で作った手書きの誘導カードではなく、三重の楕円を綺麗に印刷した大きなカードを手にしていました。学生服の左腕に赤い腕章を巻き、田崎が朝礼台に胸をそらせて立っています。グラウンドを見下ろす表情はいかにも得意そうでした。小さな舞台の上で決められた役割を演じるだけの窮屈な世界……もう何の未練もないと感じます。大学へ進む強い動機が生まれました。

大学受験

受験準備の中にも楽しい思い出がありました。一番困ったのは国語の古文です。だらだらと切れ目無く続く文章がどうも厭ですし、文法の勉強は大嫌いです。現代文の小説よりも相性の悪い分野でした。しかし、何とかしなければなりません。英語を勉強した経験から本を一冊読み通せば格段に力が付くのは確実だと思えます。そこで注や解説の一番少ない『更級日記』の注釈本を買いました。一年生の頃に奈良女子大を出たオールド・ミスの古典の先生が勧めた本です。平安時代、普通の貴族の娘は華やかな宮廷生活や高名な公達との恋に憧れた。ところが菅原の孝標の娘はそんなものには目もくれず、ただただ物語を読みたいと願っている。あの時代には珍しい文学少女だと褒めちぎったのです。その言葉が耳に残っていたのでしょう。読み始めて文章に慣れると、晩年に書き残されたこの回想記がひどく面白く感じられます。著者は京都で生まれ東国で育ちました。父の任期が終わり、京都へ帰る所から回想が始まり、珍しい道中の様子や各地の言い伝えが紹介されます。京都の暮らしでは思春期の少女に特有の鋭敏な感覚で周囲の出来事を捉え、文章を書き残しているのです。ある月の夜のエピソードが中でも印象に残っています。深夜に満月を見上げ、姉と二人きりで語り合う場面は、どこか恐ろしいものを含んでいます。姉が「たった今、私が行方も知れず飛び失せたらどうする」と尋ねるのです。まだ、月に見入ると月にさらわれるという伝説が生きている時代でした。筆者が思わずぞっとするのも当然です。姉の仕掛けた悪戯が妹の心に底知れぬ不安を呼び起こしました。それを見極めた姉は、巧みに話を逸らしてしまいます。やがて、牛車の近付く音がし、ひとしきり笛を吹く者がいます。「荻之葉、荻の葉」と著者の通り名を呼ぶ声が聞こえ、答えの無いのをさり気なく咎める歌が届きました。「笛の音の、ただ秋風と聞こゆるに、など荻の葉の、そよと答えぬ」。返し、「荻の葉の、答ゆるまでも、吹き寄らで、ただに過ぎぬる、笛の音ぞ憂き」。そう優雅に返し歌を詠み、諦めて帰る牛車の音を聞きながら姉と二人で夜明けまで月を見上げて過ごします。庵に篭もる晩年の著者は阿弥陀如来が迎えに来る幻をみます。姿と言葉はまるで光源氏のように、どこまでも優しい公達のたたずまいです。内向的で想像力豊かな女性の書いた文章を読み、どうやら古文を身近なものに感じるようになりました。

秋の終わりから世界史の勉強を始めました。元々、好きな科目です。ただ、もう少し体系的に世界史を学びたいと思っていました。すると川田がしばらく前に中央公論社から出た全十五巻の『世界の歴史』を持っていると言うのです。一人が一巻を執筆するやり方でまとまりが良く、分かりやすいと言います。それを一冊、二冊と借りては読みます。冬休みに五、六冊借りて一気に読み終え世界史の勉強が終わりました。この勉強法がぼくには極めて有効だったようです。記憶力が良かったのではありません。歴史上の人物や事件を何の脈絡もないまま丸暗記するのはひどく苦手なのです。しかし、芝居好きのぼくに向く方法がありました。それぞれの本に描かれた内容を壮大な歴史劇と捉え、それを脚本を通して味わうつもりで読むのです。ストーリーがしっかりしていれば登場人物の個性や役割も活躍の舞台となる情況もすっと頭に入ります。『世界の歴史』は読み物としての面白さも確かに備えていました。ただし、現代史ではマルクス主義の観点が強く、その影響で理科系ではなく文科系の経済学部へ進もうと決めます。マルクス主義経済学を学ぶためでした。

学習指導要領の改訂で新しく始まった政治・経済はつまらない教科でした。世の中の動きが分かるようになると意気込んで政治・経済を取ったぼくも川田や牧本もたちまち失望します。川田は早々と見切りを付けて地理に鞍替えし、授業中は「内職」に励みます。とっくに知っている経済学の初歩を聞かされ牧本は退屈していました。「リンゴの皮だけ食わされた」と洩らしたことがあります。秋の暮れになるとクラスの殆どが「内職」に熱中し、本気で授業を聞いている者はいなくなりました。穏やかだが堅物の政治・経済を担当する先生も流石に腹に据えかねたのでしょう。クラスの全員に「内職」をやめるようにと苦言を呈したことがあります。しかし、何の効果もありません。教科で扱う内容のレベルが低すぎて生徒の関心を惹くことが出来ないのですから。周囲で受験科目に政治・経済を選んだのは経済に強い牧本だけでした。

本格的に政治・経済の勉強を始めていないぼくは迷っていました。教科書よりもはるかに分厚い資料集を使って授業する石束先生の日本史は面白く、ぼくの好みに合っています。台湾育ちの石束先生は戦争末期に特攻艇「震洋」の乗組員でした。アメリカの艦隊を迎えて出撃したことがあるそうです。しかし、アメリカ側はもう手の内を読んで待ち構えていました。最初に突入した戦隊は船の周りに投げ込まれた材木やドラム缶に激突し、何の戦果も上げず全滅してしまいます。第二波を指揮する戦隊長は攻撃中止を命じました。「これでは犬死にだ、帰ろう」と言ったそうです。「残念だ、残念だ」と口では言いながら、体の震えがどうにも止まらなかったと石束先生は回想していました。田舎者の泥臭さは全くありません。それなのに都会者の要領の良さは欠けらもない不思議な先生でした。年が明けてから社会の残り一科目を日本史に変えました。気の進まない勉強をする能力などぼくには無いと感じたからです。自分で納得できる結論を下せて気分は爽快でした。入試まで残り二カ月あれば一科目こなすに十分です。好きな科目であれば取り組む意欲が全く違って来ます。自分の決心を話すと周囲の誰もが驚きました。殆ど勉強していない二科目から好きな方を選んだだけなのです。それが途方も無く大胆な行為に映ったようでした。時間に限りがありますから参考書は一冊に絞らねばなりません。大阪の旭屋まで出掛けて慎重に選び、練習問題に沢山の資料を使っているかなり分厚い一冊を買い込みました。日本史に的を絞った勉強が始まります。他の受験科目はほぼ仕上がっているのでゆとりがあると思っていました。高校入試で苦労したおかげで追込みと本番での勝負度胸に自信があるつもりでいたのです。冷静に考えれば、普通なら一年半は掛ける所を一年足らずで済ませようというかなり無理な話です。それでも大学受験の実情を知らないせいで不安に思いません。今から思えば「盲蛇に怖じず」を地で行く危なっかしい綱渡りでした。

一月半ばから欠席する者が増えてきます。私立大学の受験が始まるのは二月でした。受験に必要無い科目で単位を取る見通しが立ち、出て来ない者がいます。受験科目でも授業で教わる内容はとっくに勉強していて、家で受験勉強した方が効率は良いと考えた者もいたでしょう。退屈な授業では欠席者が目に見えて増えました。私立大学を目指す者が多いため周囲は何となくそわそわしてきます。一、二年の浪人暮らしは覚悟して京大を受けるので動揺しなくて済みました。二月初めの日曜日に試験場になる京大へ行ってみます。降りた市電の停留所に近い北門は閉まっています。辺りをうろうろしていると京大生と覚しい二人連れがやってきました。声を掛けて事情を話すと案内しようと言ってくれます。二人の後に続き門の横にある小さな潜り戸を抜けて構内に入りました。巨大な東大の安田講堂に比べると京大の時計台はひどく可愛らしく見えました。二人は何かのサークルに属していたのでしょう。クラブやサークルの溜り場が多い西部構内の一部屋でコーヒーを振る舞われました。二人の会話を黙って聞いていると自治会活動の話が出ます。何かのついでに一人が言った言葉を今でも覚えています。「トロの奴らの言うことは判で押したようにみんな同じだ」。何の話か見当も付きませんでした。

卒業式は講堂に並べられた椅子に座りフォイエルバッハの本を読みながら過ごしました。一年生の終わりに読んだ三木清の『人生論ノート』に続いて二冊目の哲学の本です。カントには興味が湧きません。ぼくには物事を直観的に捉え、感覚的に納得する考え方しか出来ないのでしょう。ヘーゲルやマルクスとは初めから相性が悪かったようです。やがて入学願書を提出する時期になりました。健康診断書を書いてもらうため高校近くの診療所へ行きます。待合室代わりになっている廊下のベンチに座ろうとすると学生服をきちんと着た先客がにっこり笑って手を上げます。意外なことによく知っているファイア・ストーム委員の先輩でした。音楽部で二年前に予算折衝の矢面に立ち、家に帰るぼくをよく自転車の後ろに乗せてくれた人です。前年の大学入試に落ち浪人していたようです。二人で話していると横に座っていた顔見知りの女生徒が診療室に入る前に制服の上着を脱ぎました。真っ赤な色の下着を身に付けているのがブラウスを通しても分かります。野暮ったい制服と正反対の派手な下着に何か異様な感じを受けました。

家から試験場の京大へ行くには京阪電車と市電をうまく乗り継いでもかなり時間が掛かります。右京区に住む叔父の一人が朝なら会社の車を借りられると言ってくれました。そこで叔父一家の住む小さな社宅に試験の前日から泊まり込むことにします。一九六六年の三月初旬でした。危なっかしい受験準備に不安を拭い切れない母は、試験の三日間を家で過ごすより同行した方が安心できると強引に付いて来ます。叔父夫婦と小学校一、二年の従妹にその弟の四人が住む手狭な社宅です。大人二人が押し掛けるのですから大変な迷惑だったでしょう。従妹は大事な試験だから騒いで邪魔をしてはいけないと言い含められたそうです。そのため夜は鼻をかむのさえ我慢したと後に話してくれました。試験の初日、大学へ向かう車の中で叔父がラジオのスイッチを入れると、羽田沖の航空機事故を報せる臨時ニュースが流れて来ました。母は何か嫌な感じがしたそうです。京大の試験会場は時計台のある本部構内ではなく教養部でした。注意事項の説明を受けて教室に入ります。付き添いの父兄の群れに混じり、その列を見ていた母は大半が制服姿の受験生の中で一際目立つジー・パン、ジャンパー姿に眼を留めました。母のよく知っている顔だったのです。英字新聞を取りたいと息子が言っている、何がいいだろうと母が新聞配達の若い男に相談したことがあったそうです。相手は新聞配達をしている浪人生でした。それならジャパン・タイムズ・ウイークリー・レヴューがいいと勧められます。その当人が同じ経済学部を受験していたのです。新館二階の教室は明るく清潔な部屋でした。試験監督官は入って来ると冗談混じりで声を掛け、最後に言いました。「二、三年も頑張れば必ず通るよ。焦ることはない」。受験生の気持ちをほぐすためでしょう。ぼくは緊張していないつもりでした。最初のテストは国語です。ザラ半紙を綴じた問題用紙が配られ、試験の開始を待ちます。テストが始まり、問題文を読み答えを書いていくうち滝廉太郎の「荒城の月」が出てきました。あまり知られていない二番の歌詞を使って書き取りがあり、詩の形式を問う設問があります。「定型詩」と書き、最後の設問を見て度胆を抜かれました。「同じ心で詩を作れ」と書いてあったのです。詩を書いたことなどほとんどありません。まして制限時間のある作詩など生まれて初めてです。後回しするしかないと次の漢文に取り掛かり、思わず顔がほころびました。高校の模擬試験に出た文章がそのまま使われています。「旬日」とは何かという設問など全く同じです。思わぬ拾い物に意を強くし最後に詩を作り始めます。四苦八苦して幾度も書き直し、どうやら詩らしいものを書き上げたのは試験時間の終わる直前でした。その日の試験が終わり外へ出ると、近畿の有名予備校が問題と模範解答を載せたパンフレットを無料で配っています。手渡された一部を受け取り、国語のページに眼を通してぞっとします。詩の形式の答えは「文語定型詩」となっていて文語の詩が例として載せてありました。ぼくは口語で七五調の詩を書いたのです。「荒城の月」が文語だという意識はありませんでした。しかし、自分が落ちるとは思っていない恐いもの知らずです。さして気落ちもせず母と一緒に叔父の家へ帰りました。

翌日の朝、叔父の運転する車でラジオがまだ航空機事故のニュースを伝えています。前日の事故をなぜしつこく報道するのだろうと不思議に思いました。何度も聞いていると、その朝、全く別の事故が起きたのが分かります。富士山に近付き過ぎたジェット旅客機が乱気流に巻き込まれて墜落したのです。奇妙な偶然もあるものだと思いながら京大へ向かいます。二日目の化学のテストでも失敗がありました。特定の性質を持つ幾つかの有機化合物の名称を答える問題です。答えの欄に物質名ではなく、分子式を書いてしまいました。気付いたのはこれも予備校のパンフレットを読んでからです。しかし、本番の試験に多少の失敗は付き物と忘れることにしました。

三日目の最後は数学のテストでした。三カ月前にやっと経済学部に進むと決めたせいで理科系専用の数学まで勉強しています。点数が稼げるはずでした。ところがテスト用紙を開くと出ているのは手応えのはっきりしない問題ばかりです。特に最後の幾何の証明問題は書いてあることの意味がよく分かりません。確かこんな問題でした。「平面上に高さの異なる三本のテレビ塔が立っている。それぞれ二本のテレビ塔の頂点を通る三本の直線と平面との交点は一直線上にあることを証明せよ」。二十分ほどを残してこの問題に取り組み始めました。図を描いてみても一向に要領を得ないのです。納得がいかないままいい加減な答案を書いてお茶を濁しました。帰りの市電の中でも何の話だったのか気になって仕方ありません。市電を降りる頃やっと気付きました。一年生で少し習った空間幾何の問題だったのです。平行でない二つの平面は一直線で交わります。

三本のテレビ塔が立つ平面と高さの異なるテレビ塔の三つの頂点が決める平面は平行にはなりません。両方の平面に属する三点が交線の上にあるのは明らかです。二年生になってから空間幾何とは縁が切れていました。やっていたのは平面幾何ばかりです。幾何の問題なら平面幾何と思い込む癖が付いています。だから空間幾何の問題だと気付かなかったのです。時間内に解けなかったのは残念でした。しかし、失望と呼ぶほどのものではありません。自分の勝負強さを理屈抜きに信じ、何となく通る気分でいたのです。そこまで行くと、神がかりと言うしかないでしょう。

入試が終わると一気に疲れが出てきました。試験後しばらく一日に十数時間眠って過ごします。自分では気付かないまま、心身ともにひどく疲れていたのです。強い緊張を抱えたまま、一年近く突っ走ってきたせいでしょう。「落ちれば残り一年」と口に出しても深刻になれません。しばらく休めるのが何より有り難いと思っていました。合格発表の日になっても見に行く気力が湧かないのです。合格していれば数日中に通知が来るはずでした。しかし、周囲はそれほど気楽に構えてはいなかったようです。京都の叔父が車を飛ばせて発表を見に行き、寮の管理人室で待つ父と母に結果を報せる手筈が整っていたのです。寝そべってぼんやりしていると戸を慌ただしく開ける音がします。母が弾んだ声で言いました。「通ったよ」。嬉しくも何ともありませんでした。体の中で疲れが一気に膨らんでいきます。まだ緊張が続いていたのでしょう。そうかと答えるのさえ億劫でした。

第四章　戊辰の復讐

大学入学の頃

京大の合格発表は一九六六年三月の十日過ぎ、合格通知が届いたのは月の半ば頃だと思います。さっそく高校へ報告に行きました。たまたま結果報告聞き取りの当番に当たっていたのは佐竹先生と石束先生です。二人の話から大学では第二外国語を取らねばならないと初めて知りました。英語だけでも手を焼いているのに、もう一つ外国語をといささか怯む様子を見せたのでしょう。佐竹先生は大した能力を要求される訳ではないからと慰めます。マルクスもフォイエルバッハもドイツ人です。ドイツ語を取りたいと話すと、それなら辞書は「木村・相良」が良いだろうと話は進みました。第二外国語に恐れをなし、数日後、大阪の旭屋に行きます。「木村・相良」の独和辞典とドイツ語の入門書を買いました。ドイツ語がどんなものか皆目見当もつかない有り様ですから、買い込んだ辞典の編者の一人、相良守峯の書いた本を選びます。入門書の前半では出て来るドイツ語に全てカタカナのルビが振ってありました。Der の上には「デル」と書いてあります。語尾の r をはっきり発音するのは古風な読み方です。それを知ったのはかなり後のことでした。数学が苦手な優子さんは第一志望の阪大文学部を落ち、二十日前後に試験のある大阪外国語大学の試験に備え追い込みの真っ最中です。暇に飽かせてドイツ語の勉強をしてみました。名詞に男性、中性、女性の区別があったり、動詞や冠詞、形容詞が性、数、格に応じて語尾変化したりとかなり英語とは様子が違います。しかし、英語も元を糾せばドイツ語の北部方言だと書いてありました。音の対応がつき、意味もほとんど変わらない単語が多いのは心強い限りです。何とかなりそうだと安心します。

三月末に優子さんが新設のデンマーク語学科に受かったのを知ります。まだ日本にデンマーク語を専門に教える大学も講座もない時代でした。デンマーク語と聞いて思い出すのは童話作家のアンデルセンくらいです。ただ、優子さんはアンデルセンがあまり好きではありません。何か奇妙な印象を受けました。

牧本は新潟大学に通りました。受験前夜の様子を話してくれたのが記憶に残っています。幾人もの受験生が同宿した旅館で、翌日に備えて勉強する者は一人もいなかったそうです。明日は真剣勝負、同宿するものは互いに敵どうしなどという緊迫感はいささかもなく、各地からやってきた受験生同士で話が弾んだらしいのです。ついにはビールが入って大騒ぎになり、最後にお互いの健闘を祈って乾杯したと言います。いかにも牧本らしいエピソードに満ちた大学受験でした。川田は京大の文学部に通ります。京大で学部が違えば大学が違うのも同じ。高校時代の友人はバラバラになってしまいました。

合格通知と一緒に様々な書類が届きました。眼を通していた母が驚いて言います。「高校より安い」。授業料のことでした。当時の大阪では公立高校の授業料は六百円、しかし、ＰＴＡ会費や修学旅行の積立金等を加えれば、月々千数百円になります。一方、京大の授業料は年六千円、月当たり五百円でそれ以外の出費は不必要だったのです。相当の出費を覚悟していた両親は金額全てを一括して払い込むと言い出します。とりわけ父は大学まで付いていき、自分で支払うといって聞きません。決して仕事を休まないことを身上とする父が、いつになく一日の休暇を取りました。数日後、二人で京大へ向かいます。京大の事務室の窓口で、全てを払う必要はないと説明されても耳に入らない様子でした。届いた払い込み書類全てについて支払います。その中には学生自治会の自治会費もあったでしょう。

納められた金額のうちには京大の生活協同組合の加入金も入っており、必要な手続きを済ませて生活協同組合の正会員になりました。父と一緒に売店の新入生コーナーに向かいます。学生服の襟章、夏の半そでシャツにつける記章それに角帽などを売っています。しばらく学生服を着るつもりでしたから襟章と記章は買いました。しかし、学生服にグレーの替えズボンをはくのが当時の流行でしたから、角帽は買わないと父に言います。ところが、父は記念に角帽も買っておけと言い張るのです。いらないと言っても、大学合格の記念だからと強引に買ってしまいます。ぼくが被ったことは一度もないと思います。しかし、髪の薄くなった頭に角帽を載せ、鏡に映る自分の姿に見入る父の姿なら何度も目にしました。京都育ちの父には、帝大の角帽に憧れた時期があったのでしょう。

入学式があったのは、確か時計台の二階の講堂だったと思います。学長の式辞はありきたりで印象に残っていません。しかし、全学自治会の委員長がひどく迫力のある、説得力に満ちた演説をしました。毛沢東派であるぼくの心を揺さぶる話です。続いて、コーラス部が「九重に花ぞ匂える」と始まる美しい学歌を聞かせてくれます。その後、日付の欄だけを空白にした退学届けに署名させられた覚えがあります。何か問題を起こした時の用心かと思いました。けれど、それを使って退学させたという話を聞いたことがありません。新入生の心を引き締めながら、昔からの慣例を踏襲しているだけだったのでしょう。

数日後、身体検査があったのも同じ場所です。見るからにひ弱な体つきだったせいで、検査官である老齢の医者に片足で立ってもう一方の靴下を脱いでみろと言われます。平衡を崩しながらもどうにか靴下を脱いで課題を果たしました。数少ない女子学生も同じ講堂の衝立で囲まれた場所で身体検査を受けます。その前に並ぶ列に、目立って長身の真っ赤なミニ・スカート姿を見てびっくりしました。今では珍しくも何ともないでしょう。しかし、あの頃はひどく挑発的な姿に見えたのです。その上、周囲には口笛を吹いて気を引こうとする者が幾人もいました。それにも驚いてしまいます。天下の京大が一体どうなっているのか分からないまま、悩んでしまいました。京大生がクソまじめな大学生ばかりとは限らないのに、そのことさえ分からず後々苦労することになります。

当時の京大経済学部は一学年二百二十人で四クラスです。そのうち三クラスが英語とドイツ語のクラスでした。語学と体育の授業以外、全員が顔を合わせる機会はありません。しかし、語学のクラス単位でクラス委員や自治会の代議員が選ばれました。クラス担任の先生も一応はいます。学生運動が六〇年安保闘争で盛り上がった時期はとっくに過ぎていました。それでも授業前にアジ・ビラ（扇動用のビラ）を配り、熱心にアジテーション（扇動演説）をする各党派の活動家たちが来ます。ほとんど誰も聞いていないアジ演説の途中で、担当の教官が教室に姿を現すのが常のことです。彼らはまだ先生たちに遠慮していました。もっと話す時間をくださいといっても先生が認めないときには、黙って引き下がっていたのです。あるとき自分の授業の初めに話す時間を求められた担任の近藤先生は頑として認めませんでした。いつものように英語の授業をする前に、近藤先生がぼくたちに好きな国を聞きます。ソ連という声に手を動かすものは一人もいません。先生の中国という声に一斉に手が上がります。クラスのほぼ全員でした。アメリカという声に挙手したのはたった一人です。ベトナム戦争が激しくなる気配を見せていました。中国の文化大革命はまだ始まっていません。政治的とはとてもいえない経済学部の学生たちの間でも、中国に寄せる期待は大きかったのです。恐らく外国で中国に対する評価が一番高かった最後の時期でしょう。

ぼくたちの答えを見て、近藤先生はゆっくりと話し始めました。自分がアメリカに留学したのは朝鮮戦争の時期だった。あの戦争は「トルーマンの戦争」と呼ばれ、アメリカ国内でひどく評判が悪かった。第二次大戦の終結から五年足らず、厭戦気分は強いのに若い世代は次々に兵隊に取られてゆく。大学生も試験で悪い成績を取れば朝鮮に送られるようになる。ついには自分が監督する試験が始まると、教室を出てゆく教官も出てくるようになる。しかし、と最後に一段と声を上げ、近藤先生は思い出話を結びました。「しかし、カンニングするアメリカの学生は一人もいませんでした」。恐らくあの時、近藤先生は本気でぼくたちに話しかけていたのです。アメリカが好きな近藤先生には、クラスの圧倒的な中国びいきが危ういものに見えたに違いありません。けれども、自分たちの選んだ指導者がトルーマンのように誤ったとき、ぼくたちは自分の命でそれを償わなければならないのでしょうか。それが民主主義だといわれるならば、ぼくには民主主義を受け入れることが出来ません。

語学と体育の時間割はお仕着せです。しかし、それ以外は講義を覗いて気に入った科目の受講届けを一週間以内に出せばよいのです。週四時間の語学と一時間の体育以外の教養部二年間の負担はひどく軽いものに思えました。人文科学、社会科学、自然科学でそれぞれ三科目を合格すればよいのです。顔を出した講義の魅力は様ざまでした。イギリスの産業革命に先立つ農業革命という話には興味をそそられます。受講しました。スターリンの著作を基に現代資本主義の思想をなで斬りにしてみせると豪語した教官の講義には二度と顔を出しませんでした。それなのに、北朝鮮の現状を肯定的に捕らえる教官の講義には受講届けを出します。アポロニウスの円を使って東京と大阪の経済圏の威力と到達範囲を論じる人文地理の先生の授業には一も二もなく登録します。数学と物理学も登録したものの、文系の人間は頭が悪いと決め付けたようなひどく程度の低い講義に大いに憤慨しました。授業に出るのが元々嫌いなぼくは九科目だけの受講届けを出します。普通は時間割を埋め尽くしておくのだそうです。そうすれば試験の直前に自分に合わせた受験科目が選べます。それに、ある科目で不合格になった場合の保険をかける余地も残ります。二年生になったら専門の科目が入ってくるのも知りませんでした。人付き合いが嫌いで、友人、先輩が少ないと思わぬ不覚を取るものです。こうしてぼくの大学生活が始まりました。

受講登録をする一週間の間に講義の合間を縫って、サークル巡りをします。最初はクラブやサークルの溜まり場が密集している西部構内の劇団でした。部屋に入ってみると、演出担当らしい年かさのひげ面がイスに座り、簡単に状況を説明します。友人に借金を申し込みに行き、事情を説明しても貸してもらえません。口論の末に喧嘩別れするという筋でした。二人の劇団員が役割を割り振られ、全くのアドリブで芝居を作っていきます。芝居が一段落すると演出担当が演じた二人に根ほり、葉ほり尋ね始めました。なぜあんな台詞が出たのか、いったい何を考えていたのかと自分の心理の分析までやらされるのです。大学の芝居は無闇に理屈っぽく見えました。少々げんなりし、入団する気などすっかりなくしてしまいます。

次に訪れたサークルは今から思えば部落問題研究会です。帽子を被らず、学生服の下はグレーの替えズボンに黒の革靴という当時の平均的な大学生姿の上級生に連れられて同和地区に行きました。ひどく長く市電に乗ったのを憶えています。いかにも貧しい家並みの中に一際目立つ立派な家が聳え立っています。それを見上げるぼくに上級生が説明します。「古新聞や古雑誌を中心にした廃品の回収がこの地区の人たちの主な仕事でね。それを買い上げる親方と普通の住民との貧富の差は大変なものなんだ」。上級生はよく同和地区に来ているのでしょう。辺りで遊んでいる子供たちと顔見知りのようでした。たまたま一番近くにいた、粗末な身なりの男の子たちに声を掛けます。当時、マジック・ボールというよく弾む小さなボールが子供たちの間で流行っていました。コンクリートの床に思い切りぶつけると子供の背丈の何倍もの高さにまで跳ね上がるのです。せいぜい四、五歳と見える二人は、コンクリート作りの小さな公衆便所の中で大騒ぎをしています。よく跳ね返るから面白いのでしょう。たまたまボールが便器の中に落ちます。何のためらいもなく、一人がボールを素手で便器から拾い上げました。そして、何事もなかったように遊びが続きます。同行の上級生は、こらこら、汚いじゃないかと軽くたしなめるだけでした。たった今、目の当たりにした光景はごくありふれた出来事なのか。あのときの印象を言葉にすればそうなるでしょう。ぼくが体験したものより、はるかに深刻な貧しさの一端を見る思いでした。

替えズボンの上級生やサークルの責任者の最上級生と幾度か話します。最上級生はわざわざ無精ひげを生やし、見掛けの悪いドタ靴を履いています。十歳も十五歳も年上の相手に向かって説教するためでした。「なあ、親父さん。もう女房も子供もおるんやで。せめて子供のために、もうちょっとしっかりしてくれや」。そんな風に話しかけるときの小道具なのです。二人が善意なのは分かります。ただ、どこまで行っても報われない活動のように見えました。何かやりきれない気持ちになります。後にぼくは新左翼の政治組織に加わり、共産党系との最初の衝突を経験します。向こう側の最前列で、眼を伏せ、スクラムを組んでいるのは、同和地区を案内してくれた、あの学生服に替えズボンの上級生でした。

教養部自治会のボックスを訪ねたこともあります。ぼくがベトナム戦争の意味について尋ねても、自治会長は手作りの横笛を吹くばかりで答えようとしません。時々、探るような目つきでこちらを窺った末、最後に言ったのは人を小馬鹿にしているとしか思えない一言です。「君、『赤旗』取らない。良い新聞だよ」。いっぺんで共産党系が嫌いになりました。もっとも後に知ったことですが、新左翼の各党派も高校生の政治組織を作っていたようです。恐らく議論を吹っかけに来たそんなメンバーの一人と疑われたのでしょう。政治党派の影響もないのに、自分の方から自治会に接触してくる新入生など常識では考えられないからです。大阪の田舎にある高校は政治活動に無縁でした。左翼運動の知識など皆目ないおかげで、好奇心の赴くままにあちらを覗いたり、こちらに声を掛けたりの毎日が続きます。

まだ、学生運動はクラス単位でした。自治会選挙で過半数を制すれば、自治会を支配できます。学生自治会は大学に認知されていました。入学書類の中には自治会費の納入書類も入っています。

新入生の父兄はほとんどが自治会費を納めますから、自治会執行部が自由に出来る予算は相当な額に上ったでしょう。当時、京大の入学定員は二千人、教養部、学部、大学院を合わせれば八千人をはるかに超えたはずです。京大では、六〇年安保の頃に全学連主流派であった新左翼諸党派は次々に自治会の支配権を失っていました。全学自治会である同学会に始まり、各学部自治会のほとんどと、ついには学生数の半数近くを抱える教養部自治会まで共産党系に明け渡していたのです。それだけに新左翼諸党派は返り咲きを狙っていました。クラスに対する働きかけに熱が入るのは当然です。しかし、クラスでは誰一人として質問も反論もしようとはしません。関わり合いになるのが嫌だったのでしょう。そんなある日、ひげ面の変なおじさんがやってきました。一見して若手の教官かと思ったものの、下駄を履いているのが奇妙です。見ていると、ビラも配らず、ぼそぼそとまるで独り言のように迫力のないアジ演説を始めました。本気で聞いている者などいません。「ソ連はロシア革命の遺産なんだよね」という言葉だけが耳に残ります。話し終わると、前のほうに座っている一人に声を掛け、こちらを見ました。そこまで見届けて外国語のテキストに眼を通していると、いきなり誰かが近くでぼくの名前を呼びます。「君がジオン君だね」。横にあのヒゲのおじさんが立っていました。はいと答えながら、一面識もないぼくになぜ声を掛けるのか不思議に思います。「文学部の川田君の友達だよね」。そうですと答えながら、いぶかしく思う気持ちは消えません。「川田君は一人でぼくと話すのは嫌だと言うんだ。君と一緒なら良いらしい。二人でぼくの話を聞いてもらえないか」。それでやっと分かりました。川田が自分のクラスで例の一言居士振りを見せたのでしょう。そして目を付けられ、ぼくの話を持ち出して何とか矛先をかわそうとしたようです。ただ、ぼくに政治活動への免疫がないのは誤算でした。話を聞くだけなら良いと簡単に考えて、いいですよと答えてしまいます。その日の午後、川田と一緒に大学近くの喫茶店に行きます。ヒゲのおじさんの話を聞くためでした。

クラシック音楽の流れる上品な喫茶店の二階で席に落ち着くと、ヒゲのおじさんはおもむろに自己紹介を始めます。「理学部四年、六回生の斉藤です」。ぼくたちは思わずにやっと笑ってしまいました。関西には、大学が定めた所属学年を示す何年生という言い方のほかに、大学に入って何年目かを示す何回生という数え方があります。普通なら四年生は四回生です。しかし、留年つまり落第すれば学年が変わらないまま、回生数だけが増えます。斉藤さんは自分が二年留年して後がないとユーモラスに教えたのです。まるで独り言のように頼りないアジ演説とは打って変わり、革命運動史を語らせれば斉藤さんは座談の名手でした。ついつい話に引き込まれ、横にいる川田の様子も見ずにうなずいているうちにずいぶん時間が過ぎています。「マルクス・レーニン主義研究会」に出てくれと言われて同意し、次に会う日時を約束して分かれました。京大から三条京阪までの帰り道で川田と何か話したはずなのに全く記憶がありません。川田がどんな様子だったのかも覚えていません。ぼくはかなり興奮していたのでしょう。斉藤さんとの会合は数日の間をおいて三、四週間ほど続きました。いつか川田は姿を見せなくなります。

京大教養部グラウンドの西にハモニカ・ボックスと呼ばれる、コンクリートの細長い建物があります。戦前の三高では軍事教練に使う小銃、銃剣等の装具を収める倉庫だったそうです。そこが、自治会、各種クラブ、サークルの部室になっていて、斉藤さんの属する「第四インター」も実体のない同好会名義で部屋を確保していました。「マルクス・レーニン主義研究会」と赤い字で書いた紙が貼ってある八畳ほどの細長い部屋の南隣は教養部自治会室で共産党系の民青の活動家が絶えず出入りしています。北隣には「マルクス主義研究会」があり、中核派の溜まり場です。その北には共産党系の「中国研究会」が陣取っています。武装闘争、世界革命を目指す四トロは自治会室に屯する民青を軽蔑していましたが、「中国研究会」の毛沢東派には一定の敬意を払っていました。その北は当時のソ連派、「日本共産党：日本の声」の学生団体「民主主義学生同盟」が押さえています。最も北には六〇年安保闘争の頃の全学連主流派の流れを汲む「ブント」の「社会主義学生同盟」も看板を掲げていました。大学闘争（全共闘運動）以降の激しい党派闘争しか知らない世代から見れば、呉越同舟の信じられないほどのどかな時代です。

数日後、「マルクス・レーニン主義研究会」、通称「ＭＬ研」の会合に出てみると、部屋に顔見知りがいました。身長一八〇センチ強、当時としては群を抜いて背が高い同級生の平田です。やはり、「ＭＬ研」に誘われたのでしょう。九州者が丁寧に話そうとするときに特有の回りくどい言葉遣いで、しきりに「読売」という言葉を繰り返します。周りの人間には言っていることがよく分からない様子でした。しばらく聞いているうち、九州育ちのぼくには、それが「ＭＬ」の訛りであると分かります。ＭＬ研の部屋で平田は見るからに居心地が悪そうでした。数回顔を見せただけで来なくなります。しかし、同級生のぼくとの付き合いはそれからずっと続きます。ぼくが語学の授業をさぼると代わりに返事してくれたり、間もなくテストがあると教えてくれたり、急いで専門科目の登録をしないと落第すると知らせたり…とりわけ学生運動に行き詰まって無気力のあまり何にも出来なくなっているぼくを、一緒に社会思想史の平井ゼミに行こう、平井先生は心が広いらしいからいいぞと誘ってくれたり…とにかく、幾度となく助けてくれました。黒谷の山門に近い家に浪人時代から下宿していて、よく泊めてもらいます。日当たりは悪いものの、奥まった静かな離れ座敷です。ごつい体をかがめてコタツに当たり、ドストエフスキーや埴谷雄高を読む平田の姿は、まるで戦前の三高生でした。

平田の下宿でいつものように平田の薦める本を読んでいると、メガネに長髪のさえない男が訪ねてきます。それまでも何回か読書会やデモに加わるよう誘いに来ていたようです。その男が話を終えて帰って行った後、感心したように平田が言います。「最初から最後まで膝を崩さなかっただろう。いつもああなんだ。礼儀正しい人だよ」。しかし、そうではありませんでした。ハモニカ・ボックスに通ううち、隣の中核派の部屋にいる姿を幾度か見かけています。たいていは長いすにだらしなく寝そべって、マンガ週刊誌を読んでいました。見ているぼくに気付いても、顔だけをこちらに向け、妙になれなれしい薄笑いを浮かべるばかりです。平田に見せた居住まいの正しさは組織に引き込みたい新入生に見せるポーズにすぎなかったのです。

ＭＬ研のボックスに出入りしているうち、第四インター、通称「四トロ」のメンバーと親しくなります。組織に入れるつもりですから最初は誰もが人当たり良く接します。高校からの友人が少ないせいもあって通い続けるうち、ビラの原稿作りのような雑用を頼まれるようになりました。ちょうどアメリカの原子力潜水艦が初めて横須賀に寄港した時期です。苦心して箇条書きに近い、短い扇動用ビラ、通称アジ・ビラを作りました。気が利いていると周囲がこぞってほめるので、大いに気を良くしてしまいます。大阪から毎朝通うのも大変だろう。大学院入試に備えている室井さんの所へ泊めてもらえと勧められます。それもそうだと先輩の言葉に従いました。既に術中に陥っていたのです。週に一、二回これまでのように斉藤さんの話を聞いて、講義や授業のないときにはボックスに顔を出し、室井さんの部屋に泊めてもらう日が続きました。

斉藤さんの口から四トロに入れという話は全く出ません。今から思うと組織の未来に何の希望も持っていなかったのでしょう。当時の四トロは日本社会党に「加入戦術」、通称「E戦術」を取っていました。身分を隠して日本社会党に潜入し、労働運動に影響を及ぼすのが狙いです。使い物になる活動家を喉から手が出るほど欲しがっていた当時の社会党や総評（日本労働組合総評議会、現在は連合に吸収）への潜入は容易でした。四トロの潜入メンバーであることを知りながら、当人を目の前にして「少々過激ですが役に立ちますから」と電話で推薦する総評幹部がいたとも聞いています。相当数が潜入に成功した点で「加入戦術」は狙い通りの成果を挙げました。しかし、潜入したメンバーに具体的な運動方針や闘争目標を指示することが出来ません。方針や目標を授ける上部組織が崩壊状態だったのです。潜入メンバーは総評中央の方針をもっとも忠実に実行する以外、独自の色合いを出す余地がありません。机上の空論で「E戦術」を決めた上部組織に不満を漏らす者が潜入を命じられたメンバーや古参メンバーに多かったようです。恐らく斉藤さんもその一人だったのでしょう。所属組織への不満が強いだけ、原理、原則への思い入れはひとしおでした。ロシア革命、その後の工業化論争、中国革命、キューバ革命と話は尽きず、楽しい耳学問が続きます。

そんなある日、二、三回生メンバー数人が室井さんの部屋にやって来て、ぼくに追い込みをかけたのです。斉藤さんから四トロの考え方は説明を受けています。ぼくが「世界革命」という考え方にさして違和感を持たなかったのも事実です。しかし、今この日本で何をどうするかという話は全く出ませんでした。そこへいきなり、正しいと思うなら革命運動になぜ加わらないのかと迫られたのです。高校時代の生徒会長立候補と全く同じ構図でした。相手が理屈も何もない感情論を振りかざす点までそっくりです。しかし、生来の向こう見ずが災いしてトロツキスト学生同盟に加入してしまいます。第四インターナショナル日本支部の下部組織とは言うものの、上部団体は有名無実でした。西京司という組織名で通る気の弱そうな京都のお医者さんと、留学先のロンドンから時々紀行文「ヨーロッパ通信」を送ってくる関西のどこかの大学の押しの強い助教授が西日本を担当する関西ビューローの実態でした。本業の合間にする活動ですから政治運動の指導どころか機関紙の発行すら思うに任せない状態です。関西の学生組織はそれぞれの大学にあり、独自の方針もないまま反共産党系主流に合わせて動いていたようです。大阪外大、大阪教育大には社会党の青年組織「社会主義青年同盟」、通称「社青同」に潜入した非公然組織がありました。メンバー同志の交流が時々あったものの、「加入戦術」の手駒に使われた大阪教育大学のメンバーは公然組織である京大の古参メンバーに強い恨みを抱いていたようです。一番大変な仕事は「実践家」に押し付け、自分は「理論家になるため大学院へ行く」とぬけぬけ言い放つ態度に我慢がならなかったのでしょう。まして、「理論家」が「実践家」を見下す風潮があればなおさらです。しかし、そういう事情が分かったのは後のことです。

警官侵入事件

ぼくが政治組織に入ると言った直後、別の上級生メンバーが慌しく、室井さんの部屋に入ってきて叫びました。「ブントの藤木が逮捕された」。ぼくも話したことのある活動家です。時折、まるで女性のように優しい笑顔を見せる人でした。数日前、初老の警察官が西部構内に入ってきて一騒ぎあったのは知っていました。後に知ったことや分かったことを総合すると、田舎の駐在所辺りから川端警察署に転属になった人だったようです。それまでの習慣で新しい自分の受け持ち区域の家庭を巡回していたのでしょう。西部構内にあった大学職員の官舎に声を掛けるつもりだったようです。しかし、西部構内にはクラブや同好会の部室が多く、文学部と医学部を除く全ての自治会を失った旧「主流派」も多くの劇団やサークルに隠然たる影響力を持っていました。川端警察署が出来たのは昭和の初めです。京大の左翼運動を取り締まるために作られたと噂されていました。共産党系の民青も含めて左翼学生との関係が良いはずはないのです。教官たちの中にも警察嫌いが根強く残っていました。京大と川端警察署の微妙な関係を知らないまま制服の警察官が構内に入ってくればひと騒動持ち上がるのは避けられません。最初に見とがめたのがブントの藤木さんだったようです。「何をしに来た」、「警察手帳を見せろ」と押し問答が始まり、二人を取り囲む人垣がたちまち出来上がります。全学自治会のボックスからは民青の活動家たちが出てきて、何とか警官を外に出そうとします。問題が大きくなることを嫌ったのでしょう。警官を外に出す、出さないを巡ってすぐに揉み合いが始まります。西部構内と外の東大路を隔てる門を誰かが閉めました。旧「主流派」の抵抗を押さえ、内側から民青の活動家たちが警官を押し上げ、駆けつけた私服警官の群れが外側からそれを引き下ろして一応その場は収まりました。現場に居合わせた平田からその話を聞いたぼくはそれで事件が終わったと思っていたのです。しかし、川端警察署は面子をつぶされたと感じたのでしょうか。それとも、いつでも警察は京大に入れるという前例を作りたかったのでしょうか。幾日も過ぎてから、大学構内といえども治外法権ではないとして藤木さんを公務執行妨害で逮捕したのです。

当時の京大ではまだ左翼が大きな影響力を持っていました。中でも圧倒的な勢力を誇っていたのは「統一派」を名乗る共産党系の民青です。ブントが支配する文学部自治会と中核派が押さえる医学部自治会を除く全ての自治会の執行部は「統一派」が過半数を占めていました。しかし、それはぼくの入学する少し前に起こったことです。それまでは六〇年安保の時期に全学連主流派だった共産主義者同盟、ブントの支流、関西ブントが中心になり、安保後ブントから分かれた革命的共産主義者同盟（革共同）中核派に、同じく革共同を名乗る第四インターを加えて「主流派」を作っていました。そして、数年前までほとんどの自治会を支配していたのです。第四インターは「主流派」のブントの中で「左翼反対派」、通称「レフト」を名乗り、ブントの強引なやり方に眉をひそめる者に声を掛けてメンバーを獲得していました。民青の全学連が再建されると自治会を奪い返そうとする民青派活動家の動きが本格的になり、徐々に成果を上げてゆきます。けれども、安保闘争から日韓条約闘争が終わる頃まで、当時の民青京都府学連は共産党中央の意向に逆らい、反共産党系の各派と共同行動を取って一緒にジグザグ・デモをしていました。当時の民青の中心は「構造改革派」です。労働者や学生その他の自治的な組織を育て、ついには議会多数派と成ることによって社会主義革命は可能だと考えていました。場当たりな政治目標を掲げる「主流派」に比べ、「構造改革派」は一貫した方針を持っています。だから、異論はあるものの、「主流派」との統一行動により「構造改革派」の勢力を拡大出来ると考えていたのでしょう。共産党中央は日本が高度な資本主義国でありながらアメリカに従属していると考え、当面の革命は「独立・民主・平和・中立」の日本を作る民主主義革命だとしていました。革命勢力に民族ブルジョワジーも含めていたのです。それだけ民主統一戦線の取りうる政策の幅が制限されます。

だから、社会主義革命を目指す「構造改革派」の考え方は共産党中央とは相容れないものでした。やがて、民青の活動家にジグザグ・デモをさせた指導者たちは、「ソ連派の修正主義者」として除名されます。民主主義学生同盟（民学同）のボックスによく出入りする品の良い細身の二枚目がいました。静かな感じのその男の組織名が「白川真澄」だと聞いていかにもふさわしいと感じます。次に、ブントの牙城だった京大の切り崩し工作を担当した三人の民青幹部のトップだったと教えられます。残る二人のうち一人はオルグ工作（メンバー、シンパの獲得工作）の最中に過労死し、最後の一人が今の全学自治会委員長だというのです。そんな猛者には全く見えません。さらに、かつての民青京都府学連委員長で民青にジグザグ・デモをさせた当の男だと言われ、からかっているのではないかと疑います。しかし、大学闘争の初期に「白川真澄」の本領を見る機会がありました。決断が速く、戦いの先頭に立つ度胸も十分に持ち合わせた有能なリーダーだったのは間違いありません。

ブント中心の「主流派」のやり方は実に乱暴なものだったようです。危機感を煽るアジ演説を繰り返し、学生を街頭デモに引っ張り出すばかり。それでは付いていく者が減るのも当たり前です。「主流派」に反感を持つ学生が多くなると、民青系の代議員が増えていきます。すると、午後の代議員大会を夜まで引き伸ばし、いきなり電気のスイッチを切って、民青系の代議員を袋叩きにするという無茶なやり方に訴えるのも珍しくなかったと聞きます。ベトナム戦争が激しくなる中で民学同は後に分裂し、「プロレタリア学生同盟」（プロ学同）が生まれます。京大では「白川真澄」と大きな体にいかつい顔の後輩「ライオン」がその中心でした。後に岡山大学での中核派とのゲバルト（暴力、権力を表すドイツ語、広い意味での武力衝突）で足を折られ、ギブスで固めた足に松葉杖を突くライオンと焚き火を囲んで一晩語り明かしたことがあります。「主流派」のやり方に「白川真澄」が対策を考えたのだとライオンは言います。確か、「民主」と「平和」を合言葉にし、次から暗闇での殴り合いを制したと聞きました。当時の民青は相当に腕っ節も強かったようです。ライオンがしみじみと語った言葉は今も印象に残っています。「あの頃はあっさりしていたよなあ。翌日、殴り合いの相手と顔を合わせても、『夕べは面白かったなあ』で済んだもの」。当時はどちらの側にも社会主義革命を目指す同じ左翼だという気持ちがあったのでしょう。それに一緒にジグザグ・デモをする仲でもあります。しかし、そうライオンと話したのは、もう民青の側から激しいゲバルトを仕掛けてくる時期でした。

「白川真澄」たちが追放された後、指導部を一新した民青は民主革命を目指して非暴力主義を標榜するようになります。「主流派」の暴力に無抵抗主義で通すようになったのです。さらに学生が身の回りの問題について抱くさまざまな要求を取りまとめた「諸要求」の実現に力を注ぎます。それが功を奏して次々に自治会を制していきました。ついに学生数の半ばを占める教養部自治会まで落ちると、反共産党系の中心だった党派、ブントの活動家の大半はボックスに姿を見せなくなります。ハモニカ・ボックスの北の端、ブントの部屋にいるのはいつも上田、坂下の二人組だけです。だから最初、ぼくはブントを小さな組織だと思っていました。しかし、しばらく前まで「主流派」の活動家の大半はブントのメンバーで占められていたのです。ブントが無力になって「主流派」は解体し、反共産党系の中心になって動いているのは中核派でした。四トロにもチャンスはあったはずです。しかし、多数派に寄生するコバンザメ体質が身につき、目標を決め、指示を出す上部組織まで崩壊状態ではせっかくの機会を生かす道も開けません。反共産党系の中心は中核派になっていきます。

四トロに独自なのは中国の核実験に対する立場くらいでしょうか。ブントや中核派は中国の核実験を批判していました。理由を尋ねても分かりにくい言葉を連ねて一気にまくし立てるばかりです。要するに、当時の日本人の間に根強い反核感情に迎合していたのでしょう。四トロは世界の労働者階級の側に獲得された武器として支持していました。中国との関係が良かった当時の日本共産党も同じです。そこで、「純正トロツキスト」の根城に隣部屋、民青の居座る自治会室から、委員長の岡田がコーヒーを飲ませてくれと強引に部屋に入ってきて、「お前らはトロと違う」と変な共感を示したりするのです。

南ベトナム民族解放戦線のゲリラ戦も当初から支援していました。女性メンバーを中心に「ベトナム人民支援委員会」が作られます。週刊誌の写真を貼ったパネルを作り、京都駅前で資金カンパ（寄付）を呼びかけました。そうして集めたお金に自分たちの寄付分を加えて数万円をハノイにある解放戦線の代表部に送ったのです。数カ月後、受け付けた若いベトナム人女性のサイン入り写真、フランス語で書かれた礼状、さらにかわいいベトコン旗が届きました。その旗を飾った小規模な集会がしばらく続きます。しかし、一年ほど後に、故意か偶然か、共産党が全く同じ名前の組織を作り、活動を始めてから、すっかりお株を奪われてしまいます。

嫌な話もありました。「我々を義勇兵として南ベトナムへ送れ。解放戦線の兵士として戦う用意がある」と書いた大看板を東大路に出したというのです。注目を集め、新聞にも取り上げられたと室井さんは自慢します。その気楽な様子からすると、本気で南ベトナムに行くつもりだったとは思えません。ぼくが寝起きしている吉田寮にいる別の先輩メンバーに、南ベトナムに行けといわれたらどうするか尋ねてみます。しばらく考えて末、正直に答えてくれました。「ちょっと行けないよ」。勇ましい大看板の言葉は無責任な大言壮語でした。ぼくの心をつかんだ室井さんの得意のはったりは他にもあります。「我々は学生運動をしているのではない。革命運動をしているんだ。我々は労働者本隊から大学に派遣された別働隊だ」。しかし、本隊との接触は最初から絶たれていました。それを作ろうとする努力も失敗していたのです。けれども、上部組織からの締め付けのないボランティア活動のような学生運動はぼくの好みに合っていました。ぼくは四トロの活動家になって行きます。

藤木さんが逮捕されると、反共産党系の各党派は一斉に全学ストライキと川端警察署へのデモを呼びかけ始めます。ぼくも含めた四トロのメンバーはまず五、六人で川端警察署に抗議に行きました。三回生のリーダーに率いられて警察署に入ろうとします。すると、ドアの両側に待機していた十人強の屈強な警察官がいきなり行く手を阻みます。年配の一人は何の用だと詰問口調です。リーダーが抗議に来たといっても、だったら抗議文はどこにあると相手にしてくれません。どうしても警察署内に入れようとしないのです。警察側は京大内の学生の動きにかなり神経を尖らせていたのでしょう。おかげでこちらの予定が大幅に狂ってしまいました。最初は口頭で抗議し、帰るだけのつもりだったのです。そうかと言って、いまさら引っ込みも付きません。一人が近くの文房具屋へ走り、ボール・ペンと便箋を買ってきます。リーダーは警察署の玄関横に座り、抗議文を作り始めます。今から思えば何とも素人臭く、間抜けな話でした。やっと出来上がった抗議文を手に、全員で警察署に入ろうとします。しかし、先頭の二、三人以外は突き飛ばされて外に押し出され、入ることが出来ません。立ちふさがる警官たちの向こう側で、ひっきりなしにフラッシュが焚かれていました。必要以上に顔写真を撮って、威嚇していたのでしょう。抗議文を読む声を幾度も大声の野次と怒号がさえぎりました。警察署の外からそれを見ていたぼくたちの内に怒りがこみ上げてきます。ほんの思いつきで始めた抗議行動に、警察がこんな結末を用意していたことが火に油を注ぐ結果になりました。ぼくたち四トロの活動家はどこよりも熱心にビラをまき、激しいアジ演説を繰り広げることになります。ただ、上部組織からの指示が何もなかったせいで、その内容はごく普通の京大生が感じていることを素直に言葉にしただけのものだったようです。ビラ配りは学外でも行われました。僕は三条京阪を割り当てられます。電車が止まり、少林寺拳法をやっているクラスメートの一人が降りてきました。声を掛けて、ほかの人と同じようにビラを渡すと、その場で熱心に眼を通しています。読み終わるとぼくに声を掛けました。「一緒に配るよ」。そして、ぼくの持っているビラの半分ほどを手にして配り始めたのです。政治党派にも、多分政治にもほとんど関心を持っていないように見えたクラスメートです。警官侵入事件への関心がどれほど高かったかが想像できるでしょう。

連日、民青の「統一派」以外のビラに「警官侵入、藤木君逮捕」という文字が躍ります。当時の京大で制服の警察官が構内に入ってくるのは異常事態でした。真剣な目付きの学生たちがアジ演説に耳を傾けます。ぼくのクラスのクラス討論でも、相当数がストライキとデモに賛成しそうな雰囲気です。数年間の社会人生活を経験して大学生になった人だけが反対しました。「学生がストライキなんて絶対にいかんです」。しかし、耳を貸す者がいません。共産党系のクラス委員も抑えきれないほどの熱気にクラス全体が包まれています。

全学自治会には常設の決定機関がなく、いつもは常任委員会が代行しています。必要なときにだけ、五人に一人の割合で代議員を出し、全学自治会の代議員大会を開くのです。全学自治会としての方針を決めるため、代議員大会を求める声があちこちから起こりました。ブントや中核派の支配する自治会では早くも代議員の選出が始まっています。最初、思いがけない事態に共産党系の全学自治会執行部はどう対処すればよいのか分からなかったようです。数日たつと、ストライキとデモを求める声を押さえ込むのは、もう無理になりました。そこで、仕方なく共産党系府学連の統一行動の枠内にその動きを収めようとします。ついに全学自治会執行部が代議員大会を開くことを決定し、代議員の選出が始まります。ぼくも代議員に立候補し、選ばれました。ストライキに反対のクラスメートも数人選ばれます。

代議員大会は最初から揉め抜きました。民青の活動家から見れば藤木さんはブントの活動家であり、紛れもない敵の一人、そのため抗議デモをするのは不本意だったでしょう。しかし、民青側は藤木さんがブントの活動家であることには全く触れようとしません。旧「主流派」にすれば自派の活動家が受難者になった事件、大多数の学生が賛意を示す抗議デモは巻き返しの一大チャンスと写ったはずです。大部分の学生の見方はまた違います。特に「主流派」時代を知らない新入生は藤木さんを同じ大学に学ぶ学生の一人と見ていました。警察官の行為は家宅捜索礼状も持たず、他人の家に踏み込んだのも同然と感じていたでしょう。だから藤木さんの逮捕を不当と思っていたのです。延々と続く議論の末、やっと代議員票を示しての挙手投票になります。驚いたことにクラスからストライキ反対派として選ばれた代議員までストライキ賛成に挙手しています。数日後の民青府学連の統一行動に参加する形で川端警察署に抗議デモをかけることが決まりました。

当時、同志社大学や立命館大学は歩いて十分ほどの距離にありました。京大を出た長大なデモの隊列は教養部から少し北上して今出川通りを西に辿ります。河原町通りで同志社からのデモ隊と合流し、膨れあがった集団が民青府学連の大会会場、立命館を目指しました。当時の立命館の学長は民法学の一方の権威、末川博です。革新的な民法の解釈者として相当の人気がありました。デモ隊が構内に流れ込み始めると、痩身の末川学長が通りを見下ろす窓に姿を見せました。笑顔で手を振る姿に、周囲から歓声が湧き起こります。導き入れられたのは、やや小ぶりの大教室です。間もなく壇上で演説が始まりました。手際の良さを見ると、あらかじめ誰が何を発言するか決めてあったのでしょう。ただ、京大の警官侵入事件、藤木さんの逮捕とは何のかかわりもない話が延々と続きました。社学同の活動家、上田が手を挙げて発言を求めます。しかし、それを全く無視して議事は進みます。「発言させろ」という声があちこちから起こり始めました。議長団はそれに全く応えません。やがて床を踏み鳴らし、机を叩いて一大合唱が始まります。「発言させろ。発言させろ」。振り向くとクラス一の秀才、島村も激しく机を叩き、大声で叫んでいました。内輪の会合では起こりえない事態に議長団が明らかに取り乱しています。必死の説得が何の効果も生まないのです。かといって、民青の集会で反共産党系の活動家に発言を許す訳には行きません。残された道は、行動予定を早めて街に繰り出すことだけでした。

デモの隊列を組み、立命館の正門から行進が始まります。民青府学連の統一行動ですから十メートルに一人くらいの割合で民青の活動家が付き添い、「シュプレヒ・コール」の音頭を取りました。あの頃、声をそろえてスローガンを叫ぶのを「シュプレヒ・コール」と呼んでいました。前半はドイツ語、後半はたぶん英語から作った奇妙な左翼用語です。「シュプレヒ・コール。

警察は謝罪せよ」。そう付き添いが大声を出せば、デモ隊は声をそろえて「警察は謝罪せよ」と叫びます。しばらくすると道の反対側をどこまでも付いてくるカーキ色のコート姿を指して付き添いの民青派活動家が説明します。「皆さん、あれは小山という有名な『私服』（私服警官）です。顔を覚えておきましょう」。よく見ると見覚えのある顔です。川端警察署に抗議に行ったとき、玄関前で会っています。リーダーが抗議に来たと伝えると、「ふーん」と言って脇に退いたのです。見かけと。何か用」。嫌味のない声と表情で軽く声を掛けてきました。「ちょっと、ちょっから新聞記者かと思っていました。まさか私服警官、しかも名うての「私服」とは夢にも思わなかったのです。先輩の「四トロ」のメンバーはそんなことも教えてくれませんでした。知らなかったのか、新入メンバーを教育する余裕すら無かったのでしょう。京大の「四トロ」はアジ演説をし、デモの先頭に立つ「実践家」部隊が崩壊寸前でした。しばらく後に奇妙な事件が起こります。ぼくに追い込みをかけた向こう意気の強い三回生の一人、警察署に抗議に行った時のリーダーが室井さんの部屋に押しかけてきました。組織を抜けようとして何か言われ、直談判に来たのです。上り調子の場面で威勢のいい人間に限って、形勢が悪くなると真っ先に逃げ出すものです。そんなことも当時のぼくには分かりませんでした。大半の上級生は半年もたたないうちに姿を見せなくなります。民青に移った先輩すらいました。残った「実践家」は二回生以上が文学部二人と工学部一人、一回生はぼく一人です。

やがて川端警察署の前に着きます。すると、普通の警官の服装になぜか制帽代わりの白いヘルメットをかぶった警官隊がずらりと玄関前を固めていました。それがしばらく前までの機動隊の姿だったと知ったのは後のことです。濃紺の乱闘服をまとった機動隊が控えていればデモ隊の反応も自ずと違ったでしょう。警察側も無用の反発を買わないよう努めていたのです。突然、後方から文学部自治会のデモ隊が飛び出し、はげしいジグザグ・デモを始めました。目立って長身の平田の姿がその先頭に見えます。振り返って立ち止まりかけました。すると、立命館から隣に並んでいた民青シンパが「挑発に乗るな」と大声で叫び始めます。そして、スクラムを組むぼくの腕を抱え込んでいきなり走り始めました。デモの隊列全体もジグザグ・デモを横目に進み始めます。ぼくはマークされていたのでしょう。文学部のブントや医学部の中核派から旧「主流派」のデモに合流してくれと言う申し入れは無かったと思います。ぼくは工学部二回生の増田さんと一緒に動いていただけで、上部組織からの指示も決定も無かったのです。民青との関係も怪しい「四トロ」は信用されていなかったかもしれません。民青側は「四トロ」メンバーが民青のデモ隊に紛れ込んでいるのを不審に思ったでしょう。旧「主流派」の動きに応じて、デモ隊に座り込みを呼びかけるのではと疑っていた可能性があります。そうとでも考えない限り、絶妙のタイミングでぼくを引きずっていった手際の良さが説明できないのです。民青側は旧「主流派」の思惑に載せられないよう細心の注意を払い、万全の手を打っていたのだと思います。だからぼくのような反共産党系の小物にまで要員を貼り付けたのでしょう。ともかく、抗議デモは大した混乱も無く終わりました。数日後、藤木さんが何の前触れもなく釈放されます。

藤木さんは、痩せていて髪が長く、ぼくより少し身長があります。京都育ちで父は社会党員、母は共産党員の複雑な家庭で育ったと聞きました。興奮して相手に食って掛かるとき、よく涙を流します。一度、睡眠薬を大量に飲んで自殺しかけたことがあると聞きました。そして、当時は「ブント」の一部だった「四トロ」の知り合いに電話してきたそうです。「薬を飲んでから、死ぬのが怖くなった。救急車を呼んでくれ」。線の細い人だったのでしょう。教養部構内でばったり会い、大変でしたねと声を掛けると大したことは無いと答えます。「名前と住所を言うたら、何を聞かれても、『黙秘します』の一点張りで終わりや」。そして、ひどく優しい笑顔を浮かべて、ぼくの肩に手を回すのです。ぼくは他人に体を触られるのが大嫌いでした。でも、藤木さんだと嫌な印象を受けません。藤木さんの話は続きます。「そやけど、二泊三日で出たかったら名前と住所は言わなあかんで。それを忘れると二十八日間の検察拘留になる。住所を熊野寮にしとくと誰にも迷惑が掛からん。人の出入りが激しいし、警察も実態を掴んでへんのや」。これも四トロメンバーが教えてくれなかった政治活動の知恵です。「主流派」時代の「四トロ」は泥を被らずにすむシンパ（同調者）以上の役割を果たさなかったのかもしれません。

藤木さんの釈放が伝わると、それまで大学を包んでいた熱気が一気に引いて行きました。教室でビラをまき、アジ演説をしてもほとんど反応がないのです。まだベトナム戦争は身近な問題ではなく、成田空港の建設問題が新聞や雑誌の紙面を賑わすこともありません。次の政治目標も独自の運動方針もなく、自分たちの組織を維持する意義がはっきりしなくなってきました。ボックスに顔を出すメンバーの数が減っていきます。ブントが主催する京都、大阪、兵庫の三府県学連統一デモに参加したのはそんな時です。平田と一緒に大阪に向かう観光バスに乗り込むと、小柄で色の白いブントの森さん、通称「白森」さんのアジ演説が始まります。その中で自分たちが川端警察署に抗議に行ったという話が出ます。ぼくから見れば真っ赤な嘘でした。本気で怒るぼくをあしらいながら、白森さんは話を続けます。四トロは長い間、ブントの一部「レフト」でした。そのことについて先輩メンバーは口を閉ざしています。都合の悪いことは新入メンバーに教えないようにしていたのでしょう。白森さんは、今でも身内の小さな分派と思っていたのかもしれません。白森さんに適当にあしらわれているうち、横の平田がぼくの脇腹を突つきました。前を指差しています。そこにはちょっとかわいいバス・ガイドが補助席に座り、危なっかしい姿勢で居眠りをしていました。両手を組んで膝の上に載せているのですが、うとうとすると前のめりになり、そのたびにスカートのすそがめくれて太股の一部が見えます。頭ががくんと下がると気がついて、スカートの乱れを直し、しばらくするとまた居眠りを始めるのです。それをドキドキしながら眺めるぼくたちはなんとなく行楽気分で大阪へ向かいました。しかし、大阪のデモは予想もしない凄惨なものでした。

当時の狭い大阪城公園の入り口や通りを隔てた歩道には、驚くほど多くのカーキ色のコートを着た私服警官がうごめいています。その一人から声を掛けられました。「これをあの人が落としたから」。旗を持っている一人を指差します。手の平に載せているのは五円玉と十円玉を合わせて四、五十円ほどのお金です。旗持ちの名前を知りたいのだろうと察しは付きました。あの人ですねと念を押し、その人に届けます。きょとんとした表情です。やっぱり思った通りでした。公園内で色が黒くて痩せた、顔見知りの上級生に声を掛けられます。何故か頑丈な靴を履いていました。理由を尋ねると、銃を撃つには足元がしっかりしていないとだめだからと言います。京大の射撃部だったのです。通りの向こうの私服警官の一人に向けて銃を構える姿勢を取って先輩は言いました。「パーンと撃つ時の気分はたまらんで」。デモにはずいぶん毛色の変わった人も加わっていたようです。

ほとんど誰も聞いていないアジ演説が終わり、ジグザグ・デモで公園から出ることになりました。隊列を整えるとき、慣れていないから外側に出るなと言われます。用心して横六列の外側から三、四列ほど内側に入ります。左右とスクラムを組み、上半身を前に倒して前の人の腰に頭をつけ、しがみつく格好でジグザグ・デモの体勢を取ります。デモ隊が公園を出たとたん、大阪府警機動隊は文字通り襲い掛かってきました。いきなり殴る、蹴るの手荒い扱いを受け、デモ隊は外側から一人ずつ引き剥がされていきます。腹を押さえ、顔から血を流して隊列から引き離される者が続出します。見る見るうちに横の列が薄くなっていきます。制帽のあご紐を掛け、腕章をつけている点を除けば大阪府警機動隊は普通の警官と見分けがつきません。制服の警官が暴力を振るう光景に大変なショックを受けました。僕はすっかり戦意を失ってしまいます。とうとう一番外側になると、自分から隊列を離れようとしました。しかし、すぐ横にいた機動隊員に足払いを掛けられ簡単に転んでしまいます。手を出そうとする機動隊員に初老の指揮官が声を掛けました。「雑魚はほっとけ」。転んだ僕を無視して、デモ隊の排除作業が続きます。公園を出て百メートルも進まないうちにジグザグ・デモは惨めに潰れてしまいました。恐らく軽いショック症状だったのでしょう。一人ではまともに歩けず、腰が悪くてデモに参加できない平田に支えられて反対側の歩道を歩きました。僕より背の低い白森さんが肩に手を回し、しきりに何か話しかけてきたのを憶えています。目の前で続くデモとは関係のない話だったようです。僕が受けたショックを和らげようとしたのでしょう。

デモ・コースの所々にデモ隊に貼りつく機動隊とは別の部隊が控えていました。デモ隊が届出のコースを外れ、市内の通りに押し出そうとするときの押さえなのでしょう。歩道を歩いている者には手を出しません。やり過ごすときによく見てみます。制帽の顎紐をしっかり掛け、腕章を巻いている以外は普通の警官と違いがありません。拳銃まで携帯しています。ただ、肩紐を外して幾重にもベルトに括り付けてありました。抜き取られないよう用心していたのでしょう。何度潰されても隊列は再編されデモは続きます。ただ、怪我人は増えていき、歩道を歩く者が多くなりました。砂利を敷いた駐車場の前を通るとき、激昂したデモ隊の一部が石を投げ始めます。ヘルメットを被っていない大阪の機動隊員にはひどく効果がありました。顔を狙った石がまともに当たり、幾人かがたまらず顔を押さえてうずくまります。いささか機動隊の戦意を削ぐことになりました。ただ、これは感情に駆られて少数の人間が起こした偶発事件です。デモ隊が駐車場に立てこもって投石を続ける騒ぎにはなりません。機動隊に警棒の使用許可は下りなかったようです。警棒を振るってデモ隊を追い散らす場面もありません。投石も大阪ではよくある出来事だったのでしょう。

学生デモの規制が仕事の京都府警機動隊とは異なり、大阪府警機動隊の主な任務は釜ガ崎の暴動鎮圧です。一対一で相手を痛めつける格闘能力がやたらに高く、いささかも手加減しないのです。まして、三府県から札付きの活動家が集まったのですから機動隊の扱いも容赦がありません。嫌なこともありました。ハンディ・スピーカーを抱え、下駄を履いたアジテーターが隊列に戻るよう呼びかけています。自分は最初から安全な歩道を歩き、大変な仕事は他人に押し付ける態度が気に障りました。幾度も罵ってみたものの、平然と同じことを続けています。予想もしなかった機動隊の荒っぽい扱い、一方的に痛めつけられるだけのデモ、無責任なリーダーの態度…京都とは違う何とも後味の悪いデモです。大阪でのデモの一面を知る手痛い経験でした。

警官侵入事件が収まって間もなく、教養部自治会の常任委員選挙がありました。四トロからはぼくと工学部二年の増田さんが立候補します。警官侵入闘争で派手に動いていたおかげで二人とも当選します。中核派からは有名なアジテーター、若松を筆頭に名の通ったメンバーが通りました。執行部を握る民青はちょうど過半数の候補者しか立てません。多数決で執行部の方針を通すにはそれで十分でした。旧主流派の影響がなお強い教養部で冒険をするのを避けたのでしょう。数回の常任委員会は自治会室ではなく、教養部グラウンドの端にある芝生の上で開かれました。それまでの事情を知らないぼくから見ると訳の分からないいがみ合いに終始します。当時の自治会長、岡田にお前はどう思うかと水を向けられ、「でも、岡田さん…」と答えてしまいました。とたんに、相手は苦笑し、民青の常任委員たちが笑い出します。後になって増田さんに叱られました。「民青に敬語なんか使うな、呼び捨てにしろ」。そう言われても、上級生を呼び捨てにするには抵抗がありました。

自衛官闘争

しばらくして、奇妙なことが起こります。突然、民青の全学自治会が前例のないアピールを出し始めました。京大の工学部に自衛官が研究に来ているのを急に問題とし始めたのです。それまでの民青の活動からは考えられないことでした。これまでの民青の活動は、学生にとって身近な要求を取りまとめ、大学側と交渉して実現する地味な活動です。そして、政治色の強い目標を掲げ、学生を街頭に動員する旧主流派のやり方を批判してきました。そうすることで支持者を増やし、旧主流派を追い詰めていったのです。ところが、その根本方針が何の前触れもなく一変しました。急な方針転換に納得のいかない民青の同盟員も多かったのでしょう。自治会ボックスに出てくる民青活動家の数が目に見えて減りました。逆に反共産党系の旧主流派はにわかに元気付きます。宣伝・扇動・大衆動員ならお手の物です。「民青は気が狂った」と大喜びする者さえ出ました。大衆運動を起こし、多数の支持者を獲得して、自治会を奪い返す絶好の機会がやって来たと思ったのでしょう。

この自衛官闘争は元々大衆運動の条件が全くないものでした。京大に自衛官が来ていることなど誰も知らなかったのです。だから、クラス討論も低調なものになりそうでした。民青系のクラス委員、山本が意見を求めても誰も手を上げません。クラスを見渡して、山本は言いました。「大西君、どうですか」。ひどいことをするとぼくは思いました。大西は少年自衛官出身です。大検を受けて高校卒業資格を手に入れ、新聞配達をしながら予備校に通って京大に入ってきた男です。自衛隊には複雑な思いがあるでしょう。そんな大西に踏み絵を踏ませていると感じます。しかし、大西の答えはきっぱりしたものでした。「あいつらは上の命令で来ているんです。絶対に反対です」。その一言がクラス討論の行方を決めました。

反共産党系の諸党派は勢い込んで自衛官問題についての扇動を繰り広げました。姿を見せる民青の活動家がめっきり減った中で、反共産党系の活動家が共産党系の定めた政治目標のために全力を尽くす不思議な光景が繰り広げられます。そうして動員された学生たちを背景に、全学自治会長が次々に工学部の教官たちと一対一で向き合い、団体交渉を続けていきます。奇妙なのは共産党の方針に忠実な民青の活動家たちがスクラムを組んでそれを取り巻いていることです。反共産党系の活動家が交渉の行われている教壇に近づくのを絶対に阻止するためです。それ以前には時々、反共産党系の集会に民青の活動家が大挙して押し寄せ、野次り倒して議事進行をストップさせ、共同議長団の結成を認めさせるようなことがありました。今回、反共産党系が同じことを狙っていたのは明らかです。それに備えるためのスクラムでした。姿を見せなくなった民青活動家が多いとはいえ、京大全体なら動員できる民青活動家はまだまだ十分にいたのです。しかし、これほど強引なやり方を取ったのは恐らく初めてだったでしょう。共産党系は団体交渉をあくまで自分たちの厳格な統制下で行おうとしていたのです。スクラムを破ろうとする試みはことごとく失敗しました。スクラムの中にいる同級生の民青活動家に「増田、今日は帰れ」と言われ、増田さんが気勢をそがれるのも見ます。壇上でのやり取りを見ていると、全学自治会委員長とやり取りしながら、工学部の教官たちは次々に自衛官の在籍は問題だとする声明に署名していきました。実直な感じの年配の教官が「衣の下に鎧が見えるように思うことも確かにある」と言ったのが強く記憶に残っています。その最中に増田さんから担任の教授が話した思い出話を聞きます。自分が大学で学んだのは戦前の満州でのことだった。五族協和の旗印のもと、日本人、中国人、朝鮮人、満州人、モンゴル人が学んでいた。そんな中、第二次国共合作が成り、抗日救国戦線が作られたことが伝わる。すると、講義に出席する中国人学生の数が一人、また一人と減っていった。学業を捨て、政治・軍事活動に加わっていったのだろう。姿を消した同級生の顔を想うとやりきれない気持ちになった。当時の教官のほとんどは大人として戦争を過ごした戦中派でした。戦争や戦争につながるものを懸念する気持ちは人一倍強かったのです。かなり頑固で保守的と見える教官の一人は先の戦争の原因や軍備を持つことの意義について幾つも留保条件を付けました。しかし、長い時間を掛けて文案の手直しが済むと、やはり声明に署名したのです。やがて、工学部教授会は自衛官の在籍を認めないという声明を出します。こうして、「産学共同」、「軍学共同」に反対する「自衛官闘争」は終わりました。共産党系は自派の強いコントロールのもとでなら、どんな名目でも大学内で大衆運動を起こし、指導する力があることを見せ付けたのです。警官問題で上げ潮を迎えた反共産党系各派の勢いも一気にしぼんで行きました。民青の活動家がまたぽつぽつと自治会ボックスに姿を見せるようになります。結果から見れば、姿を見せなくなった民青活動家の代わりをぼくたちが勤めたことになります。相手側が成功した最大の原因は自分たちの活躍だったという何とも皮肉な話でした。それによって民青の自治会支配が磐石なものになった点でも。

活動家一年生の日々

この時期、旧主流派の組織は存亡の危機に立たされていました。自治会を失うことで有力な資金源がなくなり、大衆動員にも自治会とは別の大義名分を掲げねばなりません。共感を寄せるシンパ（同調者）も次第にボックスに顔を見せなくなります。一番極端な例がブントでした。旧主流派の最大勢力だったのに見る影もない有り様です。独自の思想や主張を持つ中核派は比較的元気です。ブントに代わり反共産党系の中心になろうとしています。ブントの一部、「レフト」だった四トロには実践家が特に欠けています。現役メンバーの半分ほどは薬学部の女性です。デモの先頭に立ったり、教室を回ってアジ演説をするのは無理でした。しかも、ボックスによく出てくるのは一年上の東野さんと中井さんくらいです。二人はほとんどいつも一緒でした。大きな目の東野さんは色が白く、やや長身です。デモに加わるときは長い髪を束ねます。ある日、デモの帰りに皆で食堂に入ると、棚の上のテレビがその日のデモを伝えるニュースを流しています。見上げると、黒いシャツにＧパン姿で、大きな目を不安げに動かす東野さんの姿が映っていました。カメラがしつこく追いかけたところを見ると、かなりの美人だったのでしょう。事実、四トロの複数の男性メンバーが過去に幾度か言い寄って失敗したようです。ひどくおっとりした性格で、口論が苦手でした。声が高く、子供のようなしゃべり方をするのが気に入りません。ぼくはもう一方の女性の方が好きでした。中肉中背の中井さんです。思っていることをはっきり言う、勝気な性格でした。のんきな東野さんはよくやり込められます。器量は十人並みというところでしょうか。しかし、おしゃれはなかなか上手です。薄化粧で、元々はない魅力を作り出す術を心得ていました。二人きりになると、話題はいつも将来の恋人のことだったようです。落ち着くところは決まっていました。「ぎゅっと抱きしめてくれたら、ブルジョアだって付いて行っちゃうよね」。「レフト」時代の四トロは政治意識が薄かったのかも知れません。それとも、いつの時代にも女性にとって恋と革命は別物なのでしょうか。女性として圧倒的に人気があるのは東野さんでした。中井さんの方が好きなのはぼくと文学部二回生の川村さんくらいだったと思います。

旧主流派時代に活躍したメンバーは次々に抜けていきました。しかし、組織が作られてしまうと、何としてもそれを存続させようとする者も自然に生まれるようです。文学部の川村さんと工学部の増田さんがそうでした。旧主流派時代、サルトルに凝っている地味な川村さんは政治活動に熱心ではないメンバーと思われていたようです。しかし、言動は慎重ながら、こうと決めると逃げない性格でした。無責任なところのある増田さんに比べ、川村さんは苦しいときに頼りになる人柄です。大学院を目指す上級生の「理論家」ばかりで革命は出来ません。残る一、二回生の男性メンバーは残らず「実践家」を目指すことになります。次回の大規模なデモで、指揮者とデモの最前列を出すことも決まりました。幾度かデモに参加したとはいえ初心者のぼくがデモの指揮をするのは無理です。初めて先頭に立つことになります。

反共産党系のデモでは先頭が「指揮棒」を持っています。太さ二十センチ弱、長さ四メートル程の丈夫な竹筒です。先頭の五、六人がスクラムを組んで抱え、横一列の隊形が崩れないようにするのです。指揮者が長く笛を吹き、ジグザグ・デモが始まると、先頭は足を踏ん張って体重を後ろに預け、二列目以降がラグビーのスクラムの要領で押します。うまくいくと、機動隊の人垣を破ることが出来ました。日韓条約の頃までの京都府警機動隊はデモ隊がコースをはみ出さないよう途中に阻止線を張り、待ち受けていたそうです。こういう相手には有効な方法でした。過去に幾度も阻止線を破ったことがあるそうです。その後、機動隊の方が戦法を変えました。警視庁機動隊の「並進規制」を取り入れたのです。服装も普通の警官の制服に白いヘルメットから濃紺の乱闘服、ヘルメットの警視庁スタイルに変わりました。その姿でデモ隊の外側に三列ほどが貼り付き、道路の中央へ出る動きを封じます。先頭部分は無理に押し返そうとせず、指揮棒を抜き、前から自然に崩れるよう仕向けるのです。指揮棒を抜かれると、無理な体勢を棒一本で保っている先頭はたちまち崩れ、後ろの列がその上に次々と折り重なって先頭を押しつぶしてしまいます。時には機動隊員が一番下になっている学生を引き出す必要がある始末です。ジグザグ・デモを潰すには極めて有効な戦法でした。しかし、デモのやり方は少しも変わりません。本気で対策を考えた形跡もないのです。反共産党系の数少ない売り物の一つだったからです。何もしない民青の「お焼香デモ」はどこかダサく、道路交通法を無視し、機動隊の規制を果敢に跳ね除けようとする「ジグザグ・デモ」は何となくイケテル感じがありました。民青シンパなのに、デモだけはこっちに加わる九州者の同級生もいたほどです。長い間の惰性で、することやその結果が分かっている安心感もあります。警察と取り決めた訳でもないのに、仕置きや作法は明らかでした。ジグザグ・デモをすると指揮者だけが道路交通法違反で逮捕され、名前と住所以外を黙秘して二泊三日の留置所暮らしをします。二日目の朝には定年間近の警官が洗面所に連れ出し、タバコを勧めるのだそうです。「わしにもあんたと同じ年頃の息子があってなあ」としみじみ語りかけるノウ・ハウまで出来上がっていました。内緒だから吸い殻は洗面台の排水口に流すようにと最後に指示する芸の細かさです。没収された指揮棒は間もなく川端警察署の向かいの荒物屋に姿を現し、買い手が現れるのを待ちます。今から思えば何から何まで様式化された大掛かりな異議申し立てのパフォーマンスだったのです。それでも、デモの先頭に立つのは大変でした。

その夜のデモは鮮明に覚えています。指揮者の両側を固めるサブの一人が増田さんでした。僕が先頭の中央、一つ外側が川村さんです。いつもとどこか様子が違うと思い、顔を見ると度の強いメガネを外していました。各党派の旗持ちが前と左右につきます。指揮者や最前列の者が顔写真を取られないよう旗で死角を作るのです。カメラを構える私服警官との小競り合いがよく起こり、突き飛ばされたり、蹴られたりは毎度のことでした。先頭にいると旗に囲まれて周囲が全く見えません。旗を通して装甲車の投光機が強い光を浴びせ、大型スピーカーが最寄りの警察署長名で絶えず警告を繰り返します。いつもと違い、シュプレヒ・コールが後ろから聞こえてきます。間もなく笛が鳴り、ジグザグ・デモに移るはずでした。腰から下の力が抜けていく感じを味わいます。とうとう、長く笛が鳴りました。指揮棒を抱え込んで体重を後ろに預けたとたん、旗と指揮者、サブが一度に消し飛んでしまいました。体でかばう者がいないと、指揮棒は簡単に抜かれてしまいます。たちまち先頭のぼくたちはつまずき、続く数列がその上に折り重なって倒れました。下敷きになって息が出来ません。肋骨が折れそうな圧力を感じながら身動きも出来ないのです。怖いと思う暇もないのが幸いでした。機動隊員に頭を蹴られます。顔を下げると今度は踏み付けてきます。しばらく我慢していると、「おい、大丈夫か」と心配そうな声が掛かりました。ほっとして上がりかけた顔をハンディ・マイクが一撃します。実に念の入った手口でした。そのうち、誰かがぼくの頭を抱えて列から引っ張り出し始めます。道路の中央にぼくを連れ出した相手は顔を確かめて驚いた様子でした。「大丈夫か」。今度は本気で言っています。ぼくの頭を抱える手を解くと言いました。「気をつけろよ」。着ているのはカーキ色のコート、紛れもなく私服警官でした。どうやらデモの指揮者と間違えられたようです。

道路の真ん中で放り出され、元のデモ隊と合流するのにかなり時間が掛かりました。機動隊の人垣は越えられません。デモ隊の切れ間を抜けて歩道に渡り、追いかけて歩道側から隊列に入るしかないからです。歩道を走って女性メンバーや川村さん、増田さんを見つけました。ジグザグ・デモの先頭に立つ気持ちを川村さんに話します。「知らないと怖いものだ。知るとたいしたことはないだろう」。川村さんの言うとおりでした。笛が吹き鳴らされるまでの強い不安と恐れはとっくに思い出せなくなっています。幾度か先頭に立つうち、下敷きになったときの心得も自然に覚えました。体を捻って圧力を肩で受け止めればいいのです。肋骨を折りかねない圧力が和らぎ、息も楽に出来ます。そうなると底知れない恐怖感がにわかに薄れるのです。指揮者と間違えられることは二度とありませんでした。増田さんはにやにや笑いながら言います。「突き飛ばされてしもて…」。確かに見る限りではその通りでした。しかし、本気で指揮棒を守ろうとしなかったのも事実です。そこがなれなれしく話しかける増田さんの信用できないところです。

よく考えると増田さんは組織がぼくにつけた教育係だったのでしょう。最初のうちクラス回りはたいてい一緒でした。思想教育や実践訓練で有能な教師だったとは思えません。私生活の上では変わった教師でした。下宿に遊びに行ったとき、噂にだけ聞いたマルキ・ド・サドの『悪徳の栄え（正）（続）』を貸してくれたのです。身も蓋もない強烈なセックスの話なのに不思議と嫌な感じを受けませんでした。そこが渋沢龍彦の翻訳の腕前なのでしょう。嫌らしさでは最近の週刊誌に載る官能小説のほうがずっと上だと思います。

活動家の一日は普通なら単調なものです。朝、ボックスに顔を出し、謄写版で作ったビラを手に、授業前のクラスに向かいます。ビラを配り、アジ演説をするとボックスに帰っておしゃべりをするくらいです。時にはビラの原稿を書くこともあります。謄写版に張る原紙を切ったり、ローラーを動かしてビラを印刷したりするのも日課の一つでした。それ以外はデモに参加するのと、組織が行なう研究会に加わるのが義務です。研究会はあまり面白いものではありませんでした。無理やり四トロの思想を注入しようとするものだったからです。ただ、あるときの研究会は印象に残っています。ある事件が起きたせいです。話の最中に、隣に座っていた上級生が、あ、あと呻くなりばったり倒れました。そして目を開けたまま、全身を激しく痙攣させ始めたのです。しばらくすると大きないびきをかき始めました。目は開いたままです。体に電気のコードが絡まっていたので、てっきり感電したのかと思っていたら、実は癲癇の発作でした。初めてみる者には相当異様な光景です。誰もが驚いて腰を浮かせ、ついには一人を除いてボックスの外へ出てしまいました。その場にいた二人の女の子のうち中井さんはしっかり立っています。色が白くて目の大きい東野さんは横に立っている長身の増田さんにしがみついて声を上げて泣き出しました。増田さんは小さな声で東野さんを慰めているようです。東野さんを狙う男性メンバーのうちで増田さんが優位に立ったのはそのときだったでしょう。あのときから二人の仲は急速に進んでいったようです。しばらくして増田さんは東野さんを口説き落として、下宿に泊まった話までしてくれました。お互いに初めてのセックスだったので巧くいかなかったと残念そうです。翌朝、下宿のおばさんから親御さんの手前、名前と住所を聞いておきたいと食い下がられて困ったそうです。ぼくに話すくらいだから秘密でもなんでもないと思ってしまいました。「あの話どうなりました」と人前で尋ねてしまいます。増田さんはとぼけようとします。ぼくが説明し始めると「そんな話をした憶えはない」と大慌てで否定します。東野さんは知らぬ振りをしていました。それ以来、上級生の間で「ジオンはお喋りだ」と評判が立ちます。ぼくには話していいことといけないことの区別がまだつきませんでした。

反ラスク闘争

アメリカのラスク国務長官が京都に来たのは初夏でした。アメリカで外交の最高責任者であるラスク国務長官は宝ヶ池の国際会議場で日本の首脳と話し合うとニュースは伝えています。会議で日本がベトナム戦争に協力する話も出るのは目に見えています。ラスク国務長官が都ホテルに泊まることは分かっていました。そこで近くの公園へ集まり、デモを掛けて、一挙に都ホテルへ突入することが決まります。

その日の夕方、関西全域からデモに加わる学生が続々と集まってきます。機動隊の方も関西各府県に動員を掛けていたようです。片側だけ開いた公園入り口の、都ホテル側には機動隊の分厚い壁が出来ていました。集会が終わり、デモに移りかけたとき、出口を塞がれてしまいます。隊列を整えて機動隊の壁を突破しようとしていると、大阪府警の機動隊が殴りこんできました。一見したところ半袖の夏服を着た普通の警察官の群れです。その姿で手当たり次第にデモ隊の顔を殴り、最前列の者の腹を蹴り始めます。一刻も早く都ホテル周辺から追い払うつもりだったのでしょう。その剣幕に驚いたデモ隊が算を乱して近くの通りに逃げ込むまでは読み通りです。ただ腕力一番の大阪府警機動隊は付近の地理に不案内でした。どこへ追い込めばよいか分からなかったようです。追い散らされたデモ隊はあちこちの路地を伝って、都ホテルへ通じる三条通りへ出ようとします。深追いしすぎた大阪府警の機動隊員が一人、二人と逆方向へ急ぎます。都ホテルに近いあの公園へ戻るのでしょう。孤立して、周りはデモの学生ばかりです。用心して警棒を構えている者もいます。途中で見慣れた大きなベトコン旗を見つけました。「ベトナム人民支援委員会」の女性メンバー達がいます。増田さんにも会いました。「何や、あいつら。普通の警官の格好して無茶苦茶しよる」。大阪へデモに行ったことが無いようです。

三条通りに出てからも大変でした。隊列を組みなおし、デモを始めると必ず機動隊が現れ追い払います。大通りからデモ隊を追い散らすと、あちこちの路地に逃げ込んだ小グループが幾つもの小さなデモ隊になって思わぬ所から現れるのです。まるでモグラ叩きです。警察側はこちらが正面突破を避け、計画的にゲリラ戦法を採ったと思い込み、ずいぶん慎重に対応したようです。しかし、実態はずっと他愛ないものでした。何の計画もなく、全体の動きを指揮した者はいません。ただ、京都に住む者なら誰でも都ホテルの方向を知っていました。「都ホテルはこっちだ」と言えば付いてくる他府県の学生がいくらでもいたのです。だから小さなデモ隊が至る所から大通りへ飛び出してきます。中には指揮の経験もない者が率いるグループもあったようです。数人の交通警官を相手に二十人ほどが三列ほどのスクラムを組み、ジグザグ・デモを繰り広げているのを見ました。路地から出てくる学生が次々にその後ろに付き、隊列がどんどん長くなっていきます。そんなことは無用でした。一気に駆け抜ければ簡単に突破できる状況なのです。脇をすり抜けて一人で都ホテルへ走ります。やがて息が切れて歩き始めました。ほとんど街灯の無い暗い大通りは全く人影がありません。どこまで行っても辺りはしんとしています。しばらく歩くうち、五十メートルほど先から始まる路地に鈍く光る塊がびっしり並んで、かすかに揺れているのに気付きました。目を凝らすと大通りの反対側の路地にも同じものが見えます。機動隊のヘルメットらしいと気付きます。路地に隠れている機動隊は相当な数です。濃紺の乱闘服は闇に紛れて見えませんが、最後の阻止線を張る、京都府警機動隊の総予備隊でしょう。都ホテルに行くにはここを抜ける必要があります。しかし、一人で突破しようとしても機動隊に捕まるのが落ちでしょう。そうなれば人目の無いところで何をされるか分かったものではありません。しばらく考えた末、諦めて元来た道を引き返します。あの夜、都ホテルに一番肉薄したのはぼくだったのでしょうか。

都ホテルを目指す群小のグループは徐々に付近の地理を呑み込みます。訳の分からない混乱が終わると次第に三条通りへ出てきました。何とか態勢を立て直そうとしている最中に機動隊が先手を打ってきます。前後二、三段、横一列に並んでスクラムを組み、通り全面に広がって、前にいる全ての人間を排除し始めました。擦り抜けられないようにして、都ホテルと反対の方向にデモ隊を追い散らすつもりなのでしょう。いざとなればまた路地に逃げ込んでやり過ごし、大通りに戻るつもりでいました。しかし、どよめきが起こり、大通りに群がる集団の前方がにわかに総崩れになります。誰もが都ホテルとは反対の方向へ逃げ始めました。「警棒を抜いた」と言う声があちこちから上がります。集団はたちまち蜘蛛の子を散らすように散り散りになりました。デモに加わった者は都ホテル付近から残らず締め出されてしまいます。都ホテルに向かう気力はもう誰にもありません。反共産党系党派が企てた大規模な抗議デモはとうとう終わりを迎えます。東山三条近くには他府県の学生がひしめいていました。引率して来た者にはぐれ、ターミナルへの道はわからず、帰ろうにも帰れないのです。足を止めて眺める通りがかりの見物人なら歩道に溢れるほどいました。しかし、話しかけると、関わり合いになるのを恐れて離れて行きます。他府県の学生から三条京阪はどっちかと幾度も尋ねられました。帰りの交通費を持っていない者さえいたのです。バスで行くので交通費は要らないからと誘った党派があったのでしょう。無責任極まりない動員です。

家庭教師

ヒゲの斉藤さんが家庭教師の口を紹介したいと連絡して来ました。室井さんに連れられて斉藤さんの部屋に行きます。路地の奥にある安アパートの一室でした。室井さんが声を掛けるとしばらく待ってくれと斉藤さんが中から答えます。しばらくしてドアを開けたのは見知らぬメガネの女の人でした。斉藤さんの奥さんだと紹介されます。小柄で色の白い、どこか中近東風の顔立ちの人でした。部屋の真ん中に座る斉藤さんはズボンにランニング・シャツ姿です。つい先ほどまで二人は昼間から裸で抱き合っていたのでしょう。メガネの奥さんは大阪の女子高校で非常勤講師をしています。そこへ家庭教師の口の引き合いがあったらしいのです。高校の所在地と最寄り駅、講師控え室を尋ねる日時を教えられました。室井さんは早々に話を切り上げ、帰ろうとします。ぼくも後について部屋を出ようとしました。メガネの奥さんがドアまで送ってきます。そして、さりげなくぼくの肩に手を掛け、すっと身を寄せながら囁くように言いました。「間違えないでね」。思わずどきりとします。おしゃべりなぼくへの口止めだったのでしょう。

約束の日に大阪の女子高校へ行きます。学生服に替えズボン姿だったでしょう。当時のぼくの一番ましな姿でした。受付で講師控え室へ行きたいと告げると、部屋と言うより廊下の隅を仮設の板壁で仕切った一角に案内されます。居心地は見るからに悪そうでした。ドアを開けると斉藤さんの奥さんがイスに腰掛け、タバコを吹かしています。少しいらいらしているようでした。目の前の細長い机には小さな灰皿と世界史の教科書が一冊置いてあります。ぼくの姿を見ると「行きましょう」と声を掛け、タバコの火を揉み消して腰を浮かせました。歩きながらメガネの奥さんから簡単な説明を受けます。教える相手が高校二年生であること、勉強に付いて行けないわけではなく、英語をきちんと教えて欲しいと思っていること等を知ります。引き合わされた相手は野暮ったい制服に身を包んだ、もじゃもじゃ頭です。どこか暗い感じのする女の子でした。声を掛けても何も答えず、無表情な顔のまま軽く会釈するだけです。初対面の印象は良いものではありませんでした。これで本当に大丈夫だろうかと思ったのを憶えています。不細工で頭の悪い「ダサい」女の子と見えたのです。「祭」という珍しい姓でした。

数日して、家族で工務店を営む祭さんの家へ行きます。父親は既に亡く、四十歳を越えた長男が店主を務めています。どこか陰気な感じの人で、絶えず窺うような目付きでぼくを見るのが気になりました。女の子は一人娘で末っ子です。同志社大学を出て数年目のすぐ上の兄さんは明るくて感じのいい人でした。お母さんはもうおばあさんと呼んでいい年齢です。一家そろってクリスチャンです。二階から降りてきた女の子は学校で見た姿とは全く印象が違いました。Gパンに黄色いポロシャツを着て、ひどく明るいのです。制服姿では奇妙に見えたもじゃもじゃ頭もそんな衣服にはよく似合います。二階に上がり、女の子の部屋でお喋りが始まると実によく笑いました。ついには加山雄三が好きだといってウクレレを弾き、「君といつまでも」を歌ってくれるのです。学校で感じた心配は全くの杞憂でした。それから二年間、京阪電車の淀屋橋駅に近い祭さんの家へ週に二回通います。ぼくが真面目な苦学生に見えたらしく、本当に良くしてもらいました。女の子の学力は予想したよりずっと高かったといえるでしょう。少し手伝ってやれば「クマのプーさん」や「プー横丁にたった家」が英語で読めたのです。もしかすると、女子高に通っているため、ハンサムなお兄さんのような家庭教師が欲しかったのかもしれません。そうだとすれば、ハンサムという望みだけは叶わなかったことになります。

活動家の休日

前期の終わる七月初めに英語二教科、ドイツ語二教科の試験がありました。「四トロ」では活動家のぼくも一週間前から休みになります。当時のぼくには自分の自由になる時間がとても貴重でした。室井さんの部屋には寝るスペースしかありません。勉強は百万遍の北にある静かな喫店でやりました。授業にほとんど出ていない点は共通でも、英語は高校で鍛えられています。幾度か辞書を引くだけでテキストを読み通すことができました。久々に内容のある長い英語の文章を読み、充実した時間を過ごします。ドイツ語は少し勉強していたのを頼りに、退屈な文法書に何とか目を通しました。訳読のテキストになると辞書を引くたびに新しい世界を垣間見ることができる感じがしてひどく楽しかったのを覚えています。どの科目でも合格点は取れたようでした。

七月中旬に語学の試験が終わると夏休みです。そろそろ他党派についていくだけの行動方針や実践活動に疑問を感じ始めていました。工場で働いて生身の労働者に接してみたい気持ちが募ります。学生部のアルバイト紹介係を通じて日本レーヨン系の「日本クロス」の臨時工としてしばらく働いてみました。世界革命の主体は労働者階級だと幾度も先輩メンバーから聞かされています。だから本物の工場労働者に接してみたかったのです。

長い間市電に揺られて右京区の「日本クロス」の工場に向かいました。紹介状を示すと、若い人事係が出てきてかなり広い会議室に通されます。簡単な説明の後、数枚の書類を目の前に置き、捺印するように言います。急かされて読む暇も無いまま判を突きました。その後で書類についての説明があります。雇用契約書、服務規定を守るという誓約書等は当然ですが、驚いたことに労働災害にあっても請求権を放棄するという念書まで含まれていたのです。次に体にあった作業服を支給されます。初日からしばらく配属されたのはキルティング用生地を造る工程でした。建物の中央にある巨大な窯に、いくつかの回転するローラーで幅広の布地を送り込む機械が据え付けられています。その上の二階の部屋で働く者が化学繊維の綿をほぐして投入口に入れます。そうして窯の中で熱を使って布に綿を貼り付けるのです。ローラーの前で布にしわが寄らないよう監視するのがぼくの仕事でした。夏に熱を使う工程で働くのですから熱くてたまりません。現場の班長にそうこぼすと二階に比べればずっとましだといいます。作業が始まって一時間もするとだれもが上着を脱いで半裸になりました。

昼食は社員食堂で取ります。右を見ても左を見ても同じ灰色の作業服姿ばかりなのは何か異様な感じです。食後は敷地内の一角にある休憩室に行きました。広い畳敷きの部屋に大型テレビが置かれ、囲碁や将棋の道具も備え付けてあります。テレビや早ざしの囲碁、将棋を楽しむ人が多い中、ぼくは寝そべって過ごすばかりでした。短い休憩はあるものの、都合四時間立ちっぱなしの作業が思ったよりも辛かったのです。

午後三時の休憩はやや長く、他の部署から遊びに来る人がいます。大学生のアルバイトは珍しかったようです。体格の良い人に腕相撲をやろうと言われたのには困りました。弱いからと断ろうとしても「胸が割れているから、意外に強いんだろう」などといい気にさせます。教室を回ってアジ演説をし、デモに欠かさず参加するうち、日焼けして体力がついていました。学生運動をしていると知らない母は、病弱だった息子が元気になったと喜んでいたくらいです。もしかしたら強くなっているのかもしれない。そう思って腕相撲の申し込みを受けます。あっという間に負けたのは高校一年のときと全く同じです。

仕事が済むと、銭湯のような広い風呂場で体を洗います。浴場の壁に装飾のタイル絵がなく、使うのが洗顔用ではなく洗濯用の石鹸だったのが違うくらいです。体は疲れ切っていたものの、思ったより清潔で安全な環境だと感じました。仕事場としては快適とさえ思ったのです。しかし、それは外見だけでした。翌日の朝、労働組合の委員長選挙を巡る大騒ぎの渦中にいるのに気付いたのです。

次の日、出勤する人の群れに混じって歩いていると、工場の入り口に、二、三十人の集団が見えます。誰もが工場の正門の両側に並び、「お早うございます」と挨拶しながら、通る者全員に手作りのビラを渡しています。文章を書く習慣が無い人の書いたものと見えて、いずれも汚い字で書かれたガリ版刷りでした。労働組合の委員長選挙の結果について、それぞれの職場が自分たちの態度と決議を載せる物です。服を着替えながら、大きな字で書かれたビラを一通り読んでいきます。つい最近、労働組合の委員長選挙が行われたようです。経営者の立場に近い候補者が有効票の過半数ぎりぎりで当選しました。それに対し、前委員長は無効票が多すぎて過半数になっていないと主張し、再選挙を要求しています。再選挙をするかどうかで労働組合は真っ二つに割れていたのです。そして、それぞれの職場単位で新委員長か前委員長を支持するビラを作り、正門のところで就業前の全従業員に配っていたのです。どうしてこんなことが起こったのか周囲の人に聞いてみます。しかし、はっきりした答えが返ってきません。口下手な人が多く、入り組んだ事情を説明するのは苦手のようでした。部外者に労働組合の内情を話すのもはばかられたでしょう。午後三時の休憩時間に遊びに来た高卒だという知り合いに尋ねてみます。分かりやすく事情を説明してくれました。「水本三治郎」という前委員長は共産党員なのだそうです。その前の委員長も「赤い人」でした。しかし、賃上げ闘争で目覚しい働きを見せた水本さんが代わって委員長になります。それ以来、経営側にとって目障りな人間がずっと労働組合を動かしてきたのです。だとすれば、今回の選挙結果が波乱を呼ぶのは当然でした。

工場で働き始めて二、三日目に、職場の班長が残業してくれないかと頼みます。あいにくその日は祭さんの家庭教師の日でした。用事があるからと断っても、デートなら別の日にすればいいと食い下がってきます。好景気の最中で注文を捌ききれないほどだったようです。事情を説明しても信用してくれません。しばらく話すうち、班長はふと我に返ったように言います。「そうか。あんたは卒業してわしの上役になる人かもしれん。無理は言えんな」。単なる嫌味には聞こえませんでした。もし、ぼくが望めばその通りになったでしょう。四十歳を超えた妻子持ちが十八歳の小僧の顔色を窺う世界…それもまた世間の一面だったのです。何か切ない思いがしました。

人手の足りないところへまわされる遊軍ですから、毎日のように配置が変わります。染め上げた布を水洗いする工程にも回されました。ゴムの長靴を履き、胸まである分厚いゴムの前掛けをつけて働きます。戦前の労働組合の無い時代を知っている六十に近い労働者がいました。休憩時間にタバコを吸いながら、しみじみと話すのです。「組合の無い時代はそれはひどかった。今の若い連中はそれを知らん。そやから会社側が『若人の会』を作り、少しおだてるとええ気になる。労使協調なんて大嘘でっせ」。そこにはアルバイトの高校生もいます。張り切りすぎて、巻いた反物を載せる台車に腕を挟み怪我をします。それを見た四十前後のチョビヒゲの小父さんの顔色が変わりました。「気をつけなあかんで。あんたらには労災保険がないんや。何年か前に高い足場から落ちて大怪我した学生がおった。そやけど、治療費は自分持ち、会社からは涙金しか出えへんかったで」。思いがけない話です。そういえば捺印した書類の中に労災保険の対象外となることへの同意書がありました。

やがて会社側は前委員長の水本さんに別の部署へ移れという辞令を出したようです。すぐに配置転換を非難するビラが出回り始めます。再選挙と配置転換を巡り、正門前のビラ合戦は毎日続きました。ビラを手渡す者の中には幾人かの顔見知りが混じるようになります。一体どうなるのかと思いながら事態を見守る日々が続きました。ある日、掲示板の前に人が集まっているのに気付きます。張り出されているのは会社側の声明でした。前委員長を別の部署に移すのは適材適所の会社の方針に過ぎないと突っぱねる内容です。顔見知りの二人もそれを読んでいます。その朝、二人で前委員長派のビラを配っていました。どちらもせいぜい十代半ば過ぎに見えます。一人が言います。「会社は本気なんや。俺もう怖いわ。こんなことやめる」。もう一人が止めるのもかまわず、その場を離れようとします。ぼくと目が合うと聞くほうが悲しくなるようなことを言いました。「学生さん、わし阿呆やから、どうしてええか分からへん。しっかりマルクス経済学勉強して、わしに教えてや」。

騒ぎの渦中の人、前委員長の水本さんの顔も覚えます。大きな体の人でした。風呂場で声を掛けて見ます。どこの大学かと尋ねられ、京大ですと答えると話は思わぬ方向へ飛びます。「六〇年安保のとき、京大で話したことがあるんですわ。『わしらの力とあんたらの学問が一緒になればどえらいことが出来る』。今でもそう思うてます。しっかり勉強してください」。どうなっているのか尋ねるぼくに、自分の側から見た事情を説明します。「会社はトラックの運転手をせえと言いよる。わしに組合活動させん気です。本社から来た専務は社長の弟でしてね。東京の組合潰しで名を上げた男ですわ。何年もかけて子飼いを育てとるんです」。大変ですねと言うと、しっかりした声が返ってきます。「このくらいでは参りまへんで」。頑張ってくださいと声を掛けるのがやっとでした。

問題の専務にも会います。その頃、「日本クロス」は通気性のある合成皮革を開発し、その将来に期待を寄せていました。確か、「アイカス」という商品名だったと思います。その製造部門に姿を見せたのです。やがて主力商品となるものの製造を君たちに任せている。この騒ぎを気にせず仕事に専念してほしい。実に堂々とした態度で訓示します。こちらも水本さんに劣らぬ大男です。組合側と経営側の代表者は何か桁外れの強さを持っているように見えました。ぼくには逆立ちしても勝てそうに無い人間です。短いぼくの工員暮らしが終わる頃になっても決着は着かないままでした。ただ、自分が左翼であり続ける理由をあそこで見つけたような気がします。当時も有名だったマルクス経済学者、向坂逸郎の言葉を借りるなら、「社会主義者の魂」がぼくの心に宿ったのです。革命運動から抜けようという気持ちが薄れていきました。

党派の間で

警官事件のしばらく後、教養部構内で「北小路敏講演会」がありました。中核派が盛んに宣伝しています。それまで一度も耳にしたことの無い名前です。どんな人なのか見当も付かず、三回生のリーダーに尋ねてみました。「六〇年安保当時の全学連副委員長だよ。委員長は唐牛健太郎だった。しかし、前の年の冬に羽田空港突入闘争をやった時からパクられたままになっている。次に書記長の清水丈夫も逮捕された。そこで、急いで京都から上京した副委員長の北小路が、ずっとあの安保闘争を指導したんだ。今は中核派の幹部になっている。そうそう、お前の先輩に当たるのかな」。京大の経済学部出身という意味でしょう。唐牛という名前には聞き覚えがあります。安保闘争の後、あれだけの人間を動かせる器だからとある一流企業が北海道支店長に抜擢して話題になりました。もっとも、たちまち馬脚を現して首になったとも聞いています。すると、北小路敏こそは安保全学連の事実上の委員長…期待が高まりました。リーダーはにやりと笑いながら続けます。「背の高い男前だぞ。奈良女子大学で講演したときは凄かったらしい。気位の高い奈良女の女子学生たちが北小路の姿を見ると、一斉に『キャー』と黄色い歓声を上げたんだ。名前もいいよな、まるで御公家さんだ」。もう本気で講演に行く気になっていました。

講演会が行われたのは教養部グラウンドに接してぽつんと立つ古い木造教室です。いつも教養部自治会の代議員大会が開かれる場所でした。現れた北小路は色こそ黒いものの、確かに長身の好男子です。落ち着いた声で六〇年安保の頃の思い出話を続けます。やがて七〇年に言い及ぶにつれて、ぼくには妙に気がかりな言葉が続きます。講演の後に質問の時間がありました。北小路はどの質問にも丁寧に答えていきます。ぼくも手を上げて尋ねてみました。「あなたの言うことを聞いていると、六〇年と同じように七〇年を闘うつもりらしい。だったら、また負けるだけではないか」。六〇年安保の栄光の指導者は一瞬言葉に詰まったように見えました。そこまでぶしつけな質問をする者がこれまでいなかったのでしょう。六〇年安保の神話にも新左翼の伝説にも全く無縁の素人だから言えた言葉です。食い下がってみたものの、ぼくが納得できるような明確な答えは返ってきませんでした。ただ、そのせいでぼくは一回生の中で目立ってしまったようです。新メンバーのリクルートに必死だった新左翼の各党派から何かと声を掛けられるようになります。

ブントの「白森」さんともう一人が、サークル活動への勧誘という名目で大阪の家まで押しかけてきたことがあるそうです。わざわざ京都から尋ねてくれた先輩をもてなすため、缶入りピースの封を切りながら母は言ったそうです。息子は別のサークルにもう入っています。室井さんという名前の先輩の部屋によく泊めてもらっていますよ。そう母から聞いて何もかも事情が呑み込めたのでしょう。それ以来、顔をあわせるたびに、顔見知りのブントの活動家が呆れたように言います。「新入生を寮に泊り込ませるなんて。レフトは恐ろしいことをするよなあ」。よく事情も分からないまま、ぼくは命懸けの革命運動に加わっているつもりになっていました。先輩の寮の部屋に泊めてもらうことの何が恐ろしいのかよく分かりません。ブントは早々とリクルートを諦めたようです。

それとは対照的に、中核派は執拗に追いかけてきました。顔見知りの活動家に続いて声を掛けてきたのは学生組織、「マルクス主義学生同盟」を指導する上部組織の幹部です。大学近くの喫茶店で正午過ぎから五時過ぎまで散々にやり込められました。政治活動の素人と玄人の議論なのですからどうにもなりません。ただ、言い負かされても中核派に移る気が起こらないのです。政治活動から抜ける気にもなりませんでした。理由は簡単なことです。「うちに入らないなら君を潰してみせる」と言う相手の言葉に反感を持ったのです。一の矢で落とせないとなると、二の矢がつがえられます。十年ほど前まで、武力革命を目指す革マル派と四トロは同じ革命的共産主義者同盟でした。日本で何をするかを巡り、独自の政治運動をしようとする革マル派が四トロから分かれたのです。六〇年安保の中心だったブントは間も無く分裂し、北小路敏を含む相当数が革マル派と合流します。しかし、前衛党建設を最大の課題とし、他党派との共闘を拒む革マル派と大衆運動重視で他党派との共闘を拒まない中核派はやがて分かれました。四トロからは世界革命を起こすため、日本で何かしなければいけないと考える部分がトロツキーとトロツキー派の文献を読む以外、何もしようとしない本流から次々に離れていきます。その一つ「赤い旗手」は後に中核派と合流しました。その一員だった人まで家に訪ねてきて近くの屋台に誘い、ぼくを説得しようとします。部内者だっただけに四トロの弱点を突く言葉は鋭く、たじたじとなります。しかし、宗旨替えをする気は起こりませんでした。もう筋の通った議論や美しい言葉を簡単に信じられなくなっていました。今ならこういうところです。「美しい言葉には嘘がある」。それに中国の核実験や南ベトナムの民族解放戦線を支持する気持ちは理屈抜きの信条でした。言い負かされて心を入れ替える類のものではありません。さらに、その頃、毎日の活動で中核派がやっていることは四トロとさして変わりませんでした。強引さで中核派がやや目立っていたくらいです。目に付くほどの違いはまだ反共産党系の党派間に無かったのです。それに、共産党系を異常に憎むブントや中核派に比べ、四トロには、共産党系も同じ左翼だという意識がまだ残っていました。

当時、活動家の間で「消耗」という言葉がよく使われました。元気を無くして、ボックスに顔を見せなくなるのを「消耗」と呼ぶのです。夏休みが近くなってもブントの消耗はひどいものでした。四トロも二、三回生の消耗は相当なものです。はっきりした政治目標も無いままビラをまき、アジ演説を繰り返す自転車操業の日々を送っているうち、こんなはずではなかったのにとぼくも思い始めます。「世界革命」、「武力闘争」という立派な主張と、ちまちました毎日の活動の乖離は甚だしいものでした。活動家としての初舞台を警官侵入闘争で踏み、続いては自衛官闘争を経験しています。大衆運動を起こすのに不可欠な、熱気のみなぎる大学の雰囲気はいつでも生まれると思っていました。だから、何を訴えかけても手応えの無い時期が長く続くと、ぼくも日々の活動に虚しさを感じるようになります。残り少ない「実践家」部隊の崩壊を食い止めるため、夏休みに連続三日の読書会がありました。口喧しい古参メンバーの一人高村さんがお目付け役を勤めます。読んで要約し、報告する文書をそれぞれに割り当てるゼミナール形式です。コミンテルンの「三二年テーゼ」がぼくの担当でした。当時の日本共産党が掲げる綱領の元になっているから調べて置けといわれます。青木書店の文庫本に「日本に関するテーゼ集」があります。渋々それを読んでいき、「二七年テーゼ」を読み終えたあたりで嫌になってしまいました。ああ、こういうことかと感覚で納得できない理屈や理論は昔から大嫌いです。「二七年テーゼ」に出てくるのは一方的な断定ばかりでした。無条件に受け入れないなら、全面的に無視するか拒否するしかない文書なのです。ただ、後に起こる歴史上の重要な事件を幾つも言い当てていました。三一年の満州事変、三七年の日華事変、米、英、蘭を相手に四一年から始まる太平洋戦争まで視野に入っていたのです。「二七年テーゼ」を要約して報告し、高村さんから大目玉を食らいました。「二七年テーゼ」と「三二年テーゼ」は天と地ほども違うというのです。なぜ二つのテーゼの違いがそんなに大事なのか当時のぼくには分かりませんでした。今から思うと、日本で革命を起こそうとする「純正トロツキスト」の唯一つのよりどころが「二七年テーゼ」だったからでしょう。

戦前の「共産主義インターナショナル」、通称「コミンテルン」はモスクワに本部を置き、各国共産党はその支部とみなされていました。軍隊で前線部隊が後方の司令部の命令に従うように、各国共産党はモスクワの指令に従ったのです。モスクワから各国共産党に与えられた指令集は「テーゼ」と呼ばれました。情勢を分析して要約し、追求する政治目標を指令しています。四トロは「二七年テーゼ」をトロツキーの主張に近いものとして評価していました。天皇制を倒し、寄生地主制を廃止する革命が始まれば、ロシア革命のように一気に社会主義政権を樹立する革命にまで進んでいくと予想していたからです。それが世界革命の序曲になるはずでした。この見通しは「一段階革命論」と呼ばれます。反共産党系の党派は例外なく「一段階革命論」です。共産党は「武力革命」に訴えようとする者を「トロッキスト」、必ずしも武力を使う必要は無く、選挙で多数派になったり、労働組合を中心とするゼネラル・ストライキを組織することで社会主義政権を樹立する道があると考える者を「修正主義者」と呼んでいました。そして、「修正主義者」は自分たちの戦略を一括して「構造改革」と呼んでいたのです。かつての自民党政権の首相、小泉純一郎が盛んに使っていた「構造改革」という言葉も、元をただせば古い左翼用語なのです。それを知って笑い出す人もいるでしょう。時のたつのは速いものです。

「三二年テーゼ」による見通しはこれとは全く違います。まず、封建制度を倒す革命が起ることになっています。労働者は農民と共に資本家が指導する反封建勢力になるはずでした。その後、資本主義が発展する中で社会主義革命の条件が整います。こうして、社会主義革命が現実の課題になるというのです。この予想は「二段階革命論」と名付けられていました。四トロにひどく評判の悪いテーゼです。ソ連の利益を守るため、各国共産党の手を縛る結果になったテーゼだからです。スターリンの意向を受けて作られたものでした。当時の日本共産党が掲げていた「民族民主革命」がそれを踏襲しているのは歴然としていました。

読書会の効果も無く、三回生以上のメンバーの脱落は続きます。姿を見せなくなった知り合いのメンバーが次々に除名されていきます。数年前に四トロから相当数の「実践家」グループが「青年インター」として分かれていきました。東京には三多摩地区で中小企業の労働組合を基盤にしている太田竜のグループがあります。実力行動主義の太田派と評論家臭い「関西派」の仲がかなり険悪になって行きます。太田派は「実践家」中心のグループでアナーキストとも付き合いがありました。やがて四トロから抜けて行きます。四トロの組織は危機を迎えていました。

京大で四トロの「実践家」はいよいよ乏しくなります。それでも上部組織の再建は徐々に進みます。上からの締め付けが厳しくなるにつれて、息苦しさを感じるようになりました。革共同のメンバーに昇格したらしい川村さんが幾度も「組織決定だ」と言うようになります。政治組織というより同好会のような性格の強かった四トロは変わり始めました。ブントの一翼を占め、時に批判しながら多数派についてゆくやり方は通用しないと気付いたのでしょう。しかし、日々の活動で独自の党派色を出すには到りません。掲げる大義に共感しても、そのために毎日こんなことをしているとは思えなくなっていきました。ぼくも「消耗」し、魂の抜けたような毎日を送ることになります。大学へ行っても、うっかりすると四トロのメンバーに見つかってボックスへ連れ込まれるのが落ちです。自然と家に閉じこもるようになりました。大学へ入る前から企業や官庁に就職する気はありません。何となく大学に残れたらいいなと感じていた位です。しかし、世界を変える革命運動に身を投じることは正しいと信じるようにもなっていました。どうしていいのか分からないまま「消耗」が数カ月続きます。結局、別の生き方を見つけられないまま、気まずい思いで政治組織に復帰しました。ベトナム戦争が激しくなり、既にアメリカは北ベトナム爆撃を始めています。南ベトナムのダナンにアメリカ海兵隊が上陸し、大規模な基地を築いていました。韓国は師団単位でベトナムへ出兵し、オーストラリアやニュージーランドも申し訳程度の兵力を派遣します。日本が派兵するのは時間の問題に思えたのです。中国では文化大革命が始まっていました。間も無く全世界が変わる。その予感だけは変わらなかったのです。

久しぶりにボックスへ顔を出してみると、新しい顔ぶれがいます。二回生と一回生の男でした。二回生は川村さんと同じ文学部の国史学科、恐らく川村さんがオルグしたのでしょう。当時、説得して組織に入れることを「オルグ」と呼んでいました。「組織」を表すドイツ語の略称です。僕と同じ一回生は法学部でした。無闇に元気な男で、細かいことにはこだわらない性格のようです。上から降りてくる方針にも違和感を覚えないようでした。仲が悪かったわけではないけれど、親しいとは言えない「同志」でした。ベトナム反戦運動が次第に盛り上がって行く時期です。年末には反共産党系のブント、中核派、社青同「解放派」が、後に有名となる「三派全学連」を作ろうと「全学連再建大会」を開きます。革マル派は六〇年安保以来の「全学連」を名乗っていました。共産党は民青「全学連」の再建を済ませています。立ち遅れた党派はいずれも「三派全学連」に合流しました。「四トロ」は非公然組織である、社会党に潜り込んだ部分の名前を名乗って社青同「国際派」として参加します。ぼくの行かなかった「再建大会」で思わぬことが起こったそうです。東北地方で孤立したまま組織を維持してきた秋田大学や山形大学の「四トロ」と連絡がついたのです。安保全学連が崩壊した後、関西や関東の「四トロ」と全く接触がなかったグループでした。六〇年安保闘争に先立つ勤務評定反対闘争の頃、全国の教育大学や教育学部で「四トロ」は相当な勢力を持っていました。その時代からの生き残りがわずかながら東北地方にいたのです。言葉使いや考え方は革マル派そっくりでした。どちらの大学でも反共産党系の主流派は革マル派です。主流派と一線を画し、その強引なやり方に反感を抱く者を「オルグ」するというやり方だけは共通だったのです。

「三派全学連」の委員長は最大派閥のブントから選ばれました。姓と名前を略して「ナルチュウ」と呼ばれる大柄な男だったのは覚えています。第二勢力の中核派からは小柄な秋山勝行が副委員長になります。当時はまだ全国に名を知られた活動家ではなく、ほとんど無名の存在でした。ブント、中核派に比べずっと小勢力の社青同「解放派」、通称「青解」は役員を出していなかったかもしれません。ブントや中核派は全国的な政治問題を掲げて学生を扇動し、街頭に駆り出すのが常でした。そのためなら手段を選ばないところがあります。早稲田の大口昭彦が率いる「青解」はそんな両派を「学生運動官僚」と呼び、一線を画していたからです。翌年春に開かれた「三派全学連」の「定期大会」にはぼくも参加します。ブントは崩壊した安保全学連の最後の大会から数えようとしました。しかし、中核派はその後も革マル派と分裂するまでは正当な大会だったと主張します。両派の折り合いが付かず、回数抜きの「定期大会」という呼び名になりました。にわか作りの寄り合い所帯ですから、何かというと会場で殴り合いが始まります。御丁寧に黒い皮手袋をはめて、自分達とは関係の無い喧嘩に割り込むのを楽しみにしているグループまでいたのです。各党派は殴り合いに備えてヘルメットや軍手を準備しています。自分達の主張を認めさせたり、相手に妥協を迫る手段でした。とりわけブントと中核派がこの方法をよく使います。「四トロ」も一度やりました。中央大学の行動隊長が声を掛けます。渡されたヘルメットを被ろうとしたら、一喝されました。「馬鹿、こうやって使うんだ」。ぼくの手から引ったくったヘルメットで、いきなり相手の顔を無茶苦茶に殴り始めたのです。少人数で相手に威圧感を与えようとすればその程度の手荒さは必要でした。しかし、東京の連中の荒っぽさに呆れてしまいます。

総評が「反戦青年委員会」を作ったのはいつか知りません。アメリカのラスク国務長官が京都に来た時期より後だと思います。総評傘下の労働組合員を組織した「反戦青年委員会」は行動力があり、ベトナム反戦運動の中で大きな意味を持つ存在でした。「三派全学連」との共同行動を厭わなかったからです。実際に動かしていたのは反共産党系の各党派が潜入させたメンバーだったかも知れません。「全学連定期大会」でそんな一人が発言しました。八幡製鉄所の労働組合に所属する中核派の活動家です。「主義、主張に違いがあるのは仕方がない。だが政治目標が同じなら共闘を続けてほしい。資本の側からの攻勢が強まれば、労働現場の我々はあの共産党とすら共闘することがあるのだから」。三十過ぎに見える男が語ったその言葉だけが奇妙に印象に残っています。共産党系と反共産党系の学生がいがみ合う大学では、決して聞いたことのない言葉でした。

「ナルチュウ」の委員長時代はすぐに終わります。当時、政治課題を掲げて街頭行動に動員するだけでなく、民青の向こうを張って具体的な要求を掲げ、大学の経営陣と「団交」（団体交渉あるいは集団交渉）するのが流行りました。早稲田大学の学費値上げ反対闘争辺りから目立つようになった手法です。ブントがやった明治大学の団交で、思わぬ事件が起こります。交渉が行き詰まり、徹夜になりそうになると、大学側はためらわず機動隊を導入しました。団交の会場にいたのは半分近くが他の大学から応援に来た三派の活動家だったようです。その多くが逮捕されてしまいます。中核派はこれをブントの不手際として「ナルチュウ」の追い落としに利用しました。

代わって委員長になったのが中核派の秋山勝行でした。「三派全学連」が勇名を馳せた時期に一躍有名になる男です。一度、間近で見たことがあります。デモの前夜に決起集会がありました。舞台に居並ぶ「三派全学連」の幹部が肩を組み、体を左右に揺すりながら、インターナショナルの大合唱が始まります。会場に林立する赤い自治会旗や党派の旗が振られ、身の引き締まる思いを味わいました。翌日は国会議事堂の脇を通る長いデモ・コースを歩きます。恐らく、六〇年安保で死んだ樺美智子さんに関連のある統一行動だったと思います。当時、ヘルメットを被り、タオルで覆面をする者が少数ながらいました。警視庁の機動隊員はそんな姿を見つけるとデモの隊列に遠慮会釈無く割り込んで来て、覆面を引き剥がすのです。証拠写真を撮る邪魔になるからでしょう。京都府警機動隊にはどこかのどかな雰囲気がありました。それに比べ、警視庁機動隊は何か殺気立った雰囲気を持っています。指揮官の統制が行き届いているので、大阪府警機動隊のように隊員が最初から暴走することはありません。しかし、一旦命令が下れば、徹底して圧倒撃滅にかかるのです。東京ではデモ隊が投石するのは毎度のことらしく、大きな防石ネットを用意していました。腕に覚えのある機動隊員はたった一人でも平気でデモ隊に突っ込んできます。それに対し、デモ隊の側には石どころかバス停の重たい標識を投げ付ける者までいたのです。たかだか二、三キロの京都のデモ・コースに比べ、東京のデモ・コースはどこまで歩けばいいのか見当も付かないほど長いものでした。自分がどこにいるのか、国会議事堂がどこにあるのか分からないまま、デモ隊にはぐれないよう懸命に歩くだけです。途中に高くて長い頑丈な塀が延々と続く場所がありました。その向こう側が国会構内だったと後になってやっと知る有様です。デモの最終地点になる駅で一騒ぎありました。なかなか解散しないデモ隊を機動隊が力ずくで追い払おうとします。荒っぽい機動隊の規制に押され、デモの集団は崩れ掛けます。そのとき、目の前の乗車券の売場にある狭い棚に飛び乗り、「学友諸君、全学連の名誉のために結集してくれ」と射るような目付きで叫んだのが秋山勝行でした。近くで見ると、やせて小柄な男です。体付きに似合わず、異様な迫力を漲らせた表情としっかりした声でした。おかげで散発的な反撃が組織だったものになり一方的に追い散らされる醜態だけは免れました。

あの頃、JRは「国鉄」と呼ばれていました。「日本国有鉄道」の略称です。東京へ行くのに新幹線を使うのは今なら常識でしょう。在来線に直通で東京へ行く列車はないからです。運賃が高く、特急料金が安いのに、わざわざ在来線を乗り継いで東京へ行く粋狂な人がいるとは思えません。しかし、四十年前は運賃が安く、特急料金が高い時代でした。それに東京への直通列車が一日に一本だけあったのです。学割を利用して乗るのは行きも帰りも各駅停車のその夜汽車でした。東京から帰る車内で派手な銀ラメの衣裳を身につけた中年の女たちと一緒になることがあります。化粧や物腰からすると都落ちするホステスのようでした。今なら「お水」といえば高収入の女性の代名詞です。しかし、当時の「お水」は新幹線の特急券を買う余裕すらない、貧しい人々だったようです。それでも、好奇の目を向ける周囲の男たちに見向きもせず、愛想笑いすらしません。もう若くはなく、衰え始めた容色を精一杯の厚化粧で誤魔化して見栄を張る姿はどこか哀れに思えました。

この頃、「青解」との接触が始まります。それまで青解のメンバーは農学部の加藤だけで、寮内の地味な活動を除けば目立った動きをしていません。京大に青解の拠点を作るには「実践家」が是非とも必要だったのです。そこで、早稲田の第一法学部から青解の学生運動組織を作るためオルグが派遣されて来ます。加藤の義理の兄に当たる人でした。ぼくは「全学連定期大会」の会場入り口で売っていた青解の文献を手に入れ読んでいました。「大学は労働力商品の生産工場である。大学教育とは未来の労働力商品が自分の付加価値を高める作業だ」。全くその通りだと思いました。こういう見方に基づくなら未来の労働力商品が行なう学生運動と、現在の労働力商品が続ける労働運動との連携の道を探ることもできるように思えます。ブント、中核派や「四トロ」が自分たちを勝手に指導者に擬し、大衆を操作するのは当然としているのに対し、青解は違うという評判も耳に入っています。そんな時に早稲田から来たオルグから声が掛かりました。喫茶店に入り、席に座ると開口一番「君を社青同解放派にオルグしたいと思って来ました」と言われます。その率直さにひどく驚き、好感も持ちました。愛想よく笑いながら読書会やデモに誘い、真綿で首を締めるようなやり方で組織に引き込むのにはうんざりしていたのです。法螺も張ったりもない地味な話が続きます。青解は反共産党系に珍しい、まともな政治組織だという印象を持ちました。勇ましいことを言いながら、実際には他党派に遅れて付いて行くだけの「四トロ」には何も出来ないのではないか。いっそ同じ組織の「実践家」を誘って青解に移ろうと思い始めます。今から思えば、それまで「四トロ」と袂を分かった幾つもの分派が辿った道を気付かぬまま歩み始めていたのです。ぼくを含めた「四トロ」の「実践家」を前に「青解」のオルグと「四トロ」の指導メンバーが対決する場を作りました。この「造反」の兆しに上部組織の「理論家」は相当驚いたようです。滅多に顔を見せない大学院の最古参メンバーが現れました。しかし、「活動家」と「評論家」の討論は一向に噛み合いません。「食い違いの原因はどちらも相手の根本となる考え方が分かっていないせいだと思います。社青同解放派が基本とする考え方を説明してもらえませんか」、そう水を向けてみます。大学を教育工場とする魅力的な青解の解釈が念頭にありました。ところが青解のオルグは予想もしないことを言い出します。「団結すれば必ず勝てる。これが階級闘争に対する社青同解放派の信念です」。思わず我が耳を疑う言葉でした。「四トロ」の精緻な革命運動史の解釈や情況に応じた政策・戦術の議論に比べると呆れるほど簡単な話です。社会党や共産党でも同意するでしょう。ただ、誰が「仕切る」かが違ってくるだけです。「支点さえ与えてくれれば地球でも動かしてみせる」というアルキメデスの言葉と大した違いはありません。「法螺を吹かない、嘘を吐かない、逃げない」…どれもブントや中核派にはない青解の美点です。けれども、その好ましい武骨さを支える、必勝の信念はひどく頼りない物に思えました。青解に対する思い入れがにわかに衰えていきます。

名の知れた民青の活動家、湯本さんともまだ時々会っていました。「四トロ」に入る前、たまたま構内のベンチで隣り合わせた時、湯本さんが話し掛けてきたのです。「中国は経済建設の最中で、国民はまだ質素な暮らしをしています。でも、列車でたまたま隣り合わせた人達がすぐ親しくなって、数十年来の友人のように話し始めるそうです。羨ましいと思いませんか」。中国びいきのぼくが飛び付かない訳はありません。穏やかな感じの湯本さんと話が弾みます。幾度も話したのに、結局ぼくは「イケテル」と思えた「四トロ」へ入りました。湯本さんは学生運動の矢面に立つ役割ではなかったようです。民青と衝突する場面に顔を見せたことは一度もありません。しかし、時に顔を会わせても他の民青活動家のように敵愾心を剥出しにした態度で臨むことがないのです。その訳は十年以上過ぎてやっと分かりました。大学院に入って二人目の指導教官との仲がやけにこじれていた頃、本部構内の大食堂で懐かしい顔を見付けたのです。声を掛けてみました。「湯本さんですか」。驚いたことに湯本さんもぼくを覚えていました。そして、思いも掛けないことを言います。「ジオン君は、ぼくが共産党を抜けたのを知ってるの」。呆気に取られたぼくの顔を見て湯本さんの顔に笑みが拡がりました。「いかにも君らしいな」。溜め息を吐きながら湯本さんは続けます。「山崎君が羽田で死んだと知って脱党したんだ。その足で中核派の山崎君追悼集会へ行き、自分も入れてくれと頼んだけれど相手にされなかった。名うての民青の活動家だから信用しないのも無理はない。だけど、ぼくは本気だった」。恐らく湯本さんは日本共産党内の「中国派」だったのでしょう。だから、中国の核実験を支持し、南ベトナム民族解放戦線の武力闘争を支援する「四トロ」のぼくに嫌な顔をしなかったのです。もし、湯本さんの方を選んでいたならば、ぼくは「毛沢東派」に成っていたかも知れません。

後に「プロレタリア軍団」を名乗る「ボルシェヴィキ・レーニン派（BL派）」、以前の四トロ内の「太田派」のオルグが接触してきたこともあります。「一九六〇年に樺美智子さんが国会デモで殺された時は、仇を討つ気でスパナを持って東京へ行ったんだ」。そんな思い出話を陽気にする大柄な人でした。恐らく「関西派」の不満分子に残らず声を掛けていたのでしょう。関東では三多摩の中小企業に勤める労働者で作った地域労働組合の指導をしていたようです。この組合の行動隊は、御揃いのブルー・ジーンズの上下にヘルメットで出掛けます。そこで「ブルー・ジーン部隊」と呼ばれるようになりました。ブルー・ジーン部隊の噂は関西にも伝わっています。仲間と飲んで帰る時は、一人でパトロール中の警官がいないか物色するのだそうです。もし出会ったら袋叩きにして警察手帳を取り上げ、破り捨ててしまうと聞きました。まだ深夜でも警察官が一人でパトロールしている時代です。反権力意識の強い「太田竜」仕込みであれば十分にありうる話でした。新聞にこそ載らないものの、似たような事件はあちこちであったようです。深夜に数人で反戦集会のポスターを貼っているところを警官に見付かった。平謝りに謝って終わりにするつもりでいたら、「住所と名前を」と言い出す。面倒だから警官を袋叩きにして引き上げてきた。ある組合活動家から直接聞いた武勇伝です。虚弱体質の左翼学生と違い、組合活動家は腕っ節が強く、気も荒いのです。

ブルー・ジーン部隊の一人が夫婦喧嘩で吐いた科白も有名でした。「デモやストライキの支援になぜ出ていくの、一文にもならないよ」、そう女房が問い詰めます。すると亭主が胸を張って答えたのだそうです。「息子に尊敬される立派な親父になるためだ」。相手を説き伏せようとする「関西派」のインテリ臭さとは対照的に、「太田派」はブルー・カラーの誇りと意地を徹底して植え付けようとしていたようです。事情を聞いてみると無理からぬところがありました。中小企業が倒産すれば、経営者は掻き集められるだけの現金を持って姿をくらまします。未払いの賃金を少しでも取り戻したり、住んでいる寮から追いだされまいとすれば、どっと乗り込んでくる債権者の代理人を追い返さねばなりません。債権者にとって頼もしい代理人とは、他人の債権を踏み倒してでも、自分の債権を回収してくれる人間です。そうなると弁護士よりも暴力団、さらには暴力団も恐がる人間が打って付けです。そんな相手を工場の敷地に立ち入らせず、機械や製品、原料を押さえようとすれば、実力部隊が必要です。「ブルー・ジーン部隊」の本領はそこにありました。倒産した企業に女子工員が多い場合、この支援が特に必要だったようです。火器こそ登場しないものの、塹壕を掘り、有刺鉄線を張り、まるで戦争だよと「ＢＬ派」のオルグは楽しそうに言いました。ぼくも吊られて微笑します。「倒産した企業の組合を幾度も支援するうち、向こう側の顔触れもあまり変わらないのに気付いてね、何人も顔見知りができてしまう。といってまさか、挨拶するわけにもいかない。とうとうお互いの顔を見てにやっと笑う間柄になったよ」。「関西派」の中で陰気な話ばかり耳にしてきたぼくには珍しく面白い話題が続きます。ぼくの表情が思わずほころんだのでしょう。オルグが言います。「話が合いそうだ。今夜は大阪の姉貴の所に泊まる。良かったら来ないか」。その言葉を聞いて、ためらいもせずのこのこ付いて行きました。かなり傾いた木造の平屋に泊まり、生まれて初めてロール・キャベツを食べたのは覚えています。別れ際にオルグは明るい笑顔で言いました。「暫らく考えて、ＢＬ派に加わるかどうか決めてくれ」。オルグの口から「ＢＬ派」という名を聞いて、やっと我に返りました。この人は楽しいお喋りをしに来たわけではない。ぼくをずっとオルグしていたのか。オルグのさっぱりした人柄は好きになりました。しかし、トップが「太田竜」だと思うと嫌な気分になります。

実は「太田竜」に会ったことがありました。半年余り前のことです。もう「関西派」と「太田派」の仲がかなり怪しくなっていた時期です。しかし、ぼくのような下っ端に当時そんな事情は分かりません。ある東京のメンバーが西も東も分からないぼくをその夜の宿に連れていくことになっていました。ただし、その人はアナーキストのアジトに用があったのです。アジトといってもありふれた木造アパートの一室です。暑いくらいに暖房が効いていました。もう深夜で二段ベッドの上下には二人の中年男が横になっています。上の男は縮みのシャツにステテコ姿でぐっすり眠っています。下の男はベッドで体を休めているうちに、うたた寝してしまったのでしょう。

スーツ姿のまま横になっていました。部屋に入れてくれた三十代の女性はすぐ奥に戻ります。そこに置いてある和文タイプの前に改めて座りました。ぼくを案内したメンバーと低い声で話をしながら、手を休めず作業を続けます。どうやら機関誌を期限内に出すため、徹夜で仕事をしているようでした。やがて下の段に寝ていた男が目を覚まします。起き上がるとベッドの上であぐらをかき、ぼくたち二人を捉まえて、一方的に喋り始めました。ひどく感情的で、押しつけがましい言い方が気になります。「プロレタリアートにとってブルジョアジーは倶に天を戴かざる敵なんだ。憎んでも余りある敵だ。七度生まれ変わっても必ず倒すという気概を持たねばならない」。背の低い小太りの中年男がそんな呪詛の言葉を連ねる姿には、どこか異様なものがありました。延々と続く激しい言葉を聞き流しながら、心の底で呟きます。この男はまともじゃない、典型的な狂信者だ。それが「太田竜」でした。とうとう続く長広舌に眠っていたもう一人の男が起きてしまいます。口髭を生やし、髪の乱れを防ぐためネットを被っていました。初対面なのにどこかで見たような顔です。名前を聞いて、有名なアナーキストであると分かります。ただ、名前を聞いたことはあっても、一度も顔を見たことはないはずです。しばらくしてやっと気付きました。「大杉栄」の顔です。大先輩のアナーキスト、大杉栄を気取って口髭を生やし、髪型を整えていたのです。狂信者と洒落者のちぐはぐな取り合わせに不可解を通り越し、一種不思議なものを感じました。

「BL派」に入るかどうかについて迷いはさほどありませんでした。オルグの人柄の良さは地なのかもしれません。しかし、「太田竜」の薄気味悪さが気になったのです。トップがあれではたまったものではない。次第にそんな気持ちが募ります。返事をする日にやって来た「BL派」

は二人でした。一人は顔見知りのオルグ、もう一人は四十歳前後の地味な男です。初対面の男と話していると、オルグが遮ります。「そんなことはとっくに確認済みだろう。君は心変わりしたんだ。ＢＬ派に君は要らない」。感情的なところの全くない判定、見事なほどの見切りの付け方でした。即戦力になる武闘派だけがほしかったのでしょう。オルグのさっぱりした人柄もうわべだけではなかったようです。

こうして所属党派を変える機会がないまま、ぼくは六七年十月八日を迎えました。

六七年十月八日　羽田

「三派全学連」が本格的に動きだすのは六七年の春も過ぎる頃からでした。やっと全国動員を掛ける態勢が整ったのです。「新東京国際空港」の建設に反対する現地農民の三里塚・芝山連合はもうできています。東京の経済圏にあり、大都市近郊農業がうまくいっている地域でした。そこに、いきなり降って湧いたように土地収容の話が出てくれば反発するのは当然です。まして説明もなく、一方的に収容を申し渡したとなれば、まとまる話もこじれてしまいます。三派、革マル派、民青のどの全学連も三里塚からのアピールに応じて応援部隊を送り込むようになります。長く激しい三里塚闘争の幕はひっそりと上がったのです。後に起こる事態を予想した者は一人もいなかったでしょう。

「べ平連」の結成もあの頃でした。正式の名称は「ベトナに平和を！市民連合」だったと思います。一度、大学で「べ平連」の宣伝映画を見ました。「ベトナムに平和を！」のプラカードを掲げ、仲間の輪を広げようというお目出度い内容です。民青から党派色を抜いただけのベトナム反戦集団に映り、いかにも頼りない印象を受けました。後に「べ平連」は、ベトナムで戦った後、日本で休暇を過ごすアメリカ兵、いわゆるベトナム帰休兵の脱走を助けるネット・ワークを作ります。脱走兵の一人が捕まった時、それまでにも密かにアメリカ兵を国外へ逃がしていたことが分かりました。素人臭い見かけによらず、そんなに大胆なことまでするのかと驚いた覚えがあります。

後に「ノン・ポリ・ラディカル」とか「ノン・セクト・ラディカル」と呼ばれる無党派の活動家が目に付くようになったのもこの頃です。ぼくの周囲では理学部の神谷が典型でしょう。最初は中核派の「C闘争委員会」にいたのです。しかし、反共産党系の多数派を狙う中核派は、とりわけ人を粗末に扱うので有名でした。新人については、二人を手に入れるためなら、一人を使い潰しても構わないと割り切っていたようです。その体質に反発して飛び出した神谷は「反戦連合」を作ります。反共産党系の党派が一緒に組むデモ隊とは別に、独自の隊列を組んでベトナム反戦運動を始めました。面倒見の良い神谷の人柄に加えて、政治的な締め付けがないのも魅力です。次第に「反戦連合」は大きくなっていきました。ついには理学部には「S反戦」、経済学部には「E反戦」というように、学部ごとに「反戦連合」が作られ、それぞれの学部で反共産党系の有力な集団になっていきます。

十月二十一日が「国際反戦デー」になった頃から、総評や社会党もベトナム反戦運動に力を入れるようになります。「反戦青年委員会」というパートナーを得ることで、「三派全学連」も実力以上の存在感を示すようになりました。ただし、まだジグザグ・デモで「民青全学連」との違いを示す程度です。それが変わったのは六七年十月八日からでした。

当時の首相、佐藤栄作がベトナムを訪問しようとしていました。自衛隊をベトナムへ派兵する下相談ではないかとしきりに噂されます。ベトナム戦争のおかげで日本は特需景気に沸いていました。アメリカに義理立てしようという動きが自民党政府に起きても不思議はありません。だから、上部組織から下りてくる情勢分析を額面どおり受け取り、このままでは自衛隊のベトナム戦争参加も近いと信じていました。ジグザグ・デモによる抗議行動ではどうにもならない。「実力で阻止する」しかない。それにも異存はありません。ただ、どうやって「実力で阻止する」のかは想像も付かないのです。ヘルメットを用意し、全力動員で上京するようにと指示が出ます。片肺飛行中の「三派全学連」中央から上部組織へ伝えられた指令なのでしょう。

実は九月の半ばから中核派とそれ以外の党派とが別行動をとるようになっています。中核派が手に入れた全学連委員長のポストは不安定なものでした。委員長の地位を中核派に譲ったとはいえ「三派全学連」の最大党派は相変わらずブントです。恐らく中央執行委員の数でもそうだったでしょう。他の党派は強引な中核派より、変わり身の速いブントの方と相性が良かったようです。中核派にしてみれば何かの形で実績を作り、勢力を拡大したいところでした。そこで拠点の一つ、法政大学で団交を仕掛けます。団交が夜に及んでしばらく経つと、いきなり警察の機動隊がどっと入ってきました。「ナルチュウ」追い落としの切っ掛けになった明治大学の前例は半年足らず前のことです。それなのに全く警戒していなかったようです。居合わせた名立たる三派の活動家が一網打尽に逮捕されてしまいました。

「四トロ」の関東地区ではガリ版刷りの機関誌「武装」を出しています。その発行責任者だった横浜国立大の古参メンバーも団交に参加し、会場でガリ版切りをしている最中に捕まりました。機関誌を刷り上げたらすぐ全国に発送するつもりだったのでしょう。全国の同盟員の本名、住所を載せた名簿を手持ちのバッグに入れていました。自分の迂闊さを詫びるとともに、名簿を押収されたので用心してくれと言ってきます。もし地下に潜り、非合法活動をすることになれば致命的な失策になることでした。しかし、ぼく自身も含めて、周囲に危機感を抱く者はいなかったと思います。やがて非合法活動をすることになるだろうと予想する者が一人もいなかったのです。まして、その日に備える者のいるはずがありません。他党派との違いを際立たせる「世界革命」、「武力闘争」という建て前にはどこか絵空事の匂いがありました。

法政大学の事件はブントを元気づけます。「三派全学連」委員長のポストを奪い返す絶好の機会が巡ってきたからです。しかし、中核派が先手を打って組織を割りました。合同集会の呼び掛けに応じないのです。恐らく、「三派全学連」の中央執行委員会も開けなかったでしょう。これ以降、中核派とそれ以外の党派は別行動をとることになります。「三派全学連」という名前だけは残ったものの、再建半年余りで、もう寄り合い所帯は解体していたのです。

ヘルメットを手に入れるのは簡単でした。ちょうど教養部構内で何かの工事をしています。土木工事の道具を収める仮小屋がグラウンドの向こう側に立っていました。ドアは無く、盗難防止のつもりか、夜でも薄暗い明かりが点いています。シャベルやツルハシに混じってヘルメットも並んで壁に掛けてあるのです。どうやら建設会社や工務店の名前は入っていないようでした。しかも、夜の見回りなどありません。それを同じ学年の法学部の男と一緒に盗むことにしました。

数日後の深夜、あたりに注意しながら仮小屋に近付きます。近くに人影は無く、しんと静まり返っていました。用心しながら忍び込んだ小屋には弱い電灯の光を浴びて十個ほどの黄色いヘルメットが壁に掛かっています。それを見たとたん何かうきうきした気分になってきました。二人で、両手に持てるだけのヘルメットを抱え、そっと外に出ます。後は数十メートル先のボックスに運び込むだけです。うまくいきそうだと感じたとき、何か妙な気分になりました。まるでよその家の柿を盗んで逃げ出すガキ大将の心境です。見ている者などいないのに、あと一息だと思うとつい駆け出してしまいました。ほとんど足元が見えないまま、足はどんどん速くなり、ひどく楽しい気分になっていきます。ぼくは笑いをかみ殺すのに必死でした。暗闇の中で足がもつれて転び、抱えていたヘルメットを投げ出してしまったとたん、とうとう大声で笑い出してしまいます。笑いの止まらないぼくの横で、友達はぶつぶつ言いながら散らばったヘルメットを拾い上げ、ぼそりと言いました。「ジオン、お前おかしいぞ」。

翌日から、ボックスに行くと盗んだヘルメットを被るのが楽しみになりました。被って顎紐を締めると、何だか自分がひどく強くなったような気がします。「実力阻止」のこの小道具がひどく気に入ってしまいました。目と鼻の先の小屋から盗んだのですから、まさか被って外に出る訳には行きません。それでもボックスの中で被り、あれこれとポーズをとるだけでも大いに満足でした。そんなことを毎日のように繰り返し、遠足気分のままで東京へ「実力阻止闘争」に出かけることになります。

当時の佐藤首相のベトナム訪問を阻止するため、東京へ行くのに利用したのは、各駅停車で走る、例の夜汽車です。大阪外大、大阪教育大のメンバーと車内で落ち合い、話していると、通り掛かりの一団から声が掛かりました。「あれ、ジオンじゃないか」。見ると高校二年のクラスで一緒だった大山です。英語の手ほどきをしてくれた同級生なのです。当時は坊主刈りだったのに、髪を伸ばしていたので分かりませんでした。聞くと今は阪大の基礎工学にいて、民学同の動員に応じて羽田へ行くところだと言います。暫らく二人で話し込みました。第二外国語にロシア語を取ったという話が記憶に残っています。一年の初め、好奇心に駆られて入門書を買ったことがありました。キリル文字を何とか覚えたくらいで投げ出してしまいます。難しさでは、一、二を争う外国語でしょう。どうしてロシア語をと尋ねてみました。「技術関係の重要な論文は西側なら英語訳、東側ならロシア語訳して雑誌に載せる。両方できたら、いつも最先端の技術に触れていられるだろう」。米ソが宇宙開発競争に鎬を削っている時期でした。アメリカもソ連も、世界のどこで開発された技術であろうと、すぐ取り入れたい気持ちに変わりはなかったのです。さすがに大山らしい堅実な考え方だと感心します。ぼくの感想をそのまま伝えると、大山が続けます。「でも、有機化学の重要な基礎研究は、二十世紀初めにほとんどドイツでやっている。だから、今では少し後悔してるんだ」。大山の専門は有機化学のようでした。話が一段落したところで、再会を約し、自分の座席に戻ります。

今回の上京は何かいつもと様子が違いました。古参メンバー達がひどく神経質になっています。バッグに入れたヘルメットを取り出し、被ろうとして怒鳴られました。他党派も全力動員を掛けているのでしょう。大山のように穏やかで真面目なタイプまで顔を見せているのです。この夜汽車がこんなに混むのを見たことはありません。さらに、隣の客車へ続く通路には、一目で私服警官と分かる男が立ってスポーツ新聞を読む振りをしています。新聞を読んでいないのは明らかでした。折り畳んだ新聞を時々引っ繰り返し、同じ部分に何度も目を注いでいるのですから。そして、一人が府県境で下りると、似たような雰囲気の別の男が乗り込んで来ます。手にする小道具が違うだけでした。首相のベトナム訪問を「実力阻止」されては大変ですから、警察側も相当に神経を使っていたのでしょう。何かいつもとは違うと感じながら、それでもぼくのような下っ端は修学旅行気分ではしゃぎ勝ちでした。

翌日の午前中、中央大学の学生会館に何事も無く着きます。久々に東北地方のメンバーとも顔を会わせます。割り当てられた一室は各地から集まった学生で鮨詰め状態でした。それでも暖房の効いた部屋があり、毛布を借りられただけ幸運です。翌日、羽田空港へ通じる弁天橋の上で死ぬことになる山崎博昭君は、法政大学の冷たいコンクリートの床に、一、二枚の新聞紙を敷いて横になり、その夜を過ごしたと聞きます。

やがて行動隊長を務める横浜国立大学の古参メンバーが部屋に現れ、全員を前に派手なアジ演説を繰り広げました。実力で羽田空港に突入し、滑走路を占拠すると宣言します。何が待っているか予想も付かないまま、威勢の好い言葉に思わず拍手しました。三多摩の「ブルー・ジーン部隊」がダンプ・カーで警察の警戒線を突破し、滑走路へ突入する手はずになっているとも言います。それを聞いて誰もが歓声を上げました。確かにそれなら「実力で阻止」することはできそうです。今度こそ大丈夫だ、これまでとは違う。全国動員で集まった人数もこんなに多い。何となく自信のようなものが湧いてきます。最後に行動隊長は、それまでの激しい調子から一転して、落ち着いた声で訴えかけます。法政大学に結集している中核派に、明日の共同行動を呼び掛けにいこう。全学連をもう一度建てなおそう。異論の出るはずもありません。各党派の申し合わせだったらしく、ヘルメットの群れが一斉に中央大学の学生会館を出ていきます。後に「ゲバ棒」

と呼ばれるようになる、長さ二メートル程の角材を手にしている者もいました。ただし、その頃は大半が一寸角、縦横とも三センチ強の棒で、一撃すれば折れてしまいます。脅し以上の意味は無い代物でした。ブントの活動家達が殊の外元気です。ヘルメット姿でごった返すお茶の水駅の階段で、顔見知りのブントの活動家に出くわします。同じ学年の理学部で、色の黒いがっちりした体格です。向こう意気の強い男でした。いつものひどい名古屋訛りで声を掛け、通り過ぎて行きます。「あしたは頑張ろーぜ」。傍にいた中央大学のメンバーが呆れたように言います。「最近、あいつら、えらく空気入ってるんだよな」。ひどく元気だという意味のようでした。こちらの動きは偵察・連絡を担当する中核派の「レポ」により法政大学に筒抜けだったようです。中核派は殴り込みを掛けられると思い、大騒ぎしたと後に聞きました。立て看板を作るのに用意してあった角材を大わらわで切り始めたそうです。こちらも一寸角だったたでしょう。

ぴたりと閉まった法政大学の正門前に中央大学から駆けつけた大集団が密集します。代表の一人が高性能のスピーカーを使って演説しました。明日の共同行動を呼びかけます。人っ子一人見えない法政大学の構内は静まり返っており、何の反応もありません。幾度か呼びかけた後、突然スピーカーがこちらに向けられました。警察に貼りついている「レポ」から、連絡が入ったとスピーカーが伝えます。機動隊が靖国神社付近に集まり始めたという報せです。明日のことがあるから大学の外を一回りして帰ろうと呼び掛けます。スクラムを組み、指揮者の吹く笛に合わせて「実力」、「阻止」のスローガンを叫ぶ大集団が法政大学の外を一周しました。ただ、ぼくが耳にした言葉のどこまでが真実で、どこからが嘘なのかは見当も付きません。「実力闘争」の前夜に法政大学へ押し掛けた理由が今でもよく分からないのです。「三派全学連」の再統合はもう無理だと思い知らせるための大掛りな芝居だった可能性すらあります。「全学連委員長」の肩書き一つを手放したくないから、中核派は「三派全学連」を割ったのです。再統合すれば全てを失い、得るものは何一つありません。今から思えば再統合の余地など最初からなかったのです。何か割り切れない気持ちを抱えたまま、中央大学の学生会館に帰りました。

深夜、中央大学の学生会館の割り当てられた一室で毛布を被り横になります。しかし、大勢が雑魚寝する部屋は息苦しく、明日に控える「実力闘争」を思うと不安と興奮で眠れません。一人でそっと部屋の外に出てみます。ほとんど人気の無い暗い廊下に、小柄な秋田大学のリーダーの姿が見えました。上半身裸になっています。東北育ちにはこの暖房が暑すぎるのでしょう。壁沿いに並べてある長机に腰掛け、かわいい女の子に話しかけていました。しきりに右手を振りながら、何か説明しているようです。口説いているわけではなく、政治の話をしていたのでしょう。それでも口を挟むのは何となく気が引けて、少し離れたところから、黙ってみていました。それから何をしたのか、部屋に戻って横になったのは何時ごろなのか全く思い出せません。

六七年十月八日の朝、東京の空は晴れ渡っていました。三年前の東京オリンピック入場式の日と変わらぬ秋晴れです。お茶の水の駅前で初めて「ゲバ棒」を手渡されます。やっと「実力闘争」の意味が分かり掛けます。木製のベンチから引き剥がした長さ二メートル余りの板でした。しかし、幅七、八センチ、厚さ一センチ強のずいぶん扱いにくい代物です。大挙して電車に乗り込んだものの、どこへ行くのか知っている者は辺りに一人もいません。企図を秘匿するため、全員に偽の目的地が教えられていました。しかし、東京の地理に不案内な大半の者にはその偽の目的地すらどこにあるか分からないのです。幾度か電車を乗り換えます。各派の活動家は全員ヘルメットを被り、間に合わせのゲバ棒や表面に小さな凹凸のある奇妙な短い鉄棒を手にしています。コンクリートの壁を作るとき、繋ぎ合わせて芯にする鉄材のようでした。女の方はいつものデモと同じ姿です。動きやすいようズボンに運動靴を履いているのが大学で見かける姿と違うだけでした。あとは普段のように長袖のシャツやブラウスを身につけています。大半の者が「実力闘争」に加わるのは初めてで、その実態が予想もできないのです。何を用意すればいいのか、どんな心構えが必要なのか知っている者はいません。網棚に目をやると読み捨てられた厚手のマンガ週刊誌がありました。六〇年安保闘争で樺美智子さんが死んだのを思い出します。警棒で下腹部を一突きされ、内臓破裂を起こしたのが死因だという話でした。手を伸ばして週刊誌を取ります。ベルトを緩めてシャツの下に厚手の雑誌を押し込み、上からベルトをきつく締めました。警棒の一突きも正面からならこれで大丈夫と少し気が楽になります。

「次で降りるぞ」という声が前から伝わってきました。いよいよ正念場です。ドアが開くと、出口に近い者からどっと外に出て行きます。「フェンスを越えろ。フェンスを越えろ」とあちこちから声が起こりました。目の前に駅のフェンスがあり、その向こうは広い舗装道路です。左手にゆったりとループを描きながら、登っていく道路が見えました。そこにヘルメット、ゲバ棒の集団が殺到しています。地の利に明るい東京都学連の前衛部隊でしょう。その人波に混じって機動隊の濃紺の乱闘服が僅かに見えます。立っていた防石ネットが大きく揺れ、あっという間に倒れました。濃紺の乱闘服姿が、後から後から押し寄せるヘルメット、ゲバ棒の群れに飲み込まれ、見えなくなってしまいます。ホームに敷いてある砂利を幾つかジャンパーのポケットに詰め込み、ぼくもフェンスを越え、続きました。後に新聞で、電車を降りたのは京浜急行の「大森海岸」だったと知ります。羽田空港へ通じる高速道路の入り口の一つが近くにある駅です。しかし、空港からかなり離れた場所で警備地点としての優先順位は低かったのでしょう。念のために少数の機動隊が配置してあるだけだったようです。恐らく、その朝あちこちに出した「レポ」の報告から警戒の手薄な「大森海岸」を羽田空港突入の足掛かりに選んだのだと思います。高速道路に入る車を警戒しているところへ、目と鼻の先の電車の駅から「三派全学連」の大部隊が沸いて出たのですから、警備の機動隊は完全に不意を突かれたようです。指揮官を含む少数の部分が高速道路へ追い上げられ、大部分は下の道路へ追い落とされてしまいます。追い落とされた部分はどうしていいか分からず、右往左往するばかりです。自分の判断で動くな、指揮官の命令で動けと訓練されているだけに、孤立すると何をすればいいのか分からなかったのでしょう。高速道路へ向かう登り斜面から下の道路にいる機動隊員に盛んに小石が飛びます。慌てて電柱の陰に身を隠す機動隊員の姿には、どこか怯えた様子がありました。最精鋭の東京都学連ゲバルト部隊を先頭に、逃げていく僅かな数の機動隊を追い掛けます。後に分かったのですが、警視庁機動隊員は驚くほどの重装備だったのです。鉄板の入った手袋、手首から肘を覆う小手、濃紺の乱闘服の下には胸当て、脛当てを付け、被るヘルメットは全周防御の完全なものです。出動靴の爪先には鉄板が入っていて、重さ一トンの重量物の直撃にも耐えると言われていました。喚声を上げて全力で走り、追い掛けているのに一向に差が縮まりません。走る速さが変わらないどころか、むしろ向こうの方が少し速いのです。完全装備で走る訓練を相当に積んでいたのでしょう。路上に、転んで逃げ遅れた機動隊員の姿が幾つもありました。長々と伏せ、交差した両手の間に頭を入れて足を閉じています。一人のヘルメット姿の男が半狂乱になって機動隊員の背中を曲がった鉄棒で殴り続けています。その姿は翌日の新聞の一面に大きく載りました。現場に新聞社のカメラマンもいたのです。息を呑んで見守る周囲の群れの中から声が上がりました。「もういいだろう。死んでしまうよ。早く羽田へ行こう」。東京都学連の前衛部隊を追ってまた走り始めます。ふと横を見ると色白で長身の、かわいい女の子の姿がありました。大阪外大の若手のリーダー、村山のガール・フレンドです。幾度も高速道路上に伏せた機動隊員の横を走り抜けます。全く同じ姿勢で、ゲバ棒で殴られても、蹴られても、ピクリとも動きません。恐らくあれは、かねて訓練済みの「死んだ振り」だったのでしょう。逃げ遅れたときは、そうするよう教えられていたのだと思います。必死に走る機動隊員の後ろ姿を追い駆けながら、何か不安になってきました。話がうますぎると思ったのです。機動隊、特に警視庁機動隊はもっと手強い相手のはずです。奇襲とはいえ、一撃で総崩れになったのが信じられないのです。もしかすると、これは罠ではないのか。一瞬頭に浮かんだそんな疑いを振り払いながら前へ走ります。行く手に高速道路の別れ道が見えてきました。右手の入り口に十人余りの機動隊員が左手に小さな盾、右手に警棒を構えて横一列に並んでいます。見るからに頼りない布陣でした。二、三十人で突き掛かれば簡単に破れそうな阻止線です。それを前に、何故かヘルメットの群れは左へ、左へと流れて行きます。先頭を進む東京都学連の精鋭部隊はもう見えません。別れ道の所で、左手から誰かの叫ぶ声が聞こえます。「羽田はこっちだ」、やっと誰もが左へ向かう理由が分かりました。しかし、算を乱して逃げた機動隊員が右手の入り口で踏み止まったのが不思議です。機動隊員の小さな群れの前で足を止めようとすると、また左手から声が上がります。「そんなもの放っとけ。急げ、時間がない」。機動隊を横目に見ながら、声に促されてぼくも左へ走ります。それが羽田空港突入闘争の成否を分ける瞬間だったと知るのに十分と掛かりませんでした。やがて前の方から東京都学連の前衛部隊がぞろぞろ引き返してきます。横浜国立大学の行動隊長の顔も見えました。訳を尋ねると苦笑しながら言います。「路を間違えた。機動隊の固めていた方が羽田へ入る道路らしい」。この失敗は、慌ただしく決めた杜撰な作戦のせいかもしれません。「三派全学連」にはよくあることでした。それとも紛れ込んでいた警察のスパイが咄嗟に機転を効かしたのでしょうか。どちらが本当なのか、今となっては確かめる術もありません。

改めて東京都学連の部隊を先頭に押し立て引き返します。羽田空港の方角から荷台に幌を掛けた灰色の大型トラックが続々とやって来るのが見えました。機動隊の増援部隊でしょう。ぼくたちの進む車線の先に機動隊がもう分厚い阻止線を張っています。高速道路の別れ道よりずっと手前でした。腰よりやや高いフェンスの向こう側が反対車線です。そこを機動隊の集団が駆け抜けて行きます。一人が凄い目付きでぼくを睨むと捨て台詞を吐いて走り去りました。「見てろよ」。その時は気が動転していたのでしょう。機動隊が何をしようとしているのか見当も付かなかったのです。どうも気になるので前に進みながら振り返ると、デモ隊の遥か後方でフェンスを越えています。それを見てやっと前後から挟み撃ちにするつもりだと気付きました。隊列の後半は女の子やゲバ棒の行き渡らなかった男ばかりです。機動隊が本気で襲い掛かれば一たまりもなく崩れるでしょう。最精鋭の東京都学連ゲバルト部隊による阻止線突破に望みを繋ぐしかありません。もう機動隊の指揮官の声がはっきり聞こえます。同じ命令を繰り返しています。「盾を有効に使え。盾を有効に使え」。機動隊員が裾の長い乱闘服の下から、二つに折り畳んだ小さな盾を引き出し、組み立てて左手に持ちます。目の前の阻止線に突入する前、まだ石を持っている者がばらばらと投げました。しかし、その小盾を器用に使ってことごとく避けられてしまいます。喚声を上げて阻止線に襲い掛かった前衛の東京都学連部隊はあっという間に叩き伏せられます。それに続く集団にいたぼくは思わず足がすくんでしまいました。右翼や他党派相手のゲバルトに慣れている手だれの東京都学連部隊でさえあの有様です。初めてゲバ棒を使うぼくの手に負える相手ではありません。周囲の誰もが同じ思いだったのでしょう。次々にゲバ棒を捨ててフェンスを越え、逃げ始めました。ぼくもフェンスを越えます。ただ、まだゲバ棒は持っていました。反対車線に機動隊員は一人もいない状態です。向こうの車線では、東京都学連部隊を打ちのめし、見境無くデモ隊に襲い掛かってヘルメットを剥ぎ取り、高速道路の外へ投げ捨てています。早く逃げようと思いながら、どちらへ逃げればいいのか分かりません。高架の高速道路から下りられる場所の見当が付かないのです。ふと、頭に浮かびます。そうだ、高速道路へ入ったあの地点は駅の近くだった。まだこちら側の車線はがら空きだ。あそこへ戻ろうと思い、走り掛けます。機動隊から見れば、それは羽田空港の方角でした。大柄な機動隊員の一人がフェンスを躍り越え、目の前に立ち塞がります。よほど腕に覚えがあるのでしょう。警棒を腰に納めると、合気道の構えでにじり寄って来ます。ゲバ棒を正眼に構えながら実は困っていました。それまで物を使って人を殴った経験がなかったのです。機動隊員を目の前にしても恨みや憎しみが湧いてきません。早くも「呑まれていた」のでしょうか。相手の目の前にゲバ棒を突き出し、体をかわしたら脇を擦り抜けようと決めます。ところが曖昧に突き出したゲバ棒は、あっと思う間も無く機動隊員にもぎ取られます。次の瞬間、その機動隊員はぼくのゲバ棒で周囲の逃げ遅れた者を遠慮会釈無く殴り始めました。その光景を目の当たりにして、一瞬足が止まり、次には自分が殴られるかもしれないという恐怖に捕らわれます。幾度も人の体を打つ鈍い音を聞きながら、自分でも気がつかないうちに、ぼくは息が切れるまで逃げ続けていました。「実力闘争」を掲げながら、機動隊員を本気で殴ることさえできなかった自分を呪い、ぼくが機動隊員に与えた武器で殴られる人々に後ろめたさを感じながら。「消耗」の後、背伸びに背伸びを重ねて「筋金入り」を目指した挙げ句がこれでした。どうやって高速道路を降りたのか今では思い出せません。

再びデモ隊が集まったのは高速道路に沿って流れる川の畔でした。水面に色とりどりのヘルメットが浮かんでいるのが見えます。東京都学連のゲバルト部隊が惨敗した場所からさほど離れていなかったのでしょう。人数がずいぶん減っていました。臆する気持ちを奮い立たせるために各派のリーダーがアジ演説を続けます。勇猛を以て鳴るブント「ML派」のリーダーは自力で立てない程痛め付けられていました。それでも両脇を抱えられてアジ演説を続けます。荒っぽい扱いに慣れている関東の活動家もこれほどひどい目に会ったのは初めてのようでした。何時の間にか姿を消した活動家がかなりいたのです。いずれも後に袋叩きにあったと聞きます。「実力闘争」の失敗はもう誰の目にも明らかでした。羽田空港へ通じる最大の橋、「穴守橋」へ向かう「反戦青年委員会」のデモに合流することになります。途中で機動隊が装甲車や大型トラックを停めていた場所にぶつかってしまいました。荷台に乗り込んで機動隊員のおやつらしいリンゴを小さなケースごと奪ってくる者がいます。しかし、車両を奪われては一大事と機動隊が大急ぎで駆け付けました。いくら逃げてもしつこく追い打ちを掛けて来るのです。その時は何故なのか分かりませんでした。ほうほうの体で細い道から大通りへ出ると、道路を埋め尽くして大群衆が動き、赤旗が林立しています。「反戦青年委員会」の大きな赤旗を幾本も見て、やっと何とも言えない安心感を味わいました。今度は途中で機動隊に会うこともなく「穴守橋」に着きます。見ると、羽田空港へ通じる橋の手前側は、蒲鉾型の屋根の装甲車を数珠繋ぎにして塞いでありました。前後の装甲車が殆どぴったりくっついているのです。左端の装甲車と橋の欄干の間に辛うじて二人が並んで通れるくらいの隙間があるだけでした。広い橋の上には人っ子一人いません。機動隊は向こう岸に控えています。最後の阻止線で佐藤栄作を乗せた政府専用機が離陸するまで時間を稼ぐつもりだったのでしょう。細い通路を伝い、二、三十人が橋の上にでた途端、向こう岸の機動隊が一気に突撃してきます。警棒を振りかざし、喚声を上げてみるみる近付いて来るのです。濃紺の乱闘服の群れが橋の半ばを超えて接近すると、装甲車越しに石を投げる者が増えました。ぱらぱらと投げる程度から始まった投石がどんどん激しくなり、たちまち驚くほどの数の石が飛んでいくようになります。完全装備の警視庁機動隊もさすがにこれは堪えたようです。無防備の太股や上腕部に石が当たり蹲る者、散らばる小石に足を取られ転ぶ者が次々に出ました。少数ながら向こうからも石が飛んできます。この状況を見て、指揮官の後退命令が出たらしく、大半はすぐに退いていきます。前に出過ぎた二十人足らずは退くに退けない状態でした。装甲車に貼りついて、どうにか石を避けるのが精一杯です。それでも投石の合間を縫って徐々に退いていきました。

橋に出ようとすると機動隊が襲撃して来ます。それを投石で追い返しながら橋に出た小グループが退く時間を作る繰り返しです。どちらの側からも全く手詰まりの状態が続きました。しかし、警察側の最大の狙いは政府専用機離陸までの時間を稼ぐことです。このままでは時間切れになりそうです。空港への道を開くには、まず邪魔な装甲車をどけねばなりません。先程から既に幾人かが取り付いています。しかし、不細工な積み木のように映る大きな車体には手を掛ける窪みもロープを通す穴もありません。苛立ってタイヤの下にベニヤ板や木切れを押し込み、火を点ける者がいます。しばらくするとタイヤが真っ黒な煙を上げて燃え始めました。向こう岸からやって来た装甲車が放水しても火は消えません。燃えているのはこちら側なので直接タイヤに水を掛けられないのです。下から水を掛けるのも無理でした。潜り抜けられないよう装甲車の車体は低く作ってあります。

近くの工事現場から持ち出した鉄パイプで装甲車の窓を叩いているのはあの青解のオルグでした。鉄板が歪み、外れるまでずいぶん時間が掛かったように思います。小さな窓から誰かが中へ入り、フロント・グラスの防弾板を下げてワイヤー・ロープを通します。数十人がロープに取り付きました。声を揃えて引くうち、装甲車が大きく揺れ始めます。もう一息で横倒しになると幾度も思いました。しかし、危なっかしく傾いても、力を緩めると、またもとに戻ってしまいます。まるで巨大な弥次郎兵衛でした。それでも重さ十トンを超えそうな装甲車が少しずつ動き始めます。黒煙を上げて燃えるタイヤが派手な音を立てて弾けました。橋の欄干と装甲車の間の距離が五、六メートルまで拡がります。すかさず向こう岸の機動隊が最後の襲撃を掛けてきました。ロープから手を離して石を投げるうち、後ろが騒がしくなっています。ぼくらの後ろに座り込んでいた民学同の集団に、回り込んできた機動隊が警棒を振るって襲い掛かっていたのです。機動隊にはどれも同じ「過激派」学生に見えたのでしょう。しかし、当時の民学同は「実力闘争」に何の関係もなく、むしろ暴力を嫌う方でした。だから、大山のような堅物まで動員に応じたのです。それが一三派全学連」の盾になるとは何とも皮肉な話です。その夜、帰りの夜汽車の中で頭に包帯を巻いた大山に会いました。

いきなり前後から挟み撃ちにされたぼくらは大混乱に陥ります。自分がどこにいるかの見当も付かないままあちこち逃げ回り、へとへとに疲れてどこかの小さな公園に入りました。芝生の上で横になって休んでいるうち、つい眠り込んでしまったようです。公園を出ていくデモ隊の掛け声で目が醒めました。周囲には一人の顔見知りもいません。手近な隊列に紛れ込み、一緒に歩くうち、群小のデモ隊が次第に集まり、膨れ上がって行きます。大通りに出た所で、肩車をした男が何か叫んでいるのに出会いました。通るデモ隊に繰り返し、繰り返し、何かを伝えています。声が聞き分けられる距離まで近付くと、言っていることがはっきり聞こえました。「ラジオは弁天橋で京大生が一人死んだと伝えている。弁天橋へ行こう」。高速道路での自分のみっともない振る舞いを思うと後ろめたさが募りました。大部分の学生の印象はまた違っていたようです。恐らく大半の参加者の気持ちを表すのが、知人が後に教えてくれた、あの言葉でしょう。山崎君の死を知ったとき、ふと思ったそうです。「そうか、俺は死ななかったのか」。無理もありません。初めての「実力闘争」は予想もせぬ凄惨なものでした。誰が死んでも不思議はない一日だったのです。

実は高速道路で東京都学連のゲバルト部隊が壊滅する前、中核派や反戦青年委員会の参加する社会党・総評主催の反対集会々場で異変が起こっていました。中核派以外の「三派全学連」を代表して、横浜国立大学の別の古参メンバーが発言します。開口一番、中核派にとっての爆弾発言が飛び出したのです。「全学連の主力部隊は、京浜急行『大森海岸』駅で機動隊の阻止線を突破し、高速道路上を羽田空港へ向かって進撃中だ」。中核派の受けた衝撃は計り知れぬものでした。「羽田空港突入一番乗り」を手も無くさらわれそうな形勢なのです。集会の終了時間を待たず、万難を排してすぐに羽田空港を目指し進撃することに一決します。出発予定時刻のずっと前に中核派はゲバルト部隊を先頭に会場を飛び出しました。警備の機動隊は完全に虚を突かれたようです。集会の終了時間までは休憩時間と心得て、何の備えもしていなかったのです。そのため組織的な反撃を試みる余裕もなく、蹴散らされてしまいます。しかも、どさくさの最中に幾枚かの防石ネットばかりか一台の装甲車まで奪われてしまいました。それが弁天橋までの進撃速度を上げたい中核派の大きな戦力になります。おかげで中核派の集団は順調に弁天橋まで進出できたようです。しかし、穴守橋よりかなり小振りの弁天橋にも既に数台の装甲車が並べてありました。装甲車を乗り越えようと攀じ登った者は、羽田側に待機していた装甲車から発射される高圧の放水で跳ね飛ばされてしまいます。中には川に落ちた者までいました。防石ネットを立て掛けて越えようとしても、激しい放水を浴び、しがみ付いて落とされないようにするのが精一杯です。装甲車が作る壁を破らないと前へ進めないのはここでも同じでした。ただ、弁天橋の中核派は素手ではありません。奪った装甲車があります。それを使って体当たりを繰り返すうち、装甲車の列の隙間は次第に広がります。デモ隊が通るのに十分な空間が生まれ、装甲車を先頭に進み始めた直後、警棒を振りかざした機動隊の大集団が一斉に突撃してきました。弁天橋の上は大混乱に陥ります。山崎博昭君が死んだのはその最中でした。機動隊の強襲が始まる直前に向こう岸から撮った写真を見たことがあります。ややピントの外れた画面には、立ってこちらを見ている痩せた山崎君の姿が写っています。ヘルメットは被っていません。後に分かったところでは、死因は左側頭部挫滅でした。右利きの機動隊員が頭を狙って思い切り警棒を振り下ろせばちょうど当たる位置です。恐らく即死だったでしょう。こうして中核派の羽田空港突入の試みも機動隊の側からの力攻めで阻まれてしまいます。

弁天橋へ向かう道は疲れ切った学生で溢れていました。歩いて行くうち一人、二人と知り合いを見付けます。やがて人混みで前へ進めなくなりました。動きが取れなくなると自然に座り込みが始まります。スピーカーを使って演説している声は遠くてよく聞き取れません。遥かに強力なスピーカーを使う機動隊からの警告は良く響いてきます。やがて近所の住民に向けた注意に変わりました。催涙ガスで涙が出ても手で目を拭わないように言っています。すぐに催涙弾の乾いた破裂音が響きます。弾が落ちる所は見えませんでした。ずっと前の方から白い煙が地を這うように拡がり始めます。機動隊が突進して来たらしく、どっと前から人波が押し寄せました。ぼくも顔見知りの中央大学のメンバーと一緒に逃げ出します。あちこちから声が起こりました。「警視庁に抗議デモを掛けるぞ」。中央大学のメンバーに付いて地下鉄に乗り込みます。乗った場所も降りた駅も分かりません。地上に出るともうかなりの人数が集まっています。顔見知りの東京都学連のメンバーの群れの中に増田さんの顔も見えました。場所は皇居の近くだったのでしょう。お堀がみえました。三、四十人くらい集まったところでスクラムを組み、東京都学連中心の無届けデモを始めます。指揮者が笛を吹いた途端、いきなり機動隊員の群れが殴り込みを掛けてきました。これまでデモで経験した「規制」とは違い、全くの一方的な攻撃です。相手構わず、手当たり次第に殴り、蹴り、たちまちデモ隊を追い散らします。手荒い扱いに慣れた東京都学連の猛者でさえたまらず逃げ出す有様でした。ことの重大さにいち早く気付き、警察側は対応を一変させていたのです。殴られながら手で顔をかばい、思わず叫んでしまいました。「何もしてないじゃないか」。ぼくの方はまだ、のどかな戦後民主主義の感覚の中を生きていたのです。

東京都学連の隊列を一気に蹴散らすと、機動隊は続く京都府学連の隊列に迫ります。京都府学連の隊列はわっと声を上げて総崩れになり、逃げ出してしまいました。遥か遠くで隊列を組み直し、スピーカーを使って顔見知りの指揮者がシュプレヒ・コールを始めます。「京都府学連は抗議するぞう」。荒っぽい東京と穏やかな京都の違いを際立たせる光景でした。失敗した、初めての「実力闘争」の幕切れに相応しい結末であったようにも思います。予想もせぬ結果にたじろぐ姿を見せまいとしながら、ファイティング・ボーズを取ることさえかなわなかったのですから。

打ちのめされた思いを味わいながら、重い足取りで中央大学の学生会館へ引き返しました。すぐに今後の行動方針を決める「四トロ」の会議が開かれます。その中でぼくも柄にも無く強い言葉を連ねた決意表明をしてしまいました。中央大学のメンバーの中には呆れた者がいたそうです。「ジオンまであんなことを言うなんて」。ひとえに心の中にある後ろめたさの為せる業でした。シンパが死に、「筋金入り」が生き残るのはどう考えても筋違いです。その後、テレビが山崎君は学生の運転する装甲車にひき殺されたという警察側の発表を繰り返しているのを知りました。

第五章　烽火三月ニ連ナリ

組織を離れて

夜汽車で京都に帰り、翌朝から教室を回って山崎君は機動隊員に殺されたとアジ演説をします。ただ、確信はありませんでした。当初は不利な情報ばかりが周囲から聞こえてきます。当日のテレビとラジオは警察の公式発表を伝えるだけでした。翌日から新聞、雑誌も一斉にそれに倣った報道を続けます。機動隊から奪い、中核派の学生が運転する装甲車がひき殺したと言うのです。圧倒的な情報量に心がぐらつき始めます。警棒で殴り殺されたと言うのは周囲の反共産党系の活動家だけでした。見ていた者も確かな証拠もないまま、どちらの側も相手が殺したと言い張っているように見えます。警察の側は殺したという非難を逃れようとしています。三派の側はこれを梃子に大衆動員を掛けるのが狙いです。後に中核派の元全国委員から、安保全学連の書記長だった清水丈夫の本音を知りました。山崎君の死が伝わると叫んだそうです。「しめた、これで闘争になる」。六〇年安保の樺美智子さんの前例が頭に浮かんだのだと思います。死んだ山崎君のことなど本当のところどうでもよかったのでしょう。

チェ・ゲバラがボリビアで殺されたというニュースが流れたのは十月九日か十日の夜でした。川村さんと熊野寮に近い終夜営業の喫茶店で、翌日の行動予定を打ち合わせている最中です。穏やかで、ものに動じない川村さんが何時に無く深刻な面持ちになり、ぽつりと漏らした言葉を今も憶えています。「世界中、反革命だなあ」。キューバのシエラ・マエストラ山系で三年近くゲリラ戦を続けていたカストロやゲバラの革命軍が、劇的なハバナ入城を果たしたのは八年前のことでした。「カストロはキューバ革命の心臓、ゲバラは頭脳」と並び称されていたのです。カストロの政治運動が始まるのは、キューバ陸軍の下士官であったバチスタがクーデターを起こし、独裁者になった直後でした。ハバナ大学を卒業して間もない若手弁護士のカストロは、バチスタを刑事告発します。犯した罪を数え上げ、それぞれの刑期を加算して百数十年の懲役刑に相当すると裁判所に告訴状を提出したのです。もちろん独裁政権に気を使う裁判所が受理する訳はありません。するとカストロは百数十人の有志を募り、武装闘争を始める武器を奪うため、モンカダ兵営を襲撃しました。十人以上の死者を出して襲撃は失敗し、生き残った者の大半も拷問で虐殺されます。ただ、首謀者のカストロは取り調べのため憲兵隊司令部に移送されました。おかげで命拾いし、後に恩赦で釈放されます。やがてメキシコに亡命し、ゲバラと知り合うのです。ゲバラはスペイン内戦の生き残りが周囲に多くいる環境で育ちました。政治活動の最初から、ソ連や共産党に不信感を持っていたのです。アメリカに対抗するため、急速にソ連に接近する大雑把なカストロと次第に距離を置くようになります。やがて大臣の地位をなげうってキューバを離れ、南米のボリビアでゲリラ戦を始めました。無欲なゲバラは民族解放闘争の「輝ける星」だったのです。世界各地の民族解放闘争を支援する四トロがゲバラを高く買っていたのは当然でしょう。第一次羽田闘争の惨敗に続くゲバラの死に、冷静な川村さんまで何時に無く弱音を吐いたのです。第一次羽田闘争の参加者なら、あの情況の中で大なり小なり抱いた気持ちを代弁する言葉でした。九日、十日とアジ演説を続けるうち、しだいにやり切れない気持ちになっていきます。ある教室で一人の学生が食って掛かりました。「こんな時になっても、君達は仲間割れし、いがみ合うだけだ。死者を悼むことも知らないのか」。その稚気溢れる詰問口調に、なぜかぼくは黙り込んでしまいます。

中核派の活動家達は血走った目でアジ演説を繰り返しています。自派のシンパが死んだだけでなく、装甲車を運転した活動家には殺人容疑が掛かっていたのです。怯え方も尋常ではありません。しばらく後に開かれた円山公園の集会が終わると、その一人が大声で言うのです。「公園の出口に私服警官らしい男が五、六人集まっている。誰かを逮捕しに来たのかもしれない。固まって別の道から帰ろう」。穏やかな一年上の「四トロ」メンバーが色を成して怒鳴りました。「詰まらないことを言うな。聞く者が動揺するだけだろう」。上部組織の分裂はまだ現場に及んでいません。「主流派」時代と同じく、ブント、中核派、四トロは相変わらず一緒に集会を開いていたのです。誰もが警察の厳しい締め付けを予想していました。異様な雰囲気の中で必死の巻返しを試みる毎日です。一カ月後に迫った第二次羽田闘争について中核派の活動家と話したことがありました。「中核派は従来の肉弾戦に戻る」と言い張ります。ゲバ棒を使った実力闘争は中核派には確かに不本意だったかもしれません。中核派以外の「三派」が羽田空港一番乗りをやりかねないので、仕方なくゲバルト方式を採用したのは事実です。当時の中核派上層部がどんなに混乱していたかを物語るエピソードです。

京大の法経一番教室で山崎君の追悼集会が開かれました。ぎっしりと人で埋まった教室を見下ろし、警視庁近くで総崩れになったデモの指揮者、長い「消耗」の後、暫らく前から姿を見せるようになったブントの活動家が胸を張って言い放ちます。「山崎君の死因については、一点の疑問の余地もない」。しかし、万雷の拍手の中で始まったアジ演説には、機動隊が殺したと断言する文句は一言もありません。続いて発言するのは中核派の活動家達です。その一人、頭に包帯を巻いて痛々しい姿の、山崎君の同級生の言葉が印象に残りました。「山崎君が救急車で近くの病院に担ぎ込まれたと知り、数人で行ってみた。もう、機動隊が来ていて、病院関係者以外を入れようとしない。『親友の京大文学部一年、山崎博昭だと思う。確認させてほしい。』幾度そう言っても、同じ答えしか返ってこない。『いや、氏名も身元も不詳の死者だ。関係の無い者を入れる訳にはいかない。』そう言って追い返された」。聞く者に警察発表の信憑性を疑わせる発言です。やがて司法解剖が慶応大学付属病院で行われたのを知りました。六〇年安保で死んだ樺美智子さんの司法解剖を担当した、曰くつきの病院です。あの時は身元が分かっていたので、東大の指導教官はじめ樺さんの関係者が立ち合いました。下腹部にメスが入ったとき、どっと黒ずんだ血が吹き出したそうです。それを見ていた教官の一人が異様な目付きで隣の教官の方を見やり、言ったそうです。「ほら、これですよ」。見ると両手で警棒を握り、下腹部を突く仕草をしていました。その同じ病院で解剖が行われたのは何か変だと思います。ただ、事件の数日後に警察の発表を頭から疑うまでにはなりません。後に、死体には大きな損傷がなかったとニュースが伝えます。装甲車のような重いものに轢かれても、柔らかい人間の体は時にゴム風船のように元の形に戻ることがあるという解説付きです。横になってラジオでそれを聞いていた京都の叔父の一人は、跳ね起きるなり言ったそうです。「そんな馬鹿なことがあるかい」。叔父は京都市バスの運転手でした。バスの運転手になるには大型車の運転経験が五年ほど必要です。そのため、ダンプ・カーにかなり長く乗っていました。幾度も悲惨な人身事故を自分の眼で見ています。だから、慶応大学付属病院の医師の発表は嘘だと直感したのです。「三派」と違って警察には学習能力がありました。六〇年の樺さんの経験で「死因不明」と言えば警察が疑われるに決まっています。「学生が轢き殺した」と発表し、容疑者を逮捕すれば六〇年の再来は避けられると考えたのではと感じました。ほとぼりが冷めた頃、奪った装甲車を運転した容疑者が証拠不十分で釈放されたのも不自然でした。もし、警察の主張を裏付ける物証、例えばタイヤに付いた血があれば起訴されていたはずです。事件の渦中にあったぼくは混乱するばかりでした。ブント、中核派は必要ならば嘘も吐きそうです。大教室を埋め尽くすほど人の集まった追悼集会の中で、何か割り切れない気持ちでした。

それに引き続く市内デモには驚くほど多くの学生が参加します。警察側の大掛かりな宣伝に位負けしない大衆運動は確かに起きました。これまで学生運動に関わろうとしなかった者達の間でも、中核派はベトナム反戦運動の殉教者を出した党派として、にわかに評価が高まります。政治的反響はどんどん大きくなっていきました。しかし、肝腎の真相は相変わらず闇に包まれたままです。事実などどうでも好いと言わんばかりの、何処か異様な事態の成り行きに、どうにも納得できなくなりました。半月余り続く宴会場のアルバイトに応募し、暫らく大学に行かないことに決めます。十一月十二日の第二次羽田闘争はバイト先の従業員控え室にあるテレビでちらりと見ました。機動隊が数人に一人の割合でジュラルミン製の大盾を携えているのに気付きます。第一次羽田闘争で手を焼いた投石に対する新しい装備なのでしょう。やはり、警察側には学習能力があったのです。千葉県警機動隊を先頭に、三里塚で最初の強制代執行が実施されたのは「三派全学連」の全勢力が羽田に集中しているこの日でした。居合わせた民青「全学連」は声を揃えて「帰れ!帰れ!」とシュプレヒ・コールを繰り返すばかりで阻止しようとはしません。新東京国際空港の建設に反対する三里塚・芝山の農民の不信感を買うことになります。

六八年一月のエンタープライズ寄港反対闘争にも行きませんでした。佐世保のアメリカ海軍基地突入を目指すこの闘争の時に「三派全学連」の動員力は最低限まで落ちています。ゲバルト部隊を先頭に押し立て、隊列を組んで突入する試みは呆気なく失敗に終わりました。しかし、調子付いた関西、九州の機動隊が壊走するデモ隊を追って、テレビ・カメラの前で無茶なことをしてしまいます。おまけに、新聞記者やカメラマンの群れにまで警棒を振るいました。翌日には各新聞の論調ががらりと変わりました。機動隊を非難し、「三派全学連」の肩を持つような記事が一面に躍ったのです。これが転換点となりました。「三派全学連」の勇名が轟く時代の始まりです。

その暫らく後に三里塚の支援で思いも掛けぬ事件が起こります。東京の気の荒い「三派」の活動家が大挙して押し掛ける集会の警備は千葉県警機動隊でした。装備は警視庁機動隊に負けない物を身に付けているものの、これといった出動経験も無く、通り一遍の訓練を受けただけだったのでしょう。東京都学連ゲバルト部隊の急襲を受けて総崩れになります。指揮官を乗せた小型の装甲車が孤立して包囲され、攀じ登ってくる「三派」の活動家達と指揮官がゲバ棒と指揮杖を使って猛烈な殴り合いを始めます。ついには、殴り合いに負けた指揮官が頭を抱え、防石用の鉄板で囲んだ指揮台の片隅にへたり込んでしまいました。千乗県警機動隊が組織的な反撃を始めようとする直前、スクラムを組んだ三里塚・芝山連合の婦人部が間に割って這入ります。民青「全学連」はその日もシュプレヒ・コールを繰り返すだけでした。自分達自身も体を張った三里塚・芝山連合の民青「全学連」に対する不信感は頂点に達し、逆に「三派全学連」への信頼感が増します。革マル派「全学連」も実力闘争に加わるようになりました。こうして三里塚闘争の枠組みができ上がったのです。この実力闘争の中で、「中核」と書き入れた同じ白いヘルメット、長さを揃えたゲバ棒の集団が一際目を惹きました。これ以降、お揃いの色のヘルメットにタオルの覆面、軍手に二寸角の「ゲバ棒」というお馴染みのスタイルが各派に定着します。「肉弾戦」を口にする者はもう一人もいません。ヘルメット、ゲバ棒の実力闘争は市民権を得たのです。

どうにか進級

組織を離れ、くすぶっていたぼくは何も手に付きません。勉強には相変わらず身が入らないのです。前にも同じようなことがありました。殆ど大学に行かず、おかげで一年の終わりに出た掲示を知りませんでした。教養部二年で最低一科目の専門科目に合格しないと学部へ進級できないのです。久々に顔を合わせた平田からそのことを教えられます。とっくに締め切りは過ぎていました。事務室の係員相手に交渉すると教官の許可さえあればと言います。寛大だという噂の農業経済学の山岡先生に泣き付き、外書講読のクラスへどうにか入れてもらいました。それ以外の勉強らしいことと言えば、クラスに十近くあった『資本論』の読書会で一番負担の少ない吉井の主催するグループに時々顔を出すくらいでした。予習したり、事前に目を通して要約を作る必要がないのに惹かれたのです。日本語訳の『資本論』を持ち寄り、その場で順に朗読し、問題点を議論するやり方を採っていました。後から見れば、次々に立ち消えになる読書会のどこよりもそれが長続きします。しかし、議論に付いて行けず何時の間にか抜けてしまいます。

実は大学に入って大分過ぎた頃、選ぶ学部を間違えたのではないかと思い始めていました。人間の欲望と利益を求める行為に基づく経済活動は、人間嫌いのぼくにはうまく理解できないように感じ始めます。幸いぼくの年まで京大の入学試験は理科系、文科系とも受験科目は全く同じです。理学部に編入できないか打診してみました。数学を専攻したいと思ったのです。答えはけんもほろろでした。理学部へ入りたかったら、退学して入試を受け直せというのです。理学部から他の学部へ移ることはできても、その逆はできないのを初めて知りました。学生運動に明け暮れて勉強と縁が薄くなっています。残り半年足らずで理学部に合格する自信はありません。周囲に余計な負担を掛けて自分の我がままを通す押しの強さもまだ持ち合わせていなかったのです。仕方なく、二年になったら春から理科系一年の数学、「微分・積分」と「線形代数」を受講することにします。しかし、一年間もブランクがある上に、直観的な高校数学と違い、厳密な論証を重んずる大学数学に取り組むのですからたちまち落ちこぼれてしまいます。それでも代数系の「線形代数」は何とか自力で教科書を読み終えました。しかし、「微分・積分」の「イプシロン―デルタ論法」がどうにも納得できず、数学の勉強は諦めてしまいます。文学部への編入は考えませんでした。やることが経済学以上に人間臭いのはたまりません。それに、知り合いの中でも小説家の卵の付き合いにくさは天下一品でした。もう教養部から学部へ進級するしかありません。これが擦れた活動家になっていたぼくには一苦労でした。

二年前期のドイツ語のテストを一つさぼりました。受けるつもりで準備はしていたのです。四トロのボックスで辞書を片手にテキストを読んでいました。一緒にいたのは文学部三回生の優秀なアジテーター水野さんだけです。水野さんはデスクに両肘をつき、しばらくぼくを見ていました。そして、ぼくの目を見ながらへらへら笑って言うのです。「革命家にテストがいるのかねえ」。思いもかけない言葉に一瞬思考が止まりました。そして、つい無理をして言ってしまいます。「必要ありません」。だったらどうすると畳みかけられて、テストは受けないと答えてしまいます。水野さんは満足そうに言いました。「ようし、上出来だ、坊や」。実際の年齢より若く見えるぼくを「坊や」と呼ぶのが水野さんの流儀です。たいていはからかってそう呼びます。しかし、この時は親しみを込めた言葉だったでしょう。ボックスでテストの時間を何か落ち着かない気持ちで過ごします。後に川村さんにその話をすると思いもかけない答えが返ってきました。「馬鹿だなあ。水野さんは一度もテストを受けていない。卒業する気がないんだ。それで落第生仲間を欲しがっている。乗せられちゃあだめだぞ」。しまったと思っても、もう間に合いません。次のドイツ語の授業には忘れず出ました。やはり欠席の理由を聞かれます。風邪を引いたというと年配の先生はそうかと言ったきりでした。それからはできるだけドイツ語の授業に出るようにします。やがて学年末になりました。後期の試験では欠席分を取り返さなければなりません。テストにはドイツ語のヘルダーリンの詩を書く問題が出ると予告されます。しかし、ドイツ語の詩を、正確に暗記する自信がないのです。辞書の持ち込みを認めるテストでしたから、辞書の千ページ目の余白に小さな字でドイツ語の詩をびっしり書きます。いざとなったら生まれて初めてのカンニングをするつもりでした。

テスト用紙を受け取ると、まず暗唱した詩を書く問題に取り掛かります。しかし、人間は追い込まれると強いものです。意味の良く分からないドイツ語の詩の言葉が次々に出て来ました。カンニングは何とか未遂に終わります。

二年生の学年末では英語のテストでも大失敗をしました。英語には少々自信があったので、授業に全く出ずテストだけを受ける予定でした。辞書を引きながらテキストに目を通します。テスト当日、英語の授業が行われている教室に入ると、教壇の上に立つスーツ姿の三十代半ばの男と目があいました。お互いに初対面です。英語の教官なのでしょう。その途端、教室中の学生がガタガタと椅子を引いて席を立ち出ていきます。テストが終わったのです。何か用かと尋ねられ、時間を間違えたけれど試験を受けに来たというと教官が怒り始めました。授業時間は決まっている。試験もその時間内にあるのが当然だ。試験の時間だけ別な訳はないだろう。その通りでした。しかし、授業に出たことがないと言えば落とされそうです。試験時間を間違えたで押し通すしかありません。平謝りに謝ってともかく別の日に教官の研究室を訪ねることになります。

研究室に入ると英語の教官は口髭の同僚とソファーに座って、何かの翻訳をしているようでした。壁際の長机で学生らしい男が何かを書いています。またひとしきり小言を続けると、教官はダメ押しに言いました。「ぼくは忙しいんだ。君一人のために問題を作る時間はない」。ぼくが途方に暮れた顔をしたのでしょう。口髭の教官が笑顔でとりなします。「まあまあ。先日のテストを使えばいいじゃないか。ただし百点をとっても、もらえるのは最低合格点の六十点だけ。君も異存はないだろう」。もちろん異存などある訳がありません。お願いしますというとテスト用紙を渡され、壁際の長机で答案を書くように言われました。

ぶらりと平田の下宿に遊びに行き、ゼミ登録の期限が迫っているのを知らされました。何事にも気力が湧かず、とてもゼミを選ぶ気にはなりません。それを見透かしたように平田が言います。「他に当てが無いなら一緒に社会思想史の平井ゼミへ行こう。平井先生は鷹揚な人らしいから、居心地は好いと思うぞ」。欠席し続けて体育の単位を落とし、二年の初めに日本育英会から警告が届いていました。留年して奨学金を打ち切られるのは困ります。落第だけは避けようと、勧めに従い社会思想史の平井ゼミに登録しました。平井ゼミで大賀志や仲星と知り合うことになります。大柄な平井先生は人が好くて、ゼミは何処か和やかな雰囲気です。当時の平井先生はジョルジュ・ルカーチに入れ揚げていました。テキストはルカーチの『歴史と階級意識』です。頭の切れる大賀志が幾度か本質を突いたレポートを提出し、仲星は気の効いたコメントを加えます。ゼミとしては活気のある方だったでしょう。ぼくはその日の気分次第で出たり、出なかったりでした。相変わらずくすぶり続けていたのです。平井先生はこちらが議論を吹き掛けると体を交わす妙な癖がありました。食い足りない感じが残り、ゼミそのものにもさほど魅力を感じなくなります。大学院・平井ゼミの院生がチューターになった『資本論』読書会や平田が中心の「アナーキズム研究会」の方がずっと楽しかったのです。もっとも真面目なメンバーではなかったせいで読んだ本の内容は全く覚えていません。『資本論』には十八世紀イギリスの「囲い込み運動」で農民が土地から追い出される様子を描いた百五十ページ近い「資本主義的蓄積の一般的法則」という章があります。大賀志がそれをわずか五、六ページで手際良く纏めたのには舌を巻きました。ぼくが担当したなら二十ページは必要だったでしょう。大賀志は頭がいいと周囲が言うのをそれまで何度か聞いていています。しかし、しみじみと実感したのはその時が初めてです。「アナーキズム研究会」では最初にバクーニンの『神と国家』を読みました。順番に要約を作る作業をぼくだけがサボり続け、読み終わった時、大賀志に言われた覚えがあります。「次はジオンに『私のアナーキズム』という題でレポートくらいしてもらわないと」。次回以降の会合にぼくが姿を見せなくなったのは言うまでもありません。

神谷が始めた「反戦連合」はぼくの予想を超えた広がりを見せ、学部ごとに組織されるようになります。経済学部では「べ平連」の仲星を中心に「反戦」が作られていました。たしか六七年の「10・21国際反戦デー」のことです。それまでを遥かに上回る学生が「反戦連合」のデモ隊に加わりました。膨れ上がったデモ隊の前を「三派」の隊列が進んでいます。その隊列が例によってジグザグ・デモに移ろうとして失敗し、何時ものように指揮者が逮捕されました。すると思いも懸けぬことが起こります。ぼくの周囲の隊列からバラバラと飛び出す者が続き、手錠を掛けられた指揮者を乗せるパトカーを取り囲みました。そして、一斉に「返せ、返せ」と叫びながら、パトカーを揺さぶり始めたのです。かつて「筋金入り」だったぼくの意表を衝く行動です。デモに慣れたぼくはジグザグ・デモの指揮者が逮捕されるのを当たり前と思っていました。言わば、「道路交通法違反」の「罰金」位に感じていたのです。しかし、この活動家が受けた「刷り込み」は普通の学生の常識に反していました。パトカーを取り囲んだ者達の感じたことは想像が付きます。恐らく、政府の政策に反対する意思表示にデモをするのは憲法の保障する国民の権利だと思っていたでしょう。それに、ジグザグ・デモの指揮者は何よりデモの仲間の一人です。パトカーは怯えたようにサイレンを鳴らし続け、無線連絡を受けたのか、やがて風のように十人余りの機動隊員が現われました。パトカーを揺さぶる学生達はたちまち蹴散らされます。しかし、見ているぼくは何か眼から鱗が落ちる思いをしました。落とし所を心得たつもりの擦れた活動家より、ずぶの素人の方が遥かに過激になるのを目の当たりにしたのです。既成の政治組織に対する遠慮が次第に薄れていきます。

学部に上がった後のゼミについて思い出はほとんどありません。ろくに出席もしなかったのですから無理もないでしょう。憶えているのは夏休みに信州であったゼミの合宿くらいです。平井先生も翻訳に加わった分厚いフランツ・メーリングの『ドイツ社会民主党史』がテキストでした。どんな内容だったのか今となっては皆目見当も付かない有り様です。ちょうど助教授から教授に昇進した直後の平井先生がひどく上機嫌だったのは記憶に残っています。泊まり込む民宿へ行く前に一人で小諸へ寄り、山頂から千曲川を眺めてみようと思いました。まだ土産物を売る店も、登山道沿いの気の効いた茶店もない頃です。全くの田舎に過ぎない土地の駅で降りました。田舎道を辿って山に登るぼくを、野良仕事をしている人たちがみんな驚いたような顔で見上げます。農村では誰もが忙しく働いている時間でした。その最中にハイキングなどしている酔狂な人間を見て我が目を疑ったのでしょう。苦労して登った山頂からの眺めは、藤村の詩が述べるほど素晴らしいものではありませんでした。

山に登ったおかげで民宿へ向かうのが遅れ、夜になります。駅から一、二キロ離れたバス停留所で降りると、辺りは鼻をつままれても分からぬ闇です。あちこちに家の明かりが見えるものの、足元が全く見えないのです。恐る恐る一番近い明かりへ向かい、泊まる予定の民宿の姓を告げ、案内を請います。思いも掛けない答えが返ってきました。「ここらは皆んな同じ苗字だよ。屋号は分からんのかね」。言われてみれば確かにそうでした。田舎で二男、三男が分家すれば長男の本家と同じ姓になります。姓で区別が付かないので屋号を付けて区別するのです。四歳頃まで田舎に育ちながら、すっかり「都会呆け」していたのでしょう。知っている限りの事情を話すと、それならあそこに違いないと一つの明かりを指し示します。道どころか足元すら見えないのですから真っ直ぐ進むしかありません。畑らしい場所を横切る時、何かの作物を踏み潰しました。両手両足を使いながら何とか斜面を登ります。田に入って稲を倒し、どうやらその家の庭の、部屋の明かりが届く所まで辿り着きます。ぼくの到着が遅いのを心配して待っていた平井先生やゼミ生の顔を見てやっとほっとしました。

ゼミの合宿とは言うものの、実態は貧乏学生の物見遊山です。ゼミは夜だけ開かれるので、空いている昼の時間を利用して、四回生のグループは近くの八ヶ岳へ登りました。途中に温泉の沸いている所があり、これ幸いと素っ裸になって入ったそうです。その姿で、通り掛かりの女子大生らしいグループをからかう余裕すらあったようです。ぼくたち三回生は近くの湖へ行きました。東京から遊びにきた女の子のグループに出会います。お互いに気になるものの、思い切って声を掛ける者がいません。こういう場面ではお調子者のぼくの出番です。声を掛けて自己紹介し、一緒にボートに乗る約束を取り付けます。一頻りボートを漕いで時間を過ごした後、別れようとすると女の子たちは不満そうです。もしかすると一夏のアバンチュールを期待していたのかもしれません。ボートで一緒だった一人が、恨めしげにぼくに声を掛けます。「京都の学生さんって、大人しいのね」。その一言に、いささか怯んでしまいます。下心は間違いなくありました。初対面の女性をどう誘えばよいかが分からなかっただけです。

同じ民宿には年上らしい女性も一人で泊まっていました。たいていは自分の部屋にこもって本を読んでいて、滅多に外へ出てきません。時々、庭の端を流れる小川の岸に腰を下ろし、両足を水に浸して周囲の山々を眺める姿を見るくらいです。いかにも気持ち良さそうに見えます。そこで、誰も庭にいない時を見計らって流れに手を入れてみました。予想に反して驚くほど冷たい水です。とても長い間、足をつけていられるものではありません。それが分かると、同宿の女性の奇妙な行動が気になりました。日に三度の食事は襖を隔てた隣の部屋で一人だけで採っています。二日目か三日目の朝、食後に皆んなでテレビを観ていると、襖がすっと開きます。一緒に見せてもらっても好いですかと言って姿を現したのはあの年上の女性でした。ぼくたちが占領している広い座敷にしかテレビはなかったのです。異論の出る訳はありません。それからその女性と時々話すようになります。小柄で美人とは言えませんが、とても色の白い人でした。東京女子大学で児童心理学を専攻し、三月に卒業した。大学院入試に備えて勉強するため信州に来ていると話します。どうやら大学院入試に一度失敗したようです。ソ連では幼い子供を託児所に預けて母親が働きに出る場合が多く、子供が早くから集団生活をしているという話が出ました。そのため色々な問題が起こっていると聞いたのを覚えています。ソ連では共産党や軍の高級幹部が特権階級のような生活をしている、計画経済がうまく行ってない、農業がひどく非効率らしいという話なら知っていました。しかし、幼児教育にまで問題を抱えていると知ったのはその時が初めてです。二十年余り後のソ連崩壊の兆候は至る所に表れていたのです。その全てを多少は知りながら、まさかそのソ連が崩壊することになるとは夢にも思いませんでした。

合宿の終わる日になります。皆んなはそのまま京都に帰るようです。ぼくは素直に京都へ帰る気がしません。九月になり、大学に顔を出しても面白いことがあるとは思えないのです。東大と日大でかなりの騒ぎが起こっているとテレビ・ニュースが伝えます。ちょっと覗いてみようかなという気が起こりました。東京なら年上の女性が案内してくれるのではないかと勝手な期待も持ちます。ゼミの皆んなより二、三日出発を後らせ、年上の女性の予定に合わせて東京へ行くことに決めました。もちろんここでも下心はあったのです。しかし、東京に行く日、駅へ向かう道でも車内でも二人は黙り勝ちでした。もし、行き擦りの恋を楽しむなら、ぼくの方から働き掛けねばなりません。しかし、どう切っ掛けを作っていいか分からないのです。とうとう何もできないまま新宿に着いてしまいました。「コーヒーでも一緒にどうですか」というぼくの誘いも儀礼的な言葉以上には響かなかったようです。いえと言うなり女性は大都会の雑踏の中に消えました。

日大と東大

東大の駒場寮に泊めてもらおうと電話番号を調べ、連絡を入れます。宿舎を確保して駅の外に出ると、いきなりスピーカーを通したよく通る声が聞こえてきます。誰かが激しいアジ演説を続けていました。日大闘争の経過を説明し、負傷者の支援に資金カンパを呼び掛けています。スピーカーを使ってアジっているのは日大全共闘のメンバーなのでしょう。マイクを握っているのは頭と手に包帯を巻いた男です。少額のカンパをして日大で何が起きているのか尋ねてみます。他の大学なら資金管理者である会長と大学経営者の筆頭である学長とに分ける職を日大では会頭一人が占めていました。当時は古田会頭の時代です。国税局の監査で、大学の帳簿に二十億円の使途不明金があるのが分かりました。それが表沙汰になり、大学構内で日大の学生達による抗議の座り込みが始まります。たちまち右翼学生と体育会が襲撃して来ます。しばらくすると、そこへ警視庁の機動隊が現われました。座り込んでいる日大生の間から拍手が沸いたそうです。機動隊が抗議する学生たちを助けに来てくれたと思ったのです。しかし、機動隊は手荒いやり方で座り込んでいる学生たちを排除し始めました。古田会頭からロック・アウト（大学構内から座り込み学生を強制排除すること）の要請を受けて出動していたのです。その日から一気呵成に日大全学共闘会議が結成され、全面的な「実力闘争」が始まります。アジテーターの言葉はさらに続きます。今の拠点は理工学部にある。もうすぐ法学部・経済学部奪還闘争がある。その日は是非見に来てくれ。その開けっ広げな態度に驚くと共に呆れました。それまで経験した闘争で自分達のアジトを見ず知らずの人間に教える例を聞いたことがありません。不思議な思いがしました。

ともかく、東大教養部の駒場寮へ行き、泊まる場所を確保します。恐らく寮の自治会を支配していたのは民青派だったのでしょう。見るからに胡散臭い他大学の学生に警戒の色を隠さず、浴衣姿の一人が汚い部屋の中まで付いて来ます。布団を敷いて横になろうとしてもまだ入り口近くに立っているのです。もしかして何か用でしょうかと声を掛けると、いやと言って姿を消しました。恐らく、学生証を見せてほしいと言う機会を窺っていたのでしょう。しかし、当時の学生自治会が管理している寮には、泊める際に身分証明書の呈示を求める習慣がありません。宿泊を申し込む側の言うことを額面通り受け取るのが普通だったのです。それだけに相手も切り出しにくかったのでしょう。

翌朝、お茶の水の駅で降りて日大理工学部へ行ってみます。建物の前の歩道にドラム缶を半分に切った火床があり、数人の男が木を燃やして暖を取っていました。初秋でも朝の戸外は意外に寒いのです。火に手をかざしているのは日大生のようでした。右翼や機動隊の攻撃がないか警戒していたのでしょう。話しているのは陽気で小柄な男です。「逮捕された後、身体検査があって裸にされた。担当の刑事がにやにや笑いながら言うんだ。『ほう、一応、男みたいだな。小さいながらもチンポコが付いとる。』あれには参ったよ」。周囲の者がどっと笑います。相手は民放テレビのカメラマンのようでした。まだ、ビデオ・カメラのない時代です。十六ミリの映画カメラでニュース・フィルムを撮っています。火に手をかざしながら逮捕された男は続けます。「おれ達が機動隊をやっつけている所だけでなく、やられている所も映して下さいよ」。カメラマンはいささか歯切れの悪い答えを返します。「撮っているんだが、上の方がカットしてしまって…」。申し訳程度に焚き火を囲む日大生達を撮ると傍に待機していた大型バイクの男にフィルムを渡しました。ヘルメットにサングラスのその男は受け取ったフィルムを荷台のバッグに収めると、バイクを急発進させ、たちまち見えなくなります。バイクの男は恐らく運搬係りで、フィルムを最高速度でテレビ局へ届けるのでしょう。テレビ局では受け取ったフィルムを大急ぎで現像して焼き付け、テレビ・ニュースの時間に間に合わせていたのだと思います。

火を囲んでいる日大生に話し掛け、自己紹介すると、「是非おれ達のバリケードを見てくれ」と誘われます。そして、一人が理工学部のバリケードへ案内してくれました。建物に入ると二階へ通じる広い階段が頑丈な長机を組んだバリケードで固められています。正面は分厚い板が並ぶばかりで手掛かりになりそうな窪みも隙間もありません。取り壊そうにも手の付け様のない代物です。どうやって二階に上がるのかと思っていると、案内の男は体を横にして左側にある三十センチ足らずの隙間に入っていきます。人一人が不自然な姿勢で辛うじて抜けられる通路でした。ちょっと見ただけでは見落としてしまうでしょう。バリケードの裏側は足を太い針金で結び合わせた机の山が幾重にも踊り場まで築かれています。先に二階へ上がった案内の男が振り返って誇らしげに言いました。「凄いだろう。建築学科の奴が設計したんだ」。思わず溜め息がでました。飾り物のバリケードではないのです。体育会、右翼さらには機動隊と本気で闘っているのがよく分かりました。幾つかのバリケードの山を潜り抜け、理工学部の溜り場へ案内されます。メガネを掛けた理工学部の委員長ともう一人に紹介されました。

メガネの委員長はひどく元気です。三派全学連と日大全共闘の戦いぶりを比較する言葉は自信に満ち溢れていました。「三派は攻めるとき恐る恐る歩いて前に進み、機動隊の反撃を食らうと一気に走って逃げ出す。日大全共闘は反対だ。全力で走って攻め掛かり、機動隊を叩いてから悠々と歩いて引き上げるんだ」。三派の戦いぶりを知っている身にはぐうの音も出ない言葉です。神妙な面持ちで聞いているとぼくに尋ねてきました。「ところであんた何やってんの」。まさか四トロ崩れともいえません。「アナーキズム研究会に入っています」と当たり障りのない答えをします。すると、思いも掛けない言葉が返ってきます。「そうか。おれ理論には弱いんだよ。アナーキズムについてちょっと展開してくれねえかな」。うろ覚えのバクーニンの本から思い出せる言葉を総動員し、アナーキズムを何とか説明しようとして、しどろもどろになります。暫らく耳を傾けていた委員長はあっさり言います。「よく分からないよ。おれ、やっぱり理論向きじゃないんだ。会議があるから知りたいことはそこの田宮から聞いてよ」。二人のやりとりを口も挟まずに聞いていた男に後を任せて、隣の部屋に行ってしまいます。どうやら十人余りの泊り込みメンバーと今後の行動方針を話し合っているようです。

田宮と呼ばれた理工の活動家はメガネの委員長とは対照的に慎重な性格に見えました。暫らく考えて話し始めます。「行動隊のうち三分の一はパクられ、三分の一は病院、残りの三分の一でバリケードを守っている状態だよ。おまけに夏休みで帰っている奴も多いし、泊り込みのメンバーを揃えるのが大変なんだ」。時には軽はずみともみえる、明るい委員長の態度や言葉からは窺い知ることのできない深刻な内情です。ぼくの表情が暗くなったからでしょう。理工の田宮はやや明るい表情になって続けます。「それでも行動隊を志願する者は多い。ヘルメットの数には限りがあって、『当日、来てくれれば渡すから』と皆に説明している。それでも、行動隊に加わるために『いや、必ず来るから』と、奪うようにしてヘルメットを持って帰る奴が多いんだ。しかも、そんな奴は間違いなくその日に出てきて行動隊に加わる」。何か底知れぬエネルギーが、苛酷な条件の下で続く日大闘争を支えていると感じます。さらに理工の田宮は続けます。「共産党も日大の民青にはヘルメット、ゲバ棒で闘うことを認めてるらしい。そうでもしないと相手にされないからね」。次の話に出た言葉がふと気になります。「他の大学からも頼りにされて助っ人に行ったんだけれど、建物の間で両側から投石されて参ったよ」。つい尋ねてみました。「どこかのセクトに入ってるの」。理工の田宮はにやっと笑って答えます。「ぼくは…一応、青解…」。正直な態度には好感が持てました。

日大闘争には東大闘争と全く違う要素が幾つもありました。当時の大学進学率は義務教育修了者の恐らく二十パーセント足らず、ベビー・ブーム世代を当て込んで大学の増設・新設が続いた後でもそんなものでした。二人に一人以上が大学に進む現在とずいぶん開きがあります。大学生の総数は百二十万人弱でこれも三百万近い今と違います。戦前からある大学の中で拡張著しいのが日大でした。学生数で十万強つまり当時の大学生の十人に一人は日大生だったのです。この急激な膨張はワンマンな古田会頭の手腕によるものです。当時の佐藤栄作首相と親密だと言われていました。使途不明金二十億円の相当額は佐藤栄作ないし自民党への政治献金だったと思われます。大学生急増期の私立大学は何より大幅な黒字の期待できる営利事業でした。学部・学科の新設に伴う許認可に巨額のお金が動いたことでしょう。その反面、教授陣の拡充はなおざりにされたようです。日大の数学の講義で有名なエピソードがあります。学生の質問にある古株の教授が立往生してしまいました。ところが別の先生に尋ねると他愛もない問題だったそうです。文部省が定める講座当たりの教授陣の定員は満たしているものの、実質は相当に御寒いものでした。合格して入った「教育工場」、日本大学の授業料は高く、形ばかりの講義を受けられるだけ、自分の「労働力商品」としての付加価値はさして上がりません。当時の日大を「ポン大」とさげすむ風潮すらあったのです。お粗末な講義を押しつけたうえ、巨額の使途不明金を出しているとなれば、学生は強い不満を持ち始めます。それが表に現れると、古田会頭を中心とする大学側は体育会や右翼学生を使って力で押さえ込んできました。それでも足りないとなって機動隊を使ったのです。大学側に対する不信が一気に「実力闘争」に繋がる仕組みはとっくに出来上がっていました。

東大の本郷にも行ってみます。安田講堂の前にテント村のある頃でした。理学部や工学部の院生が中心になり、幾つもテントを張って泊まり込んでいます。東大全共闘と民青の衝突が起きたら、割って入るつもりだったようです。工学部都市工学科の厳つい感じの院生と仲良くなりました。ラグビーのフォワードが勤まりそうな立派な体格です。設計した町並みの繊細な完成予想図を描く姿など予想もできない見かけでした。何故か家出した十代半ばの男の子も居ついています。食事を分けてもらい、タバコやマンガ週刊誌の注文があると買いに走って重宝がられていました。なかなかの人気者で時には駄賃も貰っているようです。テント村の院生の間で少年マガジンの「あしたのジョー」が読み回されているのに驚きました。大阪に出てきてからマンガとの縁が切れています。嫌いになったのではありません。近くに貸本屋がなかったためです。高々一日十円で借りて読めるものという思いが抜けないのです。買っても一時間あれば読み終え、捨てるしかない代物です。だから、わざわざお金を払って買う気がしません。この貧乏性は今でも続いています。大学院生がマンガ週刊誌を買う姿に何か不思議なものを見る思いでした。安田講堂にも簡単に入れてもらえます。こちらはバリケードと言っても日大のものとは大違いでした。イスや机を積み上げ、広い入り口へ一直線に殺到できないようにしてあるだけの簡単な物です。バリケードの前に立つ歩哨は一応ヘルメットを被り、鉄パイプを手にしていました。しかし、民青ゲバルト部隊や機動隊との衝突を覚悟しているようには見えません。どこかのんびりとした印象を受けます。安田講堂の中に籠もっている数人とも話しました。他愛も無い話を続けるうち、ふと気に掛かって尋ねてみます。「どうしてバリケード封鎖をするんですか」。にわかに口籠もる数人に代わり、通り掛かったヘルメット姿の長身の男がよく分からないことを一気に捲し立て、身を翻して去っていきました。何か異様な雰囲気を漂わせている男です。今の人は誰ですかと尋ねると一人が教えてくれます。「山本義隆、おれたちの代表だよ」。

ついい、お付き合いで夜の歩哨に立ってしまいました。すると闇の中から近付いて話し掛けてくる者がいるのです。「ぼくは教育学部でよく民青と間違えられるんだけれど…」と口を切ります。教育学部が民青の拠点であるのは誰でも知っていました。その男はどうしてバリケード封鎖をするのかとあれこれ訳を聞いてきます。一頻り話して「また来るから」と言い残し、帰って行きました。どうやら毎夜そうした説得工作が続いていたようです。深夜、威勢よく掛け声を揃えた民青のデモ隊が押し掛けてきました。毎夜のことらしく、一応の警戒態勢は取るものの、さほど緊張感はありません。午前零時を過ぎても立っているのは、ぼくともう一人だけになってしまいました。四十過ぎに見えるその人が粗末な黒っぽいシャツを着ていたのを憶えています。ヘルメットの下の顔はいつもにこやかに笑っているように見えます。恵比寿顔とでも言うのでしょうか。ぽつり、ぽつりと話すことを総合すると、東大の印度哲学を出て、今は山谷で暮らしているようです。近くの立て看板に大学当局を批判する漢詩が大書してありました。自分が作ったのだと言います。字もしっかりしているし、平仄も合っているように見えます。言っていることもまんざら嘘ではなさそうです。数日前の昼間にヘルメット、鉄パイプ姿で立っていると、東大の教官がしつこく声を掛けてきたと言います。「全共闘の連中は皆んな殺気立った顔付きなのに、あなただけは違うね。実に穏やかでとても同類とは思えない」。いささか持て余して、夜の見張りを担当することにしたのだそうです。その男の話が渡り歩いた土地の気風、仕事のない冬枯れの時期の苦しさと進むうち、何気なく漏らした言葉を今でも憶えています。「インテリはまだ信用できるけれど…」その刹那ぞっとしながら思いました。この男が同化しようとした世界の住人は信用できないのか。だとすればこの男の不幸は倍加するばかりだっただろう。あの恵比寿顔でやり過ごしてきた長い日々の有様は想像も付きません。ただ、無残な物であったのだけは間違いなさそうです。

東大の駒場寮を根城に毎日出歩くうち、後期の授業が始まる時期になります。駒場寮で知り合った知人に幾人かの友人を紹介されました。その内の一人がフランス語でパスカルの『パンセ』を読んでいると聞いて本当に驚いてしまいます。フランス語の初歩を勉強したくらいで歯の立つ代物とは思えません。やはり東大の連中は凄いと改めて東大を見直します。

やがて、日大全共闘の法学部・経済学部奪還闘争のある日になりました。野次馬根性丸出しで見にいきます。理工学部のすぐ近くに取り壊されたビルの跡地がありました。かなりの広さがあります。そこが各学部の行動隊やそれに続く普通のデモ参加者の集結地点です。学部ごとに御揃いのヘルメットを被った行動隊がゲバ棒を手にデモをしながら入ってきます。赤と白の理工学部の行動隊だけでも百五十人近くいるでしょう。法学部、経済学部の行動隊の数はそれをずっと上回ります。最後に道を埋め尽くして銀色の芸術学部の行動隊が入ってきました。五百人を軽く超えているように見えます。ともかくデモの先頭に立つ行動隊だけでも千五百人は軽く超えているでしょう。第一次羽田闘争で中核派を除く三派全学連が全国動員した大集団でも五百人前後でした。日大全共闘には桁外れの動員力があったのです。勢揃いした行動隊の数を目にして、驚く前に呆れてしまいました。各学部の行動隊長が順番にアジ演説を続ける中で、ヒゲ面の経済学部行動隊長の姿に目を奪われます。演説は素人臭く他の者同様ひどく下手くそなのです。問題は被っている上等のヘルメットです。投石防止用に上げ下げのできる透明な厚いプラスチック板が前面に付いているだけでなく、側頭部や後頭部を守る付属の装置も完全です。理工学部の田宮の言葉を思い出しました。「経済学部のビル正面のバリケードを破って機動隊の一個中隊が突入したとき、シャッターを降ろして閉じこめ袋叩きにした。その時奪ったヘルメットの色を塗り替えて、経済学部の行動隊長は自分専用に使っている。捕まったとき大変なことになるから止めろといっても聞かないんだ」。何か嬉しくなる話です。あの頃、日大で行動隊長を務めるのは、誰もがうらやむ、いなせな若い衆である証しだったのでしょう。会場で配られた、見るからに素人臭いビラの結びの言葉も新鮮でした。「逮捕者が多くなると、弁護士は地裁でしか接見出来なくなるかも知れません。学友諸君。強くなろう。闘おう」。ぼくの知る限り、こんな素朴な言葉で読むものの心を打つビラが書かれたことはありません。「こんな闘争なら、一度やって見ても好いな」。本気でそう思い始めます。

行動隊を先頭に大変な数のデモ隊が神田神保町に繰り出します。しばらくすると一般のデモ隊の指揮者が隊列を止めました。「古田を倒せ!古田を倒せ!」と叫ぶデモ隊にはブラウスにスカート姿の女の子まで混じっています。その先では行動隊と機動隊の猛烈な戦いが続いていました。警察は日大全共闘の動きを掴んでいるはずなのに、出動して来たのは行動隊の数分の一の機動隊に過ぎません。その機動隊目掛けて驚くほどの数のコンクリート片が飛び、その粉塵の中で防石ネットが大きく揺らぎます。当時、神保町の歩道は厚く敷いた砂の上に縦横五十センチ、厚さ十センチ強のコンクリート製敷石がびっしり並べてありました。雨の日に歩道の水はけを良くするためでしょう。それを剥がし、叩き割って投石用のつぶてに使っていたのです。数に優る行動隊が一気に突進すると、機動隊は一方的に押し捲られ、じりじりと後退を重ねます。やがて狭い枝道に追い込まれ、濃紺の乱闘服の姿は見えなくなってしまいました。奪い返された法学部・経済学部のビルに入ってみると、フロアの広さは大変なものです。入り口のバリケードは撤去されていたものの、階段に築かれたバリケードは手付かずで残っていました。頑丈すぎてどうにもならなかったのか、壊しても奪い返されればまた作られてしまうので二度手間になると考えたのかは分かりません。幾人もの日大全共闘のメンバーが忙しく入り口のバリケードを築き直しているのを横目に見ながら、一人で屋上に登ってみました。眼下の大通りでは巨大なデモ隊が渦を巻いています。前例のないことが目の前で起こっているのに、その現場に居合わせているという実感がありません。ただただ自分の目に映る光景に圧倒されていただけでした。

反戦連合の頃

六六年の暮れ頃から真新しいコンクリート四階建ての熊野寮で暮らすようになっていました。通学時間が片道二時間以上掛かることにして、潜り込んだのです。一年近く経った頃が第一次羽田闘争です。誰もが山崎君の死に大きな衝撃を受けました。その時から三派全学連の政治活動は新聞、雑誌、テレビの報道でよく取り上げられるようになります。六八年初めにあった佐世保のエンタープライズ寄港反対闘争の後は特にそうでした。山崎君の属した中核派に共感を示す者が目立ちます。中核派が高校に組織した反戦高校生協議会、通称「反戦高協」のメンバーが前年から相当数入学してきていました。それ以外に自分の方から中核派に接近する者がかなりいたのです。熊野寮の同じ部屋にいる二年下でヒゲ面の武藤君がそうでした。早く両親を亡くし、親戚をたらい回しされた挙げ句、キリスト教系の孤児院から文学部に入ってきた苦労人です。同室の四人のうち二人は理科系ですから、文科系のぼくと一番話が合いました。小説家志望らしく「彷徨者ソナタ第一楽章」という深刻な題の原稿を見せたことがあります。ASEと呼ばれるアントワーヌ・ド・サン・テグジュペリを思わせるパイロットの恋を描いた作品でした。いかにも文芸部にいる高校生が書きそうな習作で、さほど出来の良い小説とは思えません。

熊野寮の広い食堂の片隅に卓球台が置いてあります。当時の貧乏学生には、ただで出来る卓球は数少ない手近な娯楽の一つでした。ぼくも安いシェイク・ハンドのラケットを買い込んで、深夜までゲームに熱中した憶えがあります。参加する者が多く、勝ち残りが普通で、弱いぼくには順番待ちが大変です。まだ党派闘争が激しくなる前ですから、民青の活動家やシンパともゲームをしました。以前同じ部屋にいて、三、四回生用の二人部屋に移った農学部の新井さんは「主流派」時代の四トロです。左利きでペン・ホルダーの強豪でした。ところが武藤君はその新井さんと互角の試合をします。本格的に卓球をやっていたのでしょう。口下手なのに妙に生意気なことを言う癖がありました。学生運動の話はほとんどしなかったのに、自分から中核派に接触し、取り込まれていったようです。ある日、たまたま顔を合わせた新井さんが言うのです。「大学で揃いの白ヘルメットにゲバ棒の集団を背景に、中核派がアジテーション（扇動演説）をしていた。ゲバルト部隊の中に思い詰めた表情の武藤君の顔も見えたぞ」。それを聞いて意外な気がしました。とても政治活動向きのタイプには見えなかったからです。武藤君の姿が不意に消えたのはその暫らく後でした。どうしたんだろうとみんなで言い合うものの、誰にも行き先の見当が付きません。一月ほど経って、憔悴し切り、ひどいヒゲ面になってやっと帰ってきます。失踪の事情を聞いて誰もが驚いてしまいました。中核派の新明和工業突入闘争に誘われて参加し、逮捕されてずっと拘留されていたと言うのです。中核派の小部隊が新明和工業に突入しようとして一網打尽に捕まったのは一月ほど前でした。

新明和工業には四トロ時代に一度ビラ配りに行ったことがあります。航空機やその部品を作っている会社で、アメリカ軍から大量の発注を受けてベトナム戦争の恩恵に浴していると言われていました。その工場の入り口で反戦ビラを撒こうという話になったのです。京大、大阪外大、大阪教育大のメンバー十人程でグループを作ります。「お早うございます」と声を掛け、出勤する社員へ次々にビラを手渡します。ビラを受け取る人、受け取らない人の割合は半々といったところでしょうか。順調に作業が進み、出勤時間が過ぎて入り口付近から人影が消えます。すると、急にどこからか私服警官の群れとパトカーが現れました。そして、大声を上げて強引にぼくたちを追い立て始めたのです。男性メンバーは例外無く気圧されて無口になり、押し捲られるばかりです。気丈に言い返したのは一年上の、色が白くて小柄な大阪教育大の女性メンバーだけでした。工場からかなり離れた地点まで追い払うと、ようやく私服警官達が姿を消します。しかし、パトカーだけはどこまでもしつこく付いてきました。人気の無い場所まで来ると、パトカーが不意にサイレンを鳴らします。その日のリーダーだった二年上の大阪外大のメンバーは後ろも見ずに逃げ出しました。その逃げ足の速さに誰もが呆れてしまいます。

その後、新明和工業は入り口を二重にしたようです。中核派の小さなゲバルト部隊が最初の門を抜けたところで、奥の門を閉められてしまいました。両側は上部に鉄条網の付いた高い金網が続き、迂回する方法はありません。引き返そうとすると初めの門まで閉められてしまいます。全くの袋の鼠になったところへ機動隊が駆け付けたのです。小競り合いの末、全員が逮捕されました。武藤君は両側の門が開き、機動隊が入ってきた時点で地面にゲバ棒を置いたと言います。思い悩むと教会の日曜礼拝に行く武藤君の性格からすれば、学生運動に関わること自体が既に無謀でした。中核派は逮捕された後の心得も教えてなかったようです。武藤君は取り調べに完全黙秘を続けてしまいます。ヒゲのせいで年より老けて見えたのも不運でした。ゲバルト部隊のリーダーに違いないと疑われたらしいのです。二十八日間の検察拘留が相当にこたえた様子でした。暫らく島原に帰ると言ってまた姿を消してしまいます。山崎君を反戦運動の殉教者と感じ、中核派に接近した者の一つの姿を象徴するエピソードだと言えるでしょう。

ベ平連や「反戦連合」を除けば、それまで社会党、共産党とは別にベトナム反戦運動を担ってきたのは、反共産党系各党派とその影響を受けた学生だけでした。そこへ党派が取り込めないほど多数の、無党派学生が雪崩れ込み、独自の組織を作り始めます。反戦運動が一挙に大規模なものになり、党派のコントロールの効かない集団が反戦運動の正面に姿を現わし始めました。共産党に批判的で、三派全学連と共同行動は取るものの、党派のコントロールや上下関係を作るのを嫌うのが著しい特徴です。この集団は後に「ノンポリ・ラディカル」、「ノンセクト・ラディカル」と呼ばれるようになり、ベトナム反戦運動、大学闘争で大きな力を発揮するようになります。

六八年の十月八日は第一次羽田闘争の一周年です。デモの出発点になる円山公園に集まった人数は大変なものでした。ジグザグ・デモが売り物の三派全学連にかなり遅れて、「反戦連合」のデモ隊が公園をでます。並進規制の機動隊が横に付くまではいつもの通りでした。ところが何か様子が違います。よく見ると機動隊員の平均身長がデモ隊員よりかなり低いのです。遥か前方で三派全学連のジグザグ・デモが始まりました。それに呼応して指揮者が笛を吹き、ジグザグ・デモを始めます。すると、一目でかなり高齢と分かる痩せた指揮官は、横に付く機動隊をにわかに道路の反対側へ避難させてしまいました。並進規制をするどころか、デモ隊と揉み合いになるのを避けているようなのです。奇妙な雰囲気の中で、暫らくやりたい放題のジグザグ・デモが続きます。それを押さえるため遠くから駆け付けたのが、いつも見慣れた大柄で剛腕の京都府警機動隊でした。濃紺のヘルメット、乱闘服、出動靴は同じでも、初め横に付いたのは「方面機動隊」だったようです。暴動鎮圧やデモ規制の訓練を受けていない、普通の警察官の寄せ集めです。人数でデモ隊に圧倒されないよう頭数だけは揃えたものの、戦力としては、全く期待されていない部隊だったのでしょう。こけ威しが効かなくなった時にだけ、本来の機動隊を必要とされる場所に投入する方針だったようです。もう警察は以前のように数でデモ隊を圧倒することが出来なくなっていました。デモに加わった者は自信を深め大胆になります。この傾向はデモの経験が浅い「ノンポリ・ラディカル」に取り分け強く見られました。

十月二十一日の国際反戦デーには教養部でバリケード・ストライキが行なわれました。「C反戦」を通称とする教養部の反戦連合が自治会執行部の反対を押し切って代議員大会を通したのです。正門の木の扉の後ろに木製のイスを積み重ねて繋ぎ合わせ、ちゃちなバリケードが築かれます。正門前の近衛通りで各学部の反戦連合が合同集会を開いていると、青い文字で「民青」と書き入れた黄色い鉢巻きの一団が現れました。先頭に立っているのは経済学部でも名うての民青派活動家たちで、何か殺気立った目つきをしています。周りの野次に答えもせず、一様に黙りこくったままでした。一体、何をしに来たのだろうと思って見ていると、いきなり集団で殴り掛かって来ました。誰もが「民青は弱い」と思い込んでいたため、全く不意を突かれる形になります。民青の行動隊が周囲の人間を殴りつけ押し分け、バリケードに向かいます。その時になって初めて、やっと何をしようとしているのか気付く始末でした。力ずくでバリケード封鎖を解除しようとしているのです。

次の瞬間、赤や白のヘルメットを被った十人程のゲバルト部隊が教養部構内から飛び出して来ました。ゲバ棒で民青行動隊の先鋒を叩き伏せ、正門前から追い払い、辛くもバリケードを守ります。民青の行動隊が態勢を立て直すため後退し、まだ辺りが騒然とする中で、「座り込め、座り込め」という声があちこちから起こりました。最初に声を上げたのは神山だったようです。ぼくもその場で座り込みました。もうバリケードは素手の民青行動隊で解除できないと見ると、民青側は一人一人に言い掛りを付ける方針に切り替えます。数人一組になって、それぞれ近くにいた学生に食って掛かりました。どちらを敵に回すんだと問い詰めています。どちらでもないと答えると、だったらなぜ俺達の方に向かって座っているのだと食い下がるのです。とうとうその学生はそっぽを向いて座る羽目になりました。続いてぼくを相手にしている最中に、C反戦の代表がバリケードの上に姿を見せます。ラウド・スピーカーを使って、バリケード・ストライキは代議員大会で正式に決議されたはずだと繰り返すうち、民青の行動隊は一人、二人と消えていきました。民青の行動隊が現れ、姿を消すまで十分も掛からなかったでしょう。ただ、その振る舞いには明らかな変化が起きていました。正規の手続きを経て出た決議であろうと、自分たちに都合が悪ければ力ずくで引っ繰り返す姿勢を初めて見せたのです。腕力に訴える先制攻撃はその手段に過ぎません。しかし、ぼくたちが抱いた先入観は根強いものでした。黄色い鉢巻の民青派行動隊が登場しても、当初は誰もさほど気に留めていなかったのです。不可解な事件は起きたものの、「民青は弱い」と相変わらず思い込んでいました。そのため、大学闘争の初期まで常に後手を引くことになります。

夕暮れから行なわれた「国際反戦デー」のデモには半月前よりもずっと多くの大学生が参加し

ました。京都でも、とうとうジュラルミンの大盾が姿を現わします。京都府警が本腰を入れているのは分かりました。しかし、長大なデモ隊の規制はあちこちでほころびます。解散地点の京都市役所前では、河原町通りへ逆戻りさせないため、ジュラルミンの大盾がずらりと並びました。それに、スクラムを組んだ幾つものデモ隊が体当たりを繰り返し、先頭は盾を蹴り付けます。その中には「ノンポリ・ラディカル」に同調する「ヤング・ベ平連」の隊列もありました。京都府警機動隊は持て余すばかりでなく、実のところ腹に据えかねたのでしょう。騒ぎが一段落して集会が始まると、市役所向かいの歩道にばらばらと駆け足で散開する少人数の姿が目に映りました。何をするつもりだろうと思って見ていると、いきなり警棒を振り上げて突進して来たのです。集会は大混乱に陥りました。不思議なことに、怪我をした者のほとんどは市役所前に集まっていた各党派の活動家ではなく、後ろにいた「ノンポリ・ラディカル」でした。それも当然の結果と言った方が良いのでしょうか。何しろ、節度を弁えた玄人よりも、向こう見ずな素人の方が遥かに過激だったのは事実ですから。

大阪ではもっと大騒ぎになっていました。一対一の格闘でデモを潰すのを身上とする大阪府警機動隊がスクラムを組んだデモ隊に突破され、御堂筋を北から南まで縦走されてしまったのです。双方の先頭が衝突する直前と直後の写真が、ある新聞に載っていました。幾本もの旗竿を前に倒したデモ隊の先頭には、一際大柄な四トロ時代の知り合いが混じっています。機動隊の側は、前例の無いことですが、プラスチックの投石避けが付いたヘルメットを被っていました。それ以外は二年前と変わらぬ普通の警察官の姿で、個々に警棒を構えています。次の写真ではデモの先頭にいた者の大半が顔や頭を押さえ、倒れていました。顔見知りは道路に長々と横たわっています。

あの直後、阻止線が破られたのでしょう。機動隊にいたぶられるのが通り相場だった大阪のデモにさえ、それほどの変化が起こっていたのです。膨大な数の「ノンポリ・ラディカル」が加わることで、ベトナム反戦運動が最高潮に達した瞬間でした。湧きかえるような反戦運動の高揚にぼくは、もしかしたら日本が大きく変わるかもしれないという予感を持ちます。

経済学部の学生大会に出たのはいつ頃だったでしょうか。六八年の「国際反戦デー」の後ではないかと思います。自治会組織に目もくれない習性が身に付いているので、自分から学生大会に出たとは思えません。ぼくを引っ張り出したのは恐らく平田でしょう。同じゼミの平田、大賀志、仲星以外は初めて見知る顔ぶればかりです。中でも印象に残っているのは黒っぽいスーツ姿の国井でした。当時はGパン、ジャンパーが通り相場で、ズボンと色違いのジャケットでもずいぶんおしゃれに見えたものです。そんな時代のスーツ姿ですからひどく珍しく映りました。演壇の真下の席に陣取り、自分の演説の原稿にしきりに手を加えています。ぼくを紹介する声を聞いても、ほとんど耳に入らない様子で、ちらりと顔を向け、おうと声を掛けただけでした。スーツに不釣り合いの厳つい顔立ちです。やがて演壇に登ると、割れ鐘のような大声で演説を始めました。何から何まで規格外れの奇妙な男というのが初対面の印象です。四トロから抜け、ゼミにも大学にも顔を出さず、アルバイトに精を出しているうちに、経済学部でもまず「ゼミ連合」という形で「反戦連合」ができていたのです。しかも登場の最初から半数近い学生の支持を得て、学部の学生大会で民青の自治会執行部に対案を提出し、対等に議論を挑む程の勢力になっていました。

京大の経済学部は民青の金城湯池と思われていました。まだ、マルクス主義を学ぼうとする戦前以来の伝統が残っていて、教養部時代に五十人のぼくのクラスには十近い『資本論』の読書会が生まれていました。しかも学生党員の院生達が読書会のチューターを務めたいと大々的に売り込みまでしていたのです。読書会を通じて共産党シンパを獲得するためでした。例外は、声を掛けてきた党員チューターをしたたかやり込めて、吉井が作った読書会だけだったのではないでしょうか。反共産党系の党派は最初から新メンバーの獲得活動を諦めていました。事実、ぼくが教養部一年の時代、経済学部には二回生に中核派の活動家が一人、一回生で四トロのぼくが居るだけです。三回生以上については、反共産党系の党派が学部自治会を舞台に何かをしたという気配さえありません。そこへ自治会執行部に対抗する一大勢力が現れたのです。自治会執行部を握る民青側はずいぶん驚き、背後にどこかの党派がいるのではないかと不安になったようでした。もし、そうだとしたら大変な影響力を持っていることになります。何しろ「ゼミ連合」の裾野はひどく広く、名立たる党員教官のゼミ生にすら及んでいたのですから。しかし、後に「E反戦」になる「ゼミ連合」の実態は全く違いました。ぼくが目にしたのは典型的な「ノンポリ・ラディカル」の集団です。党派に属して政治活動をした過去があるのはぼくだけでした。演劇や映画のサークル、通称「演映連」の伊井さん、上村さんは「主流派」時代のブントにいくらか関わっていたようです。この三人以外は、六七年十月八日の前まで、学生運動に全く関わらない普通の学生だったのです。当初から関わっていた訳ではないので設立の事情までは分かりません。「反戦連合」を創った神谷の友人、仲星が「ゼミ連合」の誕生に重要な役割を果したのだろうと想像するだけです。学部に上がると、同じゼミの者同志の付き合いだけに成りがちなのに「ゼミ連合」は実に雑多な人間の集まりでした。学生大会の後で引き合わせられた一人が神山です。党員教官のゼミに属していると聞いて、「民青だったら殴ってやるところだった」とすごんでみました。すると、相手はけろりとして言います。「そんなこと出来ると思う」。改めて近くからよく見ると、相手はかなり上背があります。身長を聞いて驚きました。ぼくより十センチ以上も背が高いのです。肩幅もあり、均整が取れている体なので遠目には長身で大柄と見えないだけでした。神山は高校までテニスをやり、インター・ハイで入賞したこともある一流のスポーツマンだったのです。しかも、高校時代は空手部の主将相手の喧嘩でも互角に渡り合うほどの剛の者でした。ぼくの言葉も滑稽にしか聞こえなかったでしょう。向こう意気の強さも天下一品でした。後に民青の活動家に本気で殴りかかろうとするのを幾度か必死で取り押さえることになります。

「E反戦」の雰囲気を知ってもらうためには、人見さんのエピソードを紹介するのが一番でしょう。小太りの、いつもにこにこしている人でした。「E反戦」に関わるようになってから、政治活動の経験を買われ重宝がられるようになります。一人一人を説得し、賛同者を増やすオルグ活動は大の苦手です。四トロ時代に先輩と一度だけ試みたことがありました。しかし、全くの失敗に終わります。命懸けの活動に成りかねない革命運動に、舌先三寸で他人を引き込むと思うと、ひどく後ろめたい気分を味わい、二度とやる気が起こりませんでした。ベトナム反戦運動の集団である「E反戦」にはそんな政治的思惑が無かったせいでしょう。多数派を作るための説得工作に誰もがずいぶん力を入れていたようです。この分野でぼくは全く無能でした。ただ、学生大会や小集会で野次にめげず原稿無しの演説をしたり、民青派執行部の主張に対抗して、こちらの言い分をはっきりさせる押しの強い人間がいなかったのです。自然にそれがぼくの役割になりました。そんな中で一面識もない人見さんから突然声を掛けられたことがあります。時計台の建物と法学部・経済学部の法経旧館の間にベンチや植え込み、芝生、散歩道を備えた「法経中庭」

と呼ばれる一画があります。落ち着いた場所で、講義の合い間に休憩するには持って来いの場所でした。「E反戦」の小集会もそこでよく開かれます。そこに小太りのにこにこ笑う学生が立っていました。見ると、通り掛かる一人一人にビラを手渡しています。そしてぼくにも手渡しながら、どこか嬉しそうに、「名前使わせて貰ったで」と言ったのです。よく見ると、いかにも書き慣れていない、下手な手書きビラの最後に、大きな字で「E反戦」と書いてありました。どうやら人見さんの属するゼミでベトナム反戦運動のゼミ討論があったようです。自分の思うところを述べるうち、言っていることは自治会執行部の考えとは違い、「E反戦」の主張と変わらないではないかと吊し上げを喰らったらしいのです。そこで自分の思いの丈をビラに書き、無断で「E反戦」の名前を使って配り始めたのでした。「E反戦」は上下関係や命令系統を持つ組織ではありません。ビラを出す場合には、書く者を決め、何を書くかは当人に任せるのが普通です。しかし、さすがに人見さんのビラには面食らいました。それでも「E反戦」ではベトナム反戦運動で同じような考えを持っている人なら、孤立させるのは良くないと言う者が大半です。人見さんの属するゼミの討論会が法経中庭で開かれていると知り、ぼくが様子を見に行くことになりました。早くも自治会の委員長、メガネの小野はじめ数人の民青の活動家が来ています。自治会決議、ゼミ決議を盾にとって徹底して建前論で責め立てているのです。何とか口添えしようとするものの、この手の遣り取りが苦手なぼくの手には負えません。厳しい追求に、とうとう人見さんは泣き出してしまいます。数日後、構内で会った民青の活動家が訳知り顔で言うのです。「おい、あのビラは人見が勝手に書いたものだろう」。ポーカー・フェイスを決め込んで、白を切ってみました。「何の話だ。証拠でもあるのか」。相手はにやりと笑って言います。「ビラの後ろの方にゼミ討論の内容を説明する件りがある。あそこに幾度も『ぼくがこう言うと…』とか『ぼくに向かって…』と書いてあるじゃないか。あんな文章、人見以外の誰が書くんだ」。空とぼけて「さあね」と誤魔化すのがやっとでした。

人見さんが目を引く政治行動の表に立つことはその後、ありませんでした。後に大学院に入ったそうです。もともと政治向きの人ではなかったのでしょう。しかし、ぼくには人見さんの例が特別だとは思えないのです。ベトナム反戦運動のデモ隊を膨れ上がらせ、学生大会で自治会執行部案ではなく「E反戦」の対案に投票したり、挙手したのは多くが人見さんのような学生だったでしょう。共産党の牙城、経済学部自治会でも「E反戦」の対案が得票数で執行部案に僅かに足りず、辛うじて否決される事態がすぐ生まれるようになります。ベトナム反戦運動は全世界に拡がり、日大全共闘のバリケード・ストライキが続き、東大では全共闘派と民青派の本格的な武力衝突が始まろうとする時期でした。

E反戦で、ぼくの活動経験が生かせたものの一つは看板泥棒です。立て看板を自力で作るより、盗む方が楽なのは子供でも分かる理屈です。そこで、ついつい深夜に商店街の看板を盗みに行くことになりました。京大近くの商店の方も心得たもので、看板を電柱や塀に太い針金で括り付けるのを忘れません。しかも盗めばすぐ分かるよう、裏にはペンキで大きく名前を書いています。何の警戒もしていないのは京都府警が東一条通りに並べた警察官募集の看板だけでした。それを二人がかりで盗んだのです。まさか正門から持ち込むわけにはいきません。そこで、通用門の門扉の下を潜らせることにします。運んでいる最中にパトカーが通り掛かり、急にサイレンを鳴らしました。看板泥棒を驚かすつもりだったのでしょう。びっくりしながらも、獲物の看板を放り出して逃げる訳には行きません。大急ぎで看板を門扉の下へ放りこみ、閉まった門扉を乗り越えました。パトカーは看板泥棒に気付いても、まさか警察の看板が盗まれているとは夢にも思わなかったでしょう。普通の看板は角材の骨組みにベニヤ板を打ち付けた簡単なものです。しかし、警察の看板はベニヤ板ではなく、トタン板を張った立派な物でした。表にペンキで描かれた絵や字は、裏から蹴れば簡単に剥がれ落ちます。持ち主の名前も書いてありません。看板泥棒から見れば最高の獲物です。もっとも、それは最初で最後の獲物でした。それ以後、京都府警も看板を針金でぐるぐる巻きにする必要を感じたようです。幾度目かは加藤と一緒でした。厳重に警戒している大学周辺は無理と見て、かなり離れた通りを狙います。思った通り全く警戒していません。警察の看板ではなく、普通の商店の看板を狙うと知って、加藤は驚いたようでした。そこを強引に持ち掛けて承知させます。手伝いながらも加藤は小声で言い続けました。「ジオン、お前さん少しおかしいよ。ああ、済みません、済みません」。

今から思うと不思議な気がします。ぼくは九月に日大全共闘と東大全共闘の両方を内側から覗いています。学生の圧倒的支持を受け、これまでの大衆運動の枠を打ち破って、果敢にゲバルト闘争に踏み込んだのは、底知れぬエネルギーを秘めた日大全共闘の戦いでした。それは止むに止まれず始まった、大規模な異議申し立ての行動です。闘争に加わる者は例外なく活気と自信に満ちあふれていました。もしあの時、日大全共闘について聞かれたなら、「日大全共闘は素晴らしい」と答えていたでしょう。ただそれは一大学の枠内に収まってしまいかねない要素を秘めていました。日大全共闘から全国の大学を揺り動かすアピールが送られることは無かったのです。

これに比べ、東大全共闘の戦いは九月の段階ではのどかなものでした。全共闘側も民青側も本格的な衝突など考えていなかったでしょう。封鎖闘争の意義はぼくには分からないままでした。ただ、秋が深まると、時々謎めいたアピールが東大全共闘から出されます。それは全国の大学で注目されていました。東大で起こることに全国の大学生が目を向け、耳を傾けていたのです。

六八年晩秋には、「E反戦」の会合でも、東大で一体何が起こっているのだろうと話すことが多くなります。各党派の一方的な宣伝やジャーナリズムの伝える話はとても鵜呑みにできない。代表を選んで実際に見て来させた方が好いと話がまとまります。代表を買って出たのは、講義やゼミに出る気などさらさら無いヤクザ学生のぼくです。皆に資金カンパ（寄付）を募り、東京へ向かいました。利用したのは例の各駅停車東京行きの夜行列車です。一月前に比べ、東大本郷の雰囲気が一変していました。どこかのどかだったテント村は跡形もない有様です。聞けば、泊まり込んでいた者同士で激論があったといいます。その結果、安田講堂に籠もる者とそうでない者に別れ、テント村は消えてしまったというのです。安田講堂には入れてもらえませんでした。関西の大学の民青が中の様子を探るため見学者の振りをして潜り込んだことがあった。それ以来、部外者は入れないことにした。長い鉄パイプにもたれかかったまま、長身のヘルメット姿の歩哨が落ち着いた声でそう言います。もしかしたら、九月に無遠慮な質問をしたぼくのことだったかもしれません。取りつく島もないまま、駒場寮に泊りました。そこで社青同「解放派」のシンパである元気な男と知り合い、話が弾みます。もう幾度か大学構内でゲバルト（武力衝突）が起きているのを初めて知りました。安田講堂に入れてもらえなかったと話すと、これから案内してやると言い出します。二人で夜の本郷構内に入りました。歩きながら左右に目を配るぼくに気付くと、笑いながら言うのです。「大丈夫だよ。民青なんか俺がのしてやる」。反共産党系の党派では活動家やシンパのほとんどが「民青は弱い」とまだ思い込んでいる頃でした。皮肉なことに、それは共産党が東大全共闘に対し、ゲバルトを含む全面対決の方針を決めた時期でもあったのです。その後、安田講堂に入ったはずです。しかし、印象に残っていることが殆どありません。東大では社青同「解放派」の活動家が言います。「いつでもデモの先頭に立って支持者を集めたんだ」。ひどく粗雑な物の考え方をしていると呆れます。数日して京都に帰り、空き教室を使って報告会を開いたものの、盛況とは言い兼ねました。本気で拍手してくれたのは初めて顔を見る学生ただ一人だったのが印象に残っています。

十一月に入ると東大全共闘が全学封鎖の方針を打ち出します。ベトナム戦争が続く中で日本は巧妙に立ち回り、利益だけを得ていました。武器の部品や弾薬を納入し、戦闘の合間に日本にやってきて羽を伸ばすベトナム帰休兵を鴨にしています。一見平和なこの国の経済活動は、そのままベトナムの戦場に繋がっていました。激しいベトナム反戦運動は、今のところ政府が自衛隊をベトナムに派兵するのを有効に抑えています。しかし、日本がアメリカの後方基地であることをやめさせたわけではありません。東京の八王子にはアメリカ軍の野戦病院が建設されようとしていました。三派全学連の激しい街頭闘争が始まります。しかし、次第に機動隊に押さえこまれていきます。この国の戦争への関与を断ち切りたい。それにはもう根本的な体制変革以外にないのではないか。日米安保条約の期限が切れる一九七〇年は目前です。多くの者がそう思い始めていました。そして、この国を率いているのは東大を筆頭とする旧制帝国大学出身のエリート達です。だから、七〇年安保闘争に期待を繋ぐ反共産党系党派の思惑とは別のところで、「帝大解体」という東大全共闘のスローガンがベトナム反戦運動に関わるノンポリ・ラディカルの心を惹き付けていたのです。ただ、ぼくはこのスローガンに少し違和感を覚えました。京都帝大が無ければ湯川秀樹のノーベル賞も朝永振一郎のノーベル賞も無かったでしょう。

十一月下旬の東大・日大全共闘の合同集会には「E反戦」から三人が参加しました。講義やゼミに出ようともしていない伊井さん、上村さん、ぼくの三人です。ぼくは皆んなが資金カンパしたお金を預かっていました。東京に着くと、まっすぐ東大本郷へ向かいます。構内では党派ごとに別れて威勢のいいデモ行進が続いていました。「封鎖」、「貫徹」と叫びながら練り歩くそれぞれのデモ隊は驚くほどの人数です。どこの党派も全国に全力動員を指令していたのでしょう。構内のあちこちを見て歩くうち、社青同「解放派」のデモ隊に出会います。数人の顔見知りが手を上げて元気に声を掛けてきました。京大の「青解」は早大系としてまだ形成の途中です。当時、まだ活動家と呼べるほどの人間は育っていません。熊野寮の加藤を中心に十人足らずのシンパがいただけです。それなのに、その半分以上が顔を揃えていました。何をさせるか分からないブントや中核派に比べ、「青解」はずっとまともな党派だと前から思っています。気心の知れた顔見知りもいることだし、三人で「青解」の隊列に付いて歩きました。話しているうち、京都で思っていたよりはるかに険悪な情況になっているのを知ります。今回も駒場寮に泊まるつもりでいたのです。しかし、寮自治会が民青派なのでヘルメットを持っての宿泊はとても無理なようでした。「青解」のデモ隊から別れ、構内をあちこち歩き回ります。民青の拠点になっている教育学部の近くを通ったとき、奇妙なものを見ました。台の上に一人が上がり、その動きに合わせて集団全体でダンスを踊っているのです。全共闘との全面衝突を控えたにしては、ひどく呑気な光景でした。何年も経って、たまたまある人にその話をしたことがあります。するとまさかと思うような答えが返ってきました。「ダンスじゃない。柔軟体操だよ」。その人の経歴を明かされて、もっと驚きます。当時の東京教育大学文学部自治会の副委員長だったのです。あの時、向こう側にいた幹部の一人です。共産党の関係者以外には殆ど知られていない「新日和見派」でした。すぐに革命こそ目指さないものの、条約期限の切れる七〇年に日米安保条約を廃棄に追い込もうとし、後に共産党から大量に除名された党内過激派です。

食事をしたり、コーヒーを飲んだりするため幾度か外に出る以外は、朝から夕方まで東大本郷の構内をうろつき回りました。しかし、どこにも「ノンポリ」らしいデモ隊が見つかりません。仕方なく、今後は「青解」の部隊に付いていくことにします。かねて用意の黒ヘルメットをナップザックから取り出して被り、青ヘルメットの集団に入りました。周囲を見渡すと、青ヘルメットのデモ隊負は一人残らず軍手をはめた手に三メートル近い鉄パイプを握り、背中にツルハシの柄らしい棒を括り付けています。離れている時は鉄パイプを、距離が詰まればツルハシの柄を使うつもりのようでした。事件の渦中にいると全体の情況は全く掴めないものです。何が起こるのか、自分が何をすることになるのか何一つ分からないまま、大学構内を歩き続け、叫び続けました。けれども、民青派行動隊との衝突は結局起こらなかったのです。最後に着いたのは集会が開かれている安田講堂前でした。夜に入り、会場全体が強い光で照らしだされています。真昼のように明るいとはいえ、日光の柔らかい光ではなく、どこか青み掛かった冷たい光でした。安田講堂前に並ぶ大看板に向かい、それぞれの色のヘルメット別に大集団が座り込んでいます。強力なスピーカーを通した演説はどれもはっきりと聞き取れました。東大全共闘代表、山本義隆の演説には大きな拍手が湧き起こります。ただ、何を言いたいのかぼくにはよく分かりませんでした。

意外なことに京大医学部自治会を握る中核派の活動家、橋上が演壇に上がります。恐らくもう革共同中核派の全国委員になっていたのでしょう。その橋上が、ここには自らの出生の秘密を隠したまま出席している党派がいるといったとき、青ヘルメットの群れから一斉に激しい怒号が巻き起こりました。「青解」が社会党に潜り込んだ安保ブントの一派であるのを当て擦る発言だったからでしょう。それ以外の演説は印象に残っていません。やがて神田から無届けデモでやってきた日大全共闘の大部隊が到着しました。デモの指揮者達を初め例外無くヘルメット、タオルの覆面を剥ぎ取られ、顔は生傷だらけです。その中に笑顔で隣のデモ隊員を励ます理工の田宮の姿も見えました。けれどヘルメットに覆面を着け鉄パイプを抱えた無傷の東大全共闘と、ヘルメットもゲバ棒も奪われ、生傷だらけの日大全共闘が並ぶと、何かちぐはぐな印象を受けました。大掛りな集会の割りには実質に乏しいと感じたのです。東大闘争はもともと研修医の身分問題に始まり、大学院生が中心となっていました。一方、日大闘争は二十億円の使途不明金に端を発し、一挙に学生の大多数に支持される武闘が始まったのです。しかも、いくら逮捕者を出しても一向に納まる気配がありません。二つの闘争には大きな色合いの違いがありました。その落差は一度の合同集会で解消するほど小さなものではなかったのです。

集会後、「青解」の集団にくっ付いてどこかへデモに行った憶えがあります。驚いたのはその集団が平然と無賃乗車をしたことです。駅員の制止を振り切って駅の構内に雪崩れ込み、到着駅では追い掛けて来て、食い下がる駅員を振り払いデモをしました。一年前の第一次羽田闘争の頃は、一応言われた駅まで切符を買って駅に入ったのです。学生運動が一年の間に様変わりしたのを示す明らかな徴候でした。けれどもその時はただ唖然とするだけでした。最後に東大本郷のどこかにある階段教室に落ち着きます。間もなく、三十過ぎと見える男が指図し、蓋の無い平べったい箱が幾つも持ち込まれました。「急なことで、この位しか出来なかったが」と始まる話によると、お握りの差し入れを持ってきたようです。男の話が一段落したところで、階段教室の上の方に座る一人が強引な全国動員に抗議の声を上げました。教室の前の男はそれを適当にあしらって姿を消します。下の段に座っていた数人が中心になって、お握りの分配が始まりました。大量のお握りをすぐ届けるとは、さすがに全国組織は大した物だなと列に並びながら感心してしまいます。自分の順番になってお握りを貰おうとすると、分配係が大声を上げて怒りだしました。「一人二個だ。お前にはさっき渡したじゃないか」。騒ぎが大きくなって、伊井さんが教室の前の方にやってきます。どうしたと声を掛ける伊井さんの顔とぼくの顔を見比べ、分配係は黙り込みました。ばつの悪い表情で、ぼくに黙ってお握りを渡します。身長はかなり違うものの、伊井さんとぼくは一見よく似ていました。どちらも黒いヘルメットに同じような黒縁メガネを掛けていたのです。そのため同じ人間が二度お握りを貰いに来たと勘違いしたようです。

翌朝、三人で相談した結果、以後は自由行動ということになりました。資金カンパのお金を分けようとして背中のナップザックを開き、お金を入れた封筒が無くなっているのに気付きます。二人前日、幾度もナップザックを開け閉めしているうちにどこかで落としてしまったようです。二人に謝ったものの、どうにも取り返しがつきません。ただ、それぞれ帰りの旅費を賄うくらいの持ち合わせがあったのが幸いでした。

京都に帰る前、上田さんと一緒に新宿のゴー・ゴー喫茶へ行ってみます。店内は薄暗く、激しいロック音楽が流れていました。GパンにTシャツ、その上に「U. S. ARMY」のロゴの入ったアーミー・グリーンの上着を羽織った、ちょっとかわいい女の子が床の隅に座り込んでいます。口にあてたポリ袋が膨らんだり、縮んだりしています。シンナーを吸う姿を見るのはそれが初めてでした。陶然とした表情を浮かべながら、かたわらで上村さんがゴー・ゴーを踊り続けています。ぼくにはどうにも馴染めない雰囲気でした。

寮での暮らし

十一月に行なわれることから、京大の大学祭は「十一月祭」と呼ばれます。毎年、その年のテーマを決めるのが恒例です。民青が全学自治会、教養部自治会を押さえて以来、その年のテーマを決めるのは民青派の役員の仕事になりました。しかし、文学部、医学部の自治会を辛うじて保持し、西部構内のサークルやクラブに影響力を持っている旧「主流派」は、それとは独立にテーマを選んで対抗していたのです。そんな中で大賀志が言ったことは奇妙に印象に残っています。「〝赤い夕日の三度笠、背中で泣いてる大五郎〟はどうだろう」。「三度笠」の出所はすぐに想像がつきました。当時は東映任侠ヤクザ路線の全盛期です。大賀志は中毒と言っていいほどの映画気違いで、週末になれば必ずと言っていいほど高倉健や藤純子主演の東映映画を観に行っていました。股旅物と呼ばれるヤクザ時代劇から取ったものでしょう。劇画「子連れ狼」も話題になっていました。凄腕の刺客、拝一刀はいつも小さな手押し車を押しています。それに乗っているのが幼い一人息子の「大五郎」です。ヤクザ映画とマンガから採ったテーマは大学祭である十一月祭にはふさわしくないような気がしました。そう答えると大賀志は続けます。「三度笠には

〝ヘルメット〟、大五郎には〝資本論〟とルビを打つんだ。どうだ」。ひどく突飛な発想に思えて、とても賛成出来ませんでした。六八年の十一月祭に旧「主流派」が選んだテーマはどうでもいいのです。問題はその半年後でした。行きつけの喫茶店「クレーベル」で、東大の「五月祭」の新聞記事を読んでいた大賀志が大声を上げます。「見ろ。先を越されたじゃないか」。そこに載っているポスターには、背中に銀杏の葉の刺青をした若い男の姿があり、その横にあの有名な言葉が載っていました。「止めてくれるな、おっかさん。背中の銀杏が泣いている。男、東大どこへ行く」。古臭い感覚のぼくと違い、驚くほど多数の大学生がベトナム反戦運動や大学闘争に関わっていく時代の雰囲気を大賀志は鋭敏に読み取っていたのです。

同じ頃、京大新聞の懸賞小説に二作品が入賞し、掲載されました。当時は、かなり有名だった小説家、井上光晴が選者です。「面白い小説が載っているぞ」と言って、問題の京大新聞を寮の部屋に持ってきたのも大賀志でした。「二つのうち〝みやまむう〟の書いた方がずっと良い」。井上光晴も激賞しています。その題は「彷徨者ソナタ第一楽章」でした。以前読んだものを大幅に書き変えてあります。一カ月近い拘置所への拘留経験が物の見方を大きく変えたのでしょう。ストーリーはもう忘れてしまいました。ただ、恋人と肉体関係を持った後の感想を「ねちっこかった」と書いていたのだけは今でも憶えています。そういえば「みやまむう」こと武藤君は、しきりに高校時代のガール・フレンドに会いたがっていました。ただその頃は、まだ天草から、帰っていなかったと思います。帰っていれば、同じ部屋の住人なのですから大ファンの大賀志に引き合わせたはずです。「E反戦」の他の友達もよく部屋へ遊びに来ました。初めて部屋に入った神山が呆れるように言ったことがあります。「何だ、結構まともな服を持ってるじゃないか」。当時、ぼくはいつもＧパンに大きなポケットのついた紺のジャケット姿でした。最初のアルバイト料で買った思い出の品物で、着馴れた楽な服装だから、ついそうなっただけなのです。しかし、それ以外に着るものがないからだと神山は勝手に思っていたのでしょう。

寮の中はまだまだのんびりしていました。寮自治会の委員長はブント系の黒木で、役員も多くはブント系です。しかし、それぞれの棟の各階の代表委員に民青派がかなりいました。きちんと実務をこなし、公正な点では、いい加減なブント系よりはるかにましだったと言えるでしょう。意見の違いで口論になり、怒鳴り合うようなことも稀でした。バリバリの活動家はいざ知らず、両派のシンパには「お互いに左翼」という意識がまだ残っていたのです。それを物語る事件がありました。五、六人で銭湯から帰る途中、門に近い寮の塀際に、三、四人の学生服姿がありました。いずれも見かけない顔です。その一人が右手に木刀を持ち、緊張した面持ちで近付いて来ます。擦れ違う時、相手の襟章が見えました。十六葉の菊、見たことのない校章です。寮に帰り、食堂で話し込んでいると、いきなり最大音量で興奮した口調の寮内放送が始まります。コンクリートの壁に反響して、食堂にいると何を言っているのか全く分かりません。慌てて玄関近くのホールに行ってみると、駆け付けて来る者の中にはヘルメット、タオルの覆面にゲバ棒を持った者までいます。右翼が攻めてきたという放送だったのです。民青派の二人が銭湯の帰り、自派のポスターを破っている数人を目にしたようです。「何をしている」と咎めた途端、いきなり取り囲まれ、木刀で幾度も殴られたらしいです。一人はどうにか逃げ出し、すぐに事務室へ連絡したものの、もう一人が取り囲まれたままだと言います。すぐさま大勢で押し掛けました。もう学生服姿はどこにもありません。突然の寮内放送に危険を感じ、逃げたのでしょう。塀のそばには、顔見知りの民青派がいました。細い金属フレームのメガネを掛け、痩せていて見るからに神経質そうなタイプです。歯の根が合わないとは、ああいう状態を言うのでしょうか。頬の筋肉を強ばらせ、無理に笑い顔を作りながら言います。「ちょ、ちょっと遅かったな。も、もう、逃げたよ」。救援に来てくれたのはあり難いけれど、それが寮内の反対派だったのが悔しかったのだと思います。ぼくの知るかぎり、それが最初で最後の右翼の攻撃でした。多分、やってきた連中が熊野寮の「赤学生」は手強いと思ったせいでしょう。

旧制三高以来の吉田寮とは異なり、鉄筋四階建ての熊野寮はモダンでした。見かけだけではなく、隣の部屋の声や物音が聞こえないだけで、寮生のライフ・スタイルがかなり変わったのです。京大生の寮生活もずいぶん変わってしまいました。十年ほど前まで、数百人の寮生がパンツ一枚になり、大騒ぎで学長官舎に押し掛ける「ストーム」が行なわれていました。官舎の前で学長の名前を大声で叫び、出て来いと騒ぐのです。やがて学長が一升瓶を下げて現れ、元気でよろしいなどと言うと、一升瓶を受け取り、代表が「ようし」と言いながら禿頭を一つ叩いて引き上げるのが恒例だったと聞きます。旧制三高以来のこのストームは数年前、にわかに自粛を求められます。ストームに参加した寮生の一人が、道端にあったコンクリート・ブロックで近くの自動車を殴り、へこませてしまいました。それを機に、近所からストームに関する苦情が一斉に出てきたらしいのです。伝統のストームは急に下火になりました。それを続けようとする動きは僅かながらもまだあったのです。寮自治会の委員長、黒木は明らかにそうでした。四月の新入生歓迎会の後、学長官舎にストームを掛けようと言い出したのは黒木です。しかし、千鳥足で付いて行ったのはごく少数でした。帰って来て、玄関近くのホールに集まり、五、六人の輪の中で三本締めをする黒田の姿をぼくは見ています。それが恐らく最後のストームだったでしょう。その代わり、寮祭に学長と学生部長が顔を見せ、一芸を披露するようになりました。大学闘争前後の学長、奥田東先生の芸といえば当時はやった簡単な歌、「バラが咲いた」を歌うことだけです。寮の棟と棟の間にある空き地に据えた台の上で、寮生に囲まれ、例によってそのたった一つの十八番を歌います。毎度のことなので、お座成りな拍手が湧くだけでした。次はメガネを掛け、でっぷり肥った大柄な岡本学生部長が台に上ります。黒いダブルの背広姿で、いつもの厳しい表情のままです。もう誰も大した期待はしていません。ところが、予想は見事に裏切られました。「昔、少女歌劇が好きだったので」と言うなり、ドラ声でレビューの曲を歌い始めます。やがて、両手を腰に当て、いきなりカンカン踊りを始めました。周囲の寮生の間から、どっと笑い声が起こり、盛んな拍手が起こります。くそ真面目な顔のまま、巨体を揺すりながらのカンカン踊りが暫らく続きました。思わぬ成り行きに二階から見ていたぼくは呆気に取られます。やがて大喝采を浴びながら台を降りた学生部長はハンカチを取り出し、額に吹き出た玉の汗を拭いました。難しい顔はいささかも変わりません。そこまで見届けて、とうとうぼくも噴き出してしまいました。

寮自治会と学生部との団体交渉は年に幾度も行なわれます。当時は文部省の指導に基づき、寮の管理規定を定める大学が多くなっていました。そうなると、学生の自治権はごく限られた範囲のものになります。熊野寮ではそれに抵抗する活動が続いていました。熊野寮は大学が予算を獲得し、建築科の学生が設計したものです。天井の高さや窓の広さ、窓の上のひさしの長さと角度がうまく考えられています。夏の直射日光が射し込まず、冬には日差しが入るように作られていました。ずいぶん住み心地の良い建物です。文部省の方針に従えば、そんなことは二度と出来なくなるでしょう。また、寮自治会は幾度も新しい寮の建設を要求していました。京大では学生数に比べ、寮の収容能力がかなり低かったからです。しかし、毎年この問題になると、要求した寮建設の予算は認められなかったと学生部側は答えていました。学生の自治権を制限しない大学に、文部省が新しい寮の建設予算を認めた前例はないようでした。もしかすると、大学側は文部省に寮建設の予算を要求していないのではないかと疑う者が多くなっていきます。

アルバイトあれこれ

当時、ぼくの自由になるお金は一般奨学金、家からの仕送り、家庭教師料を合わせても一カ月に一万円を少し上回る程度です。食費その他の生活費でほとんど無くなってしまいます。だから、よくアルバイトをしました。いつもお金がないので、その日に支払われる単発の仕事が中心です。よく行ったのは映画のエキストラのアルバイトでした。映画会社はまとまった人数がほしい時、よく前日に熊野寮の事務室に電話をしてきます。すると寮内放送があり、応募者は事務室に出向いて登録するのです。最初に出たのは高倉健主演の「戦後最大の賭場」でした。大同団結して巨大組織を作ったやくざが大広間で乾杯するシーンがあります。その左右に居並ぶ組長達の一人として右端にぼんやりした黒いシミのように映っているはずです。画面中央には黒い背広を窮屈そうに着た体格のいい角刈りの俳優さん達がはっきり映っています。ビールの栓を抜く役です。しかし、カメラの焦点が合っていない部分はいい加減なものです。白いシャツの上に黒い背広さえ着ていれば、メガネに長髪でも勤まったのです。ぼくたちはわずか数秒のそのカットに対して日当を支払われる結果になりました。本当はもっと多くのシーンを撮る予定だったようです。しかし、高倉健の到着が大幅に遅れていました。そこで高倉健が画面に出ない乾杯のシーンだけを先に撮ったのです。高倉健を待つ長い時間に大部屋俳優の日常を見る機会がありました。見覚えのある顔がその中にあります。白いシャツにステテコ姿で博打をするのをしばらく前の映画で見ていました。声をかけてみます。「この前の映画でツボを振っていましたね」。するとその俳優は嬉しそうに言います。「おお、分かったか。そやけど、あの時はツボやのうて手本引きやったけどな」。そして幸せそうに言うのです。「やっぱり、高倉さんと一緒やった」。着物を粋に着こなした四十がらみの女優三人が花札博打をしていました。いずれも若いころは相当の美人だったと思われる顔立ちです。いつもそうして待ち時間を過ごしているようです。手慣れた手つきでした。一流女優を目指して映画界入りしてからの時間の大半をそうして過ごしてきたのでしょう。酒飲みの意地汚さを隠そうともしない俳優もいました。乾杯のシーンに使った小道具のコップは洗った形跡もない汚れたものでした。注がれたビールを飲む気にはなれません。「飲まへんのか。貰ろてええか」。突然、そうぼくに声をかける人がいます。どうぞと言うと汚いコップの中のビールを一気に飲み干しました。そして、同じようにビールに手を付けていない者に次々に声をかけていきます。売れない俳優の悲哀が詰まった場所…しかも映画には不可欠なもの…それが大部屋なのでしょう。

「衛生掃除」のアルバイトに行ったこともあります。最初は引っ越しの仕事という話でした。指定された路地裏の小さな一軒家に行くと、出てきたおばあさんに言われます。「ほんまは衛生掃除ですねん。衛生掃除言うと来てくれはらへんから引っ越し言いました。済まん事です」。聞き慣れない衛生掃除という言葉に、便所の汲み取りでもやらされるのかと驚いてしまいます。ところが説明を聞いて見るとただの大掃除でした。大掃除を衛生掃除と呼ぶ戦前からの言葉使いが京都の下町に残っていただけなのです。さして広くもない家のわずかな家具を動かし掃除を済ませるともう仕事は終わっていました。心づくしの昼食を食べながらいろいろな話の聞き役になります。

「わたしは西陣のお針子をしてます。問屋から回ってきた生地を着物に仕立てる仕事です。亡くなった主人は西陣の職人でお見合い結婚でした。若いころはよう気の短い主人と夫婦喧嘩をしました。かっとなると問屋から預かった大事な生地をハサミでずたずたにしてしまうような所が若いころのわたしにもありました。後が大変どしたけどな。気はきつい方やったと思います。戦争中は女子挺身隊でえらい勢いでしたで。戦争に負けて、主人が死んでから一人で暮らしてます。子供はいてません。仕事は今もしてます。昔からの付き合いで仕事を回してくれる所がありますから。景気のええときには捌ききれんほどの仕事が来ます。そやけど、徹夜してでもこなさんことには景気の悪い時に仕事を回してもらえません。わたしのような年寄りにはこたえます。

あなたもいつかは結婚しはるでしょう。その時には向こうのお母さんをよう見なあきません。それがお嫁さんの何十年か後の姿ですから」。

話しているときに外で声がしてもう一人のおばあさんが入ってきました。近所の友達なのでしょう。世間話の合間にぼくに言います。「遊びに来てあげてや。寂しいおばあさんやから」。大掃除の仕事は簡単すぎるほどでした。おばあさんが本当にほしかったのは話し相手だったのかもしれません。帰り際、日当とは別に「これはお風呂代」と言って小さな紙包みを手渡し、深々と頭を下げます。「ご苦労様でした」。また来ますと笑顔で言うぼくの言葉に顔をほころばせると、おばあさんはどこか寂しげに言いました。「ああ、だけどそれまでわたしが生きているかねえ」。

　祇園の一流料亭の皿洗いに行ったこともあります。立派な玄関に立ち、声を掛けると五十代半ばと見える男の人が出て来ます。皿洗いに来たというと不機嫌な顔になり、だったら従業員用の裏口に回れと言われました。玄関は御客専用だったのです。裏口を通って調理場の隣にある洗い場へ入りました。着物姿の仲居さん達が下げてきた器を洗うのが仕事です。宴会は始まっておらず、皿洗いはまだ暇でした。時々、白いブラウスにスカート姿の、場違いな感じの女の子が洗い場にやってきます。色が白くて背が高く、なかなかの美人です。このアルバイトを紹介してくれた友人が言っていました。料亭の一人娘は背が高く、浴衣の良く似合う大変な美人だ。この若い女の子がそうなのでしょう。仲居さんに尋ねるとその通りでした。もう親の決めた許嫁があるそうです。仲居さんは最後に付け加えます。「わがままな子やでえ」。

　まだ皿洗いの仕事は忙しくないので、二人で二階の部屋の雑巾がけをすることになります。水を入れたバケツと二枚の雑巾をもって上がり、畳を拭きながら話します。女の子は同志社大学の経済学部で同じ二年でした。京大から教えに行っている先生の名前が出ます。しかし、講義に出ていないぼくとの共通の話題にはなりません。女の子は宴会で料亭が忙しい時、着物を着て仕事を手伝うことがあるそうです。その話の最中、眉をしかめて言った言葉が記憶に残っています。「お医者さんと学校の先生が一番嫌」。体を触られたり、下品な言葉を掛けられることが多いのでしょう。拭き掃除を終えて雑巾を洗い、絞りながら女の子は何か不満げな顔を向けました。ぼくに好意を持っていた訳ではないと思います。靡かなかったことが気に入らなかったのでしょう。

宴会が始まると、皿洗いは目の回るような忙しさでした。一枚数十万円はしそうな大皿を仲居さんたちが洗い場の流し台にポンポン放り込んできます。そして言うのです。「割ったり、ヒビを入れたりしたら、一生アルバイトしても返せへんで」。そういう洗い物はひどく神経を使います。一段落して休憩になった時は精神的にへとへとになっていました。二階に通じる階段に腰を下ろしていると事務服のようなものを着た小太りの人が声を掛けてきました。後にその料亭の主人だとわかります。婿養子だそうです。「学生さんでっか」。そうですと答えると、まあ一服とタバコを勧められました。お礼を言って一本抜きとります。実はタバコを手にするのは二度目でした。一年の時、四トロの二年先輩に一杯食ったことがあります。タバコはどんな味がするんですかと尋ねると、その先輩は大まじめな顔で言うのです「胸いっぱい吸い込むと、甘い香りがする」。そこで胸いっぱい吸い込みます。その途端、一遍に気分が悪くなり、一日中吐き気に悩まされました。今回は用心してふかすだけにします。すると不思議なことに、ささくれ立っていた神経が嘘のように静まりました。それ以来、タバコを吸うのが習慣になっています。

京都ホテルの皿洗いもやりました。レストランの厨房の裏に狭い洗い場があります。その裏ドアの外は従業員用階段です。ゴム長をはき、ゴムの前掛けをかけて食器類を洗いました。もたもたコップを洗っていると、レストランから食器を引き上げてきた年上と見えるウエイトレスが「こうするのよ」と洗い方を教えてくれます。洗い物をすべて片付けてもらえると虫のいい期待をしていたら、「あとは自分でやりなさい」と声を掛けてレストランに帰っていきました。自分の仕事があるのだから考えてみれば当たり前です。アルバイトの条件には昼食は付いていなかったのに、コックさんが内緒で食事を作ってくれました。それを裏ドアの脇の階段に座って食べます。ひと皿に盛った料理を匙で食べながら、なんておいしいんだろうと思いました。それも当然でしょう。見かけは地味でも、本職のコックさんが最高の材料を使って作ったものなのですから。食べ終わってごちそうさまでしたと言うと、メガネのコックさんはコック帽に手を当てて困ったような顔で横を向きました。自分では礼を言われるほどのことをしたつもりがなかったのでしょう。

本当ならばこのアルバイトを夏休み中続けるはずでした。給料もいい方だし、何より食事に魅力があったからです。アルバイトには欠かさず出るつもりでした。しかし、突然、東京で開かれる全学連大会に参加するメンバーに指名されます。全く急な話であの夜汽車に乗るには手荷物をまとめる時間しかありません。京都ホテルの電話番号を調べておかなかったのは迂闊でした。翌日からぼくは無断欠勤することになります。京都ホテルのレストランは人手が足りず困ったことでしょう。

四、五日して東京から帰ったぼくは迷っていました。お金に困っているので給料を受け取りに行きたいのです。しかし無断欠勤の手前、胸を張って要求はできません。仕方なく嘘で通すことにしました。京都ホテルの事務室に行くと、担当の人が「あ、来やはったんですか」と驚きの表情です。親が危篤だという電報が来て連絡もできずに帰省しました。そう言うぼくの言い訳を何かはらはらした表情で聞いています。そういう事情なのでアルバイトは続けられません。その一言を聞いてほっとした様子です。「分かりました。給料を受け取ってお帰りください。お大事に」。その言葉を聞いて、ぼくは給料を受け取り帰りました。もう別の人間が皿洗いに雇われていたでしょう。あの担当者が一番恐れていたのは、皿洗いを続けたいとぼくがゴネることだったと思います。

学生部封鎖

もう三派全学連が主導するベトナム反戦運動はヘルメットにタオルの覆面、ゲバ棒と投石が当たり前の激しい街頭闘争になっています。八王子にアメリカ軍の野戦病院が設置される頃がそのピークだったでしょう。その後は、重装備の機動隊に次第に押さえ込まれるようになりました。「反戦連合」はこの種の街頭闘争に加わっていません。しかし、東大闘争の行方には注目していました。全共闘派と民青派の小さな衝突は絶え間なく続いているようです。来年の東大入試は中止になるかもしれないと新聞が報じたのは十一月末か十二月初めだったでしょう。東大本郷へ本格的に機動隊を導入する前触れではないかと言う者が周囲に幾人もいました。街頭闘争で押さえ込まれた三派全学連は重点を大学闘争へ移したようです。「大学闘争の天王山は東大だ」と盛んに宣伝し始めました。それに応ずる者が「反戦連合」の中にも少数ながら出始めます。「反戦連合」創始者の神谷が安田講堂にこもろうと誘いに来ました。十二月の半ば過ぎだったでしょうか。ぼくは行きませんでした。不案内な東大本郷で外人部隊になるより、京大で事を起こす方が良いと思っていたのです。神谷は動員された各派の活動家に混じって東大に行き、やがて安田講堂で逮捕されます。

どう言えば当時の雰囲気を分かって貰えるでしょうか。ブントや中核派が七〇年に「六〇年安保闘争」の再来を狙っていたのは明らかです。「ノンポリ・ラディカル」にも、あるいは何かが起こるかもしれないと期待する者が多くいました。京大の民青でさえ「終章——永訣の朝」という題のビラを配ります。安保条約が破棄され、駐留アメリカ軍が日本から引き上げる七〇年の到来を暗示する内容でした。緊張とも興奮とも呼べそうな雰囲気の中で、寮自治会を中心に闘争開始の準備をします。謀議の場所は熊野寮の地下室でした。寮自治会委員長の黒木と「青解」の加藤がいたのは憶えています。「反戦連合」で加わっていたのは経済学部だけだったかも知れません。京大に残った三派の活動家もいました。大半は見覚えの無い顔触れです。教養部のハモニカ・ボックスに屯するフル・タイムの活動家達の殆どは東大本郷へ行ったのでしょう。学業と政治活動を両立させる、いわばパート・タイムの活動家があそこに集まったのだと思います。学生部封鎖の手順は簡単に決まりました。これまで通り、自治権を認めた寮の新築要求を出す。大学側から拒否回答を引き出し、一気に学生部の建物を封鎖する計画です。問題は誰を寮闘争委員会の委員長にするかでした。自治会活動の枠を超える行動の中心ですから、黒木を据える訳にはいきません。寮の活動家の中で一番名を知られているのは「青解」の加藤です。しかし、加藤は委員長になるのを渋りました。嫌がる理由を聞いてみればもっともです。「委員長は『青解』だから、他のポストを俺達に寄越せと他の党派が言い出すに決まっている」。事実、後に心配した通りのことが起こりました。その場を見回して、加藤は寮生であるぼくに声を掛けます。「ジオン、お前やらないか」。党派色が無いのを買われたのでしょう。しかし、ぼくは組織に組み込まれるのが嫌でした。まして、そのトップなど論外です。続いて声を掛けられた「ノンポリ・ラディカル」の寮生も全て断ります。嫌でも加藤が委員長になるしかありません。

数日後、新しい寮の建設を求めて、ストライキ権確立の寮生大会が開かれました。要求が容れられない場合、学生部の建物をバリケード封鎖するという条件付きです。寮自治会役員の説明が終わると、民青派の一人は挙手もせず、大声で発言を始めました。「これは新しい寮の建設を求める動議なんかじゃない。大学全体のバリケード封鎖が目的なんだ。こんなものを通したら東大みたいになるぞ」。しかし、民青派を除く、ほとんどの寮生はストライキ権確立に挙手します。東大本郷に機動隊が入るのは時間の問題だと思われていました。それだけに、東大全共闘を見殺しにできないという気持ちが強かったのです。京大でも何か事を起こそうという暗黙の合意は寮生の多くの間でとっくに出来上がっていました。だから、誰も民青派の発言に耳を貸さなかったのです。

まず、奥田学長相手の団交が行なわれます。寮代表の質問を学長はのらりくらりと受け流すばかりです。気負い立つ寮代表が最後に詰め寄りました。「では学長、あなたのおっしゃる大学とは何ですか」。思いも掛けない答えが返って来ます。「それは君、大学の建つ土地と建物のことだよ」。この言葉に、質問する側はすっかり毒気を抜かれてしまいました。喧嘩を売ろうとして、完全に体をかわされてしまったのです。学生部のバリケード封鎖はしばらく延期になります。封鎖に備える寮闘争委員会の舞台裏は大変でした。元「主流派」の見たこともない面々が次々と寮に姿を現わし、十人余りの実行部隊になる寮生相手に、学生部封鎖の「意志統一」をしていたのです。ところが、実施は延期となると、古参活動家の言うことがころりと変わりました。状況が変わった、封鎖を実行するのは得策ではないと言い出したのです。呆れ果てて、次回から姿を見せなくなった寮生もいます。一気に学生部封鎖に持ち込むつもりでいた寮闘争委員会は少々気落ちします。しかし、大学側の主張を覆す論拠を探り、論争で勝つ準備を続けました。やがて、予算要求の内部文書が一部だけ漏れてきます。予想どおり、大学側は文部省に寮建設の予算を要求していません。これに力を得た寮闘争委員会は、満を持して、次回の学生部での団交に臨みます。交渉の相手は理系の中堅教官二人でした。いつものように寮建設の話をはぐらかし、別の面で小さな譲歩をすれば切り抜けられると思っていたようです。最後に与えるご褒美の値打ちを釣り上げようとする二人の教官と交渉の行き詰まりを演出したい寮闘争委員会との団交は延々と続きます。E反戦のメンバーも幾人か学生部の別の部屋に詰めていました。大賀志は寮闘争委員会の陰謀が肌に合わなかったのでしょう。交渉の場に顔を出そうとしません。司馬遼太郎の長編小説を読み続けていました。上下二巻の『峠』だったと思います。大賀志が顔を上げて「終わった」と叫んだ時も、まだ団交は続いていました。決定的な、交渉決裂の場面は見逃してしまいます。気が付いた時には、バリケード封鎖の開始を告げるシュプレヒ・コールのどよめきが学生部の建物内に響いていました。血相を変えた二人の教官が足早に立ち去ります。六九年の一月十六日深夜です。

交渉が決裂すると、それまで鳴りをひそめていた三派の活動家が一斉に動き出します。学生部の建物だけを封鎖する申し合わせだったのに、封鎖する範囲を隣接する廊下や研究室へどんどん広げていきました。協定と違うといくら申し入れても、ここも封鎖しないと学生部は守れないの一点張りです。室内のロッカーを次々に持ち出して廊下に並べます。すぐにロッカーの隅に穴を開け、太い針金を通して繋ぎ合わせ、バリケードにして行くのです。また、研究室の教官の自宅に次々と電話を掛け、寮闘争委員会が封鎖したと通告しています。見ていて呆れる程の手際の良さでした。封鎖する範囲も方法も、とっくに党派間の話し合いで決めてあったのでしょう。寮闘争委員会もE反戦も全く蚊帳の外に置かれていました。三派の活動家はそのまま泊まり込みの態勢に入ります。演映連の有志も一緒だったかも知れません。E反戦から泊まり込み部隊は出さなかったように思います。

E反戦の小さなグループが法経中庭で集会を開いたのは翌日の午後でした。少し離れた学生部の赤いレンガ建ての前では、色とりどりのヘルメットを被り、ゲバ棒を手にした三十人程が気勢を上げています。もう党員だったと思われる、名うての民青派活動家、村上が何度も目の前を通り過ぎました。こちらの集会の様子を窺っているわけではなさそうです。それなのに何故かしきりに辺りを気にしています。村上の姿が最後に見えなくなった直後でした。時計台下の法経一番教室の西出口から、ゲバ棒を手にした黄色いヘルメットの集団がいきなり飛び出します。先鋒はあっと言う間に学生部前の集会を蹴散らしました。黄色いヘルメットは大教室から続々と出て来ます。このままではバリケードを力ずくで解除されそうです。学生部前から追い払われた集団が遠くから一斉に石を投げ始めました。黄色いヘルメットの群れはやや怯んで後退します。両者の中間に広い隙間が生まれました。とっさに前年の衝突事件を思い出します。あそこへ座り込もうと呼び掛けました。民青派行動隊の群れを擦り抜ける途中で、つい寄り道をしてしまいます。黄色いヘルメットの一人に怒鳴ってしまいました。「馬鹿、何をしてるんだ」。ゲバ棒をひったくって投げ捨てます。ヘルメット、覆面を剥ぎ取ろうとしても、相手は為すがままでした。全く戦意が無いのです。こんな実力行使に疑問を感じている学生党員の一人だったのでしょう。それを見た別の一人が、いきなりゲバ棒でぼくの胸を突きます。構えはしっかりしており、腰の入った本格的な銃剣術の突きでした。しかし、力を抜いた軽い打撃です。攻撃と言うより、ぼくに対する警告だったのでしょう。服装と体格から見て村上だったと思います。民青ゲバルト部隊の真ん中で、自分が全く無防備でいるのに初めて気付きます。座り込んだ十人足らずのE反戦グループを見ると、もっと無防備でした。両方からの投石に曝されているのです。危険すぎて座り込みに加わる者もいません。痩身の吉井がいました。大賀志の心細そうな顔は今でも覚えています。ふと投石避けに立て看板が使えると思い付きます。伊井さんに声を掛け、近くの立て看板を引き摺って、座り込んでいるグループに合流しました。すると、同じように近くにある立て看板で身を守り、割って入る者が次々に現れます。周囲で見ていた者が続々とその後ろに集まります。たちまち民青ゲバルト部隊を押し返す立て看板の壁が出来上がり、その後ろの人の群れが見る見る膨れ上がって行きました。ワッショイ、ワッショイと大集団が声をそろえて、黄色いヘルメットの集団を学生部付近から法経中庭へ押し戻し始めます。民青側はこんなことが起こるとは全く予想していなかったでしょう。ゲバ棒を倒して押し返そうとするものの、ずるずると後退していきます。やがて何かの命令が出たのか、民青ゲバルト部隊は一人残らず姿を消しました。

元気を取り戻した三派系の活動家達は、さして意味のない景気付けのアジ演説を続けます。続々と座り込みに加わった普通の学生の心に訴える言葉は聞かれません。いらいらして聞いているうち、ヘルメットを脱いだ素顔の民青の活動家達が戻って来ました。もちろんヘルメット、ゲバ棒は持たず、両手に軍手をはめていません。先頭は、またしても経済学部の筋金入りです。つまり、どちらの側も先鋒は経済学部だったのです。生傷だらけの顔や手足に加え、バリケードに取り付いて反撃されたのか、白い消火液を浴びている者までいます。ぼくの顔を見つけると、すぐにいつもの言い掛り作戦を始めました。メガネの自治会委員長、小野は開口一番言い放ちます。「ジオン、ノンポリ面するな。ヘルメット、ゲバ棒を取ってきて勝負しろ」。不意打ちを仕掛けたのが向こう側なのをうっかり忘れ、何だか納得してしまいました。屁理屈だらけの、こういうやりとりは本当に苦手なのです。持て余している時に、バリケードを守る要員が足りないから、中に入ってくれと耳打ちされました。それを潮に学生部へ籠もろうと退がり掛けます。その時、周りにいる大群衆の一部が一気に学生部東側の入り口に押し寄せました。色とりどりのヘルメットに覆面姿の三派の活動家達がゲバ棒で殴り掛かっています。それを見守る大勢の学生の中から、一斉に三派の活動家を非難する声が沸き上がりました。ところが、どこからか黄色いヘルメットとゲバ棒が大量に持ち込まれ、バリケードに取り付いた一群は見る見るうちに黄色いヘルメットの民青ゲバルト部隊に変身します。言い掛り作戦を続けながら、示し合わせてバリケードに近付く作戦だったのでしょう。学生部の二階から石を投げ始めると、次々に立て看板を運んできて頭の上に掲げます。ほんのしばらく前、立て看板を投石避けに使ったE反戦のお株を奪う手際の良さでした。このままでは学生部のバリケードが危ないと思い、西側の入り口から中に入りました。ヘルメット、軍手、ゲバ棒を借り、東側の入り口から工学部の区画へ通じる廊下のバリケードへ向かいます。つなぎ合わせたロッカーの上で大柄な、顔見知りの「青解」が仁王立ちになっていました。黄色いヘルメットの数人を投石で撃退している最中です。廊下は狭く、バリケードに取り付けるのは一度に数人です。そのうえ素手ではどうにもなりません。こちらは黄色いヘルメットが現れる度に石をぶっつける繰り返しです。何か静かになったなと思っていると、いつの間にか民青ゲバルト部隊は学生部周辺から姿を消していました。

もう大丈夫だろうと思い、バリケードから離れます。学生部に入って来た大賀志の怪我が心配で尋ねてみました。大したことはないからと答えながら大賀志がこぼします。「本当にまいったよ。前から飛んでくる石の数より、後ろからの方がずっと多いんだから」。それは本当だったでしょう。不意打ちを食らった三派の活動家達はすっかり腰が引けてしまい、一度も逆襲を掛けられませんでした。遠くから石を投げるばかりだったのです。周囲で見ていた普通の学生達が押し返さなければ、バリケード封鎖は間違いなく解除されていたでしょう。民青ゲバルト部隊が白昼堂々と先制攻撃を仕掛けてくるとは誰も予想していませんでした。民青の行動力をあなどっていたせいで、全く虚を突かれたのです。寮自治会の委員長、黒木でさえ落とした体育の単位を取るため、のんきに授業へ出ている有様でした。しかし、この白昼攻撃がずっと尾を引きます。目と鼻の先の法経一番教室に民青ゲバルト部隊は居座りました。こちらは完全に呑まれた形で、学生部封鎖闘争は受け身に終始します。

同志社や立命館から少数の応援部隊が来て、ささやかな集会を学生部前で開いたのは次の日だったと思います。同志社の高村にヘルメットが足りないと話すと、数個のヘルメットを貸してくれました。その一つは目の上にひさしが付き、耳まで覆うバイク用の白いヘルメットです。ぼくはそれを自分で使うことにしました。神山は親に訳を話してヘルメットを買う金を無心したようです。言い出したら聞かない息子の性格が分かっていたからでしょう。丈夫な高級品を買えと言って、両親はかなりの金額をくれたそうです。ところが神山は、友人達にも配るため安いヘルメットを幾つも買い、スプレーで黒く塗ります。乾かしたところへ青いビニール・テープの帯を巻き付けました。テープの意味を尋ねてみます。明快な答えが返って来ました。「ああ、これか。三派のうちでも『青解』はまだましだと思ってな」。何とかヘルメットの数が揃い、必要なら何時でもE反戦から十人位は立てこもれる態勢が整います。各党派や演映連も人数を出し、バリケードの中に泊まり込む最低限の部隊も何とか確保出来ました。しかし、目と鼻の先の法経一番教室から、民青ゲバルト部隊の大群が本気で攻撃してくる危険は常にあります。そうなったら、何が起こるか分かりません。

東大安田講堂の陥落は学生部の入り口に近い守衛室のテレビで見ました。東大本郷に機動隊が入り、周囲の建物を制圧したのが一月十八日、安田講堂が落ちたのは十九日です。学生部封鎖を始めて四日目にあたります。テレビの画面には、もう安田講堂に入った機動隊員が映っていました。バルコニーに追い詰められた一団は水を浴びながら小さな円を描いてデモを繰り返すばかりです。窓から首を出し、それを窺う機動隊員の険しい表情も見えます。結局、間に合わなかったのかと体中の力が抜ける思いがしました。

数日のうちに、大挙して上京した三派の活動家達がどっと帰って来ます。中でも学生部封鎖に熱意を示さなかった中核派は、大勢を連日学生部に泊まり込ませ、数に物を言わせて封鎖闘争の牛耳を取ろうとしました。割り当てられた部屋には缶詰の鰯のように人が横になり、頭の上に白いヘルメットと軍手、体の横にゲバ棒を並べ、眠っているのです。五十人はいたでしょう。中核派の「鬼軍曹」と呼ばれる藤田の、押しつけがましい口振りにも撚りが掛かっています。四トロの増田さんは感心していました。あの統制の取れた集団の姿こそ大衆にアピールする中核派の魅力だと言います。中核派幹部のしつこさを知るぼくには、胡散臭く見えるばかりでした。中核派はバリケードを勝手に増設しました。東入り口と工学部区画を繋ぐ通路をロッカーで埋めます。その上に木製のイスを積み上げ、廊下側に投石用の穴を開けた厚いベニヤ板を立てました。横手の教室の入り口と窓は数本の木を打ち付けて封鎖してあるに過ぎません。日大の本格的なバリケードに比べれば、まるで素人の日曜大工でした。何より心配なのは、こちら側からほとんど反撃出来ない仕組みになっていることです。これでは、バリケードを壊すまでの時間が稼げるだけです。ただ、泊まり込む人数は一気に増えました。民青ゲバルト部隊の強襲を恐れる理由は無くなります。まもなく「プロ学同」と書いた緑色のヘルメットのグループも「白川真澄」と「ライオン」に率いられてバリケードに入って来ました。「民学同」から別れた「プロレタリア学生同盟」の小さなゲバルト部隊です。バリケードの防御はこれでいよいよ万全になったと安心します。

法経一番教室の民青ゲバルト部隊は全く動きを見せません。学生部のバリケードに泊まり込む者にも、前の中庭で焚火を囲み、話に花を咲かせる余裕が生まれます。何となく、この状態がいつまでも続くような気がしていました。どちらから見ても手詰まりで、次の目標が見えてこないからです。しかし、それは「ノンポリ・ラディカル」のお目出度い見方でした。民青側は想像も出来ないことを企てていたのです。そうとは知らず、「C反戦」の数人に誘われて、統計学の芦川助教授の自宅へ行きました。何でも「次の秘策」を授けてやると言って来たのだそうです。初対面の芦川先生は大学の助教授というより、労働組合の古参幹部のような風貌の人でした。ウイスキーを勧めながら、自説を述べ続けます。一挙に学生部から引き上げる策を採れば面白い。民青側は振り上げた拳のやり場に困るだろう。大学側も要求を呑むしかなくなる。名案だと思わないか。聞いてみれば、単なる条件闘争の駆け引きに過ぎません。しかし、これからどうしようと悩んでいる「C反戦」の一、二年生にうなずく者が目立ちます。安田講堂が落ちた今となっては、何とか矛を収めたい気持ちが募るのでしょう。芦川先生はそれには触れず、巧みに事態収拾の口実を投げ与えたのです。うまく使えば、封鎖闘争を条件闘争の回路へ導き入れることが出来ます。

口には出さないものの、ぼくは不愉快でした。もともと条件闘争ではなかったのです。ちょっとした悪戯を企んだ訳でもありません。今から全員が引き上げても、民青側は「暴力学生」を実力で制圧したと宣伝するでしょう。大多数が引き上げた後、バリケード内に一人でも残っていれば、「実力解除」を宣言することもできます。振り上げた拳の下ろし方は幾らもあるのです。どう考えても、もう引き返せない所まで来ています。嬉々として芦川先生と話す「C反戦」の面々を見ていると、「所詮、子供は子供」と言ってやりたくなりました。

数日後、事態が急に動きます。密かに、おかしな噂が流されていたらしいのです。拠点を失った東大全共闘が日大全共闘と一緒になって京大に押し寄せて来る。新幹線を乗っ取って、大挙して京都を目指す用意をしている。そういう内容だったようです。しかし、こちら側には何一つ聞こえて来ませんでした。同志社と立命館から来た赤いヘルメット、白いヘルメットの応援部隊が本部構内に入ろうとした時、異変は起こったといいます。黄色いヘルメットの大集団がどこから急に出て来たのです。軍手を付けた素手だけで格闘を挑み、ゲバ棒を持つ応援部隊を一瞬のうちに正門の外へ叩き出します。すぐに正門を閉めると、その後ろにどこからか持ち出した資材を積み上げ、たちまち頑丈な、高いバリケードを築いたそうです。本部構内が騒然となる中で、例の噂が額面どおり受け取られる雰囲気が出来上がりました。時計台の大型スピーカーを使って危機感を煽る演説が始まります。耳を傾ける者はじっとしていられなくなったのでしょう。渡される黄色いヘルメットを進んで被り、本部構内をぐるりと取り囲むバリケード作りを手伝います。頼まれた訳でもないのに、自分から寝ずの番を引き受けるようになるのです。ヘルメットが足りず、鍋を頭に括り付け、布団を腹に巻いた者さえいました。やがて全ての門が閉められ、黄色いヘルメットの行動隊による検問が始まります。外との連絡が絶たれると、現実離れしたうわさ話がますます現実味を帯びてきます。そんな異様な雰囲気の中で本部構内が完全に民青派によってバリケード封鎖され、学生部はさらにその中でぼくたちによってバリケード封鎖されている状態が生まれます。

学生部陥落

学生部付近にいると何が起こっているのか見当も付きません。右をみても左を見ても、至る所に黄色いヘルメットがひしめいています。最初は背筋が寒くなる思いをしました。京大にこれほどの民青同盟員や共産党員がいたのかと驚いたのです。横にいた仲星が表情からぼくの考えていることを読み取ったのでしょう。いつものゆったりした口調で言います。「何を勘違いしてるんや。皆んなただの『秩序派』やで。黄色いヘルメットを被って粋がってるだけや」。ぼくにはそうとは思えませんでした。三派の活動家の大半も同じように感じたのでしょう。学生部のバリケードの中に籠もり勝ちになります。

黄色いヘルメットの大群が正門に巨大なバリケードを築き始める頃、ぼくは学生部の横から何か落ち着かない気持ちで正門の方を見つめていました。民青派が何をしようとしているのか見当もつかなかったのです。すると横で「あーっ」と声が上がります。何かに驚いて正門の方角を見つめているのは「プロ学同」の指導者「白川真澄」でした。同じように正門を見ていて何かに気付いたのでしょう。すぐに学生部の建物の中へ姿を消します。やがて、緑色のヘルメットをかぶった十人ほどの小さなゲバルト部隊が学生部の建物付近から出撃しました。率いるのは灰色のコートを着たヘルメットの男です。覆面越しに「行くぞ」と男が叫ぶと、ワッショイ、ワッショイと声を揃え、ゲバ棒を手にした小さな集団は駆け出しました。そのまま、果敢に黄色いヘルメットの群れに突入して行きます。見るからに心細い小さな群れは、たちまち黄色いヘルメットの海に飲み込まれてしまいました。それを見て、ぼくは不安になって学生部のバリケードに入ります。民青派の狙いに気付き、内側からバリケードを崩そうとする試みは、ぼくの知る限りそれだけでした。やがて灰色のコートの男もバリケードに戻ってきます。タオルの覆面を自分で引き剥がし、ヘルメットを床に叩きつけます。誰に言うともなく、吐き捨てるように言いました。「くそ、あんなに数が多くてはどうにもならん」。顔は生傷だらけです。「プロ学同」のリーダー、「白川真澄」でした。

バリケード内にいる人数が見る見る減っていきます。教養部の「C反戦」は全員が出て行きました。理由は思った通りです。「引き上げた方が取り引きに有利だ」。連日、大量に泊まり込んでいた中核派の数はがくんと減ります。「鬼軍曹」の姿も見えません。日大の頑丈なバリケードに比べ、学生部のものは玩具に過ぎません。民青ゲバルト部隊の腰を据えた攻撃を受ければ簡単に陥ちてしまいます。学生部封鎖の中心だったブントは、流石に古参メンバーが残っています。他の党派も幾人かは残るでしょう。「逃げ出した」と言われないためです。つまり、学生部攻防戦は全くの党派闘争に成り下がりそうなのです。素人ばかりの「E反戦」がそれに付き合う義理はありません。ぼくは引き上げようと皆に言うつもりでした。その時、赤いヘルメットを被った二人がぼくの考えを確認しにやって来たのです。二人は工学部の建築工学科だと言って自分達の名前を告げました。「E反戦」はどうするつもりかと尋ねます。出ようと思っていると答えました。すると一人が進み出て、執拗に食い下がります。こちらの内情を話しても、「E反戦」は闘争の火付け役だったはずだと聞き入れません。学生部のバリケードが強襲に耐えるものではないと説明すると、逃げ出すより、意味のある負け方を選ぶべきだと言います。こんな一対一のやりとりを続けると、嫌でも相手の顔が頭に焼き付きます。もう一人はすぐ後ろにいるだけで、最初から最後まで一言も話しませんでした。工学部の意向は分かった、経済学部は志願者を残すと言うぼくの言葉を聞いて、二人はやっと引き上げます。一人で残るつもりでした。自分が始めた闘争です。どんなに苦くても杯は最後まで飲み干さねばなりません。

ひどく疲れたような気がして、学生部の建物から出て来たぼくに、ヘルメット、レイン・コート姿の見覚えのない男が笑顔で声を掛けます。「おう、入れてくれや」。何故かゴム長靴を履いています。ヘルメットには、「毛学同」と書いてありました。二年足らず前に日本共産党の主流、宮本派と訣を分かった中国派の「毛沢東思想学生同盟」です。それまでの経緯もあり、三派の活動家とは折り合いが悪かったのでしょう。ノンポリのぼくに声を掛けてきました。勇ましいことを言っていた連中がどんどん逃げ出す中で、反対にバリケードへこもると言います。暗い気分が少し軽くなって、こちらも笑顔で答えてしまいました。「いいよ」。

本部構内のバリケード封鎖が進む中で、「E反戦」の行動方針を決める小集会がありました。誰にもバリケードへこもろうと主張させてはなりません。ぼくはいきなり切り出しました。「E反戦」としての行動を決めるのはやめよう。それぞれ自分が最善と思うことをしよう。バリケードにこもるばかりが闘争ではない。こもったところで、外からの救援がなければ立ち枯れるだけだ。そんなことを話したように思います。誰もが黙って聞いていました。賛成の声も反対の声もありません。しかし、ぼくの意見は受け入れられたようです。民青ゲバルト部隊の攻撃が始まると、それぞれ全力を尽くして、バリケードにこもったグループを支援してくれたのです。

学生部のバリケードに入って呆れました。前夜まで大量の泊まり込み部隊を出していた中核派が逃げ出していたのです。一応、四人程のゲバルト部隊は残っています。しかし、リーダーは二年生、残りは全て一年生でした。失ったところで痛くも痒くもないトカゲの尻尾なのです。経済学部はなぜ引くのかと迫った、工学部の赤いヘルメットの二人連れもいません。「青解」は、二年生主体の部隊を残しています。実力部隊のほぼ全力でした。三回生で最年長の加藤は寮闘争委員会の委員長です。後々のことを考えれば残らないのは当然です。「プロ学同」の残った部隊のリーダーは「白川真澄」に次ぐ大物の「ライオン」です。骨折した足をギプスで固め、松葉杖をついているのに残りました。ブントも大幹部の「白森」さんや古参活動家の森島を残します。数カ月前、有名なオルグ、指宿が京大へ帰り、一から再建中の「革マル」派も、基幹となる二年生実力部隊の全力を残しています。演映連では伊井さんや山崎などが残っていました。

封鎖された学生部のなかをバリケードからバリケードへ歩きます。この闘争も負けか。民青ゲバルト部隊に捕まれば、人目に付かない地下室に連れ込まれ、リンチされるだろう。退学は間違いない。そんなことばかりを考えていました。そこへ声が掛かります。「よう、ジオン」。目を上げると、バリケードの上に腰を下ろした男がタオルの覆面を下げます。驚いたことに加藤でした。一瞬、呆気に取られます。残ったのかと聞くとうなずきました。なぜ残ったんだと尋ねると、にやっと笑って言うのです。「ジオン一人じゃ寂しいだろうと思ってな」。敗北の予感は消え、無性に嬉しくなりました。加藤の言葉は続きます。「俺だけじゃないぞ。神山、大賀志、鳥羽、それにチビの遠藤。皆んな残っている」。チビの遠藤は学生部封鎖が始まるしばらく前から急に加わってきた一人です。無闇に明るい男で理屈にこだわりません。学生部封鎖の意義を説明しようとすると手を振って遮りました。「いいねん、いいねん。俺は単純にゲバルトする人間やから。理屈はいらん」。演映連の伊井さんと上村さんを加えれば経済学部からは少なくとも八人が残っていました。何か胸がじいんとします。政治の世界でいちばん情に厚いのは素人なのでしょう。

全ての通用門で民青派の検問が強化され、顔を知られた反共産党系の人間は本部構内に入れなくなります。電気は停まり、電話は通じなくなりました。なぜかガス・ストーブだけが使えます。ガスまで止めると部屋で焚火をしかねないという大学側の親心だったそうです。外との連絡が全く取れなくなりました。民青派の攻撃は間もなく始まりそうです。この情況を外に知らせるには、わずかに伝令を出す方法が残っているだけです。検問を潜るには民青派に余り顔を知られていない人間が必要です。ただし、出ることが出来ても、戻っては来られないでしょう。学生部内の状況、本部構内の様子を教養部へ報せるため、大賀志を最後の連絡係に選びます。体格の良い大賀志が、借り物の小さなジャケットを着込み、窮屈そうに出て行きました。教養部には「C反戦」を中心に救援部隊がいるはずです。大賀志の連絡が入れば、学生部を救援するため動いてくれるでしょう。こうして民青派の攻撃が始まった時、学生部に残ったのは救急班の女の子二人を含めて三十人足らずでした。その内、ゲバルト部隊の半分近くが経済学部の「ノンポリ・ラディカル」だったのです。

一月二十二日の夜八時頃、攻撃が始まりました。一階の東側バリケードと西側バリケードが同時に狙われます。ただし、民青ゲバルト部隊の主力は、東側バリケードの正面にいたようです。工学部区画の廊下伝いに楽々とバリケードへ近付け、突破すれば二階に上がる階段を簡単に制圧出来るからです。東側入り口には嘘の噂を広めてパニックを起こさせ、その隙に学生部を攻撃する民青派に抗議して、百人近くが座り込んでいます。川尻や仲星もその中にいました。そのため東側バリケードを外から攻撃することが長い間できなかったのです。民青側は構内の消火栓から取った水を座り込んだグループに浴びせ、立ち退かせようとします。西側バリケードへの攻撃は全くの陽動でした。東側バリケードが破られるまで、二、三人で容易に西側を支えられたのです。

攻撃が始まった時、ぼくは東側バリケードにいました。繋ぎ合わせたロッカーの上に、木製のイスを括り付け、その前に分厚い防水ベニヤを立てたバリケードです。防水ベニヤの陰で、渡された鉄パイプを握り締めながら、こんな物で人を突いていいのだろうかと考えていました。鉄パイプで力いっぱい突けば、相手は大怪我をします。民青派は政治上の敵ではあるものの、殺したいほど憎い相手ではありません。軽くつつけば、相手が退いてくれるのではないか。それは期待というより切実な祈りです。そんなことを思っているうちに、バリケードの向こう側、暗い廊下の奥で何か物音がしました。次の瞬間、強い光を浴び、逆光でバリケードの向こう側が全く見えなくなります。横の一人がベニヤ板の盾越しに石を投げました。乾いた鈍い音が返ってきます。幾つ石を投げても同じことです。大きく丈夫な板をゲバルト部隊の頭上と前面に張っていたのでしょう。投石は全く効果がありません。廊下の奥からゴトゴトと音を立てて何かが近付いて来ました。引き付けてから、力を抜いて三度ばかり突きます。相手側は驚いて廊下の奥に引っ込みました。しかし、すぐまた出て来ます。今度は軽く突いても退がりません。太いロープに錨の形の手鉤を付けた道具がバリケードに引っ掛けられました。ばりっという音がしてバリケードの一角が崩されます。その時、すっと頭の血が引いたのです。相手は万全の準備をしてやって来ている。封鎖解除を図れば何が起こるか、百も承知だろう。だったら、思い知らせてやる。渾身の力で鉄パイプを突き立てました。相手の前面の板の手応えはまるで薄い紙です。突く度に穴が空き、グニャリと柔らかい物に当たります。驚いた相手側が大急ぎで下がるのは足音で分かりました。しばらく、釘で板を打ち付ける金槌の音が廊下に響きます。やがて、また進んで来ます。二度、三度は同じことの繰り返しです。近付けば危ないと気付くと、相手側は三、四メートル離れた場所からロープ付きの手鉤を投げる作戦に切り換えました。ロープを切る道具が欲しいと二階に伝えると、しばらく後に奇妙な物を送って来ます。ノコギリの柄に一寸角のゲバ棒が打ち付けてありました。身を曝さずにロープが切れると考えたのでしょう。前線の実情を全く知らない後方の人間の思い付きはいつも同じです。気が効いているようでいて、全く役に立たないのです。使ってみると、ゲバ棒があっさり折れてしまいました。相手側に落ちたノコギリを回収する方法はありません。ノコギリだけの方がまだましでした。手斧ならもっと良かったでしょう。一撃でロープを切るからです。盾代わりのベニヤ板の前にあるバリケードはきれいに無くなってしまいました。手鉤を引っ掛ける物が無くなると、相手側は戦法を変えました。長い丸太をベニヤに打ち当て始めます。板を揺らすだけで大した効果は上がりません。まだ余裕があると思っていると、丸太で横にある教室の入り口を突き破る音がしました。すぐに丸太は教室の中を通り、廊下に向けたバリケードの真横に出て来ます。ロッカーの上の木椅子で作ったバリケードがたちまち突き崩されました。バリケードを守ろうにも、危なくてとても近寄れません。こちらからの投石や鉄パイプ攻撃を冒して、目の前でロッカーが運び去られました。中核派が増築した継ぎ足し部分は一時間足らずで取り壊されてしまいます。残ったのは数日前、民青ゲバルト部隊の白昼攻撃に耐えた古いバリケードです。それを拠り所に残る五時間近くを支えることになります。

民青ゲバルト部隊にとって東側入り口への通路は開きました。しかし、東側入り口前には、水を浴びながら座り込んでいる百人ほどの集団がまだいました。そのため攻撃を強化することができなかったのです。ただ、真冬に水を浴び続けると服は濡れ、体は冷え切って、座り込みを続けるのが大変な苦痛になります。いつまでも続けられるものではありません。座り込んだグループは話し合いの末、学生部前を退去することになります。隊列を組み、ジグザグ・デモをしながら東側入り口から離れていきました。邪魔者がいなくなるとすぐ、近くの消火栓に繋がれたホースは東側入り口を越えて伸ばされ、バリケードに向けて放水が始まりました。真冬に水を浴びせる戦法は実に有効です。体が冷えるばかりか、水と強い光で全く前が見えなくなります。打つ手がなくなり、もうもたないと二階へ連絡しました。最初からマイクに齧り付き、扇動しているブントの「白森」さんは森島を寄越します。バリケードの様子を一目見て、森島は呆れたように言いました。「なんや、まだ行けるやないか」。守衛室の畳を一枚持って来いと指示します。言われるままに畳を運び出し、ロッカーの上に立てて、天井に凭れさせました。水と光の威力が嘘のように減ります。両脇から以前の数分の一の水と光が入るだけです。それだけのことを誰も思い付きませんでした。最前線に張り付いていると、疲れて冷静な判断が出来なくなるのでしょう。そのまま森島が現場の指図をするようになります。

畳のおかげで相手の動きがよく見えるようになります。おかげで投石や鉄パイプ攻撃の目標を見定め易くなりました。しかし、相手側も慣れて来ます。突き出した鉄パイプを数人掛かりで掴み、引き抜こうとするようになります。とうとう数本の鉄パイプを奪われました。すぐに、こちらに向けて使って来ます。たちまち、演映連の山崎がまともに顔を突かれます。相手に使われて、初めて鉄パイプの威力が分かりました。退がろうとしない山崎を説き伏せるのも一苦労でした。民青ゲバルト部隊は鉄パイプを用意していなかったようです。使ったのは全てこちらから奪ったものです。湿って重くなった畳はベニヤ板よりはるかに強靭な盾でした。鉄パイプを通しません。丸太の打撃も吸収してしまいます。手鉤を引っ掛けてロープを引いても、撓むだけで破れも壊れもしないのです。向こうからの投石の大半も弾き返してしまいます。畳を盾にした反撃がずいぶん長く続きました。

しかし、転機は突然に訪れます。畳の上のほうに数本の手鉤を引っ掛けて引きながら、下の方に丸太の打撃を加え続けるうち、畳はいきなり向こう側へ倒れたのです。思いも掛けませんでした。もろに水と光の洪水を浴びせられ、その場にいた全員は茫然と立ち尽くすばかりです。休む暇も与えぬ攻撃に疲れ切り、無力感に捕われ始めていました。休憩もしないで何時間も反撃を続けるうちに、誰の判断力も極端に落ちています。守衛室にはまだ畳が幾らもありました。ただ、それを持ち出してロッカーに立てかけようと言い出す者が一人もいなかったのです。指図をしていた当の森島さえ例外ではありません。森島は慌しく二階へ報告に上がり、しばらくすると「一階は放棄する」という決定を伝えに来ます。一階西側のバリケードから、数人が引き上げて来ました。バリケードに籠もった一人だけの学外者、元気のいい浪人生に西側の情況を聞いてみます。「もう限度だ」と言います。「脅しに火炎瓶を投げると、最初はわっと言って逃げていた。もう火炎瓶は使い切っている。向こう側でバリケードを壊しているのに、こちらから打つ手が無いんだ」。

全員で二階に上がりました。階段の上から見下ろすと、何本ものホースで一階の上がり口付近に水を浴びせ続けています。ホースを階段の上に持ち込まれればやっかいです。階段付近に、運び込んだコンクリートの大きな円柱で、膝の高さにバリケードを作ります。いざとなれば一気に蹴落として階段を転がすつもりでした。まだ攻撃を受けていない二階の防備担当に歩哨を任せ、一階から引き上げた全員が一室に集まります。各部屋から外して巻いたカーペットが数本置いてありました。長椅子代わりのその上に座り、松葉杖を抱えて、「ライオン」が訥々と語った言葉の内容が記憶に残っています。「ライオン」が人前で演説したのはそれが最初で最後だったでしょう。「一階は放棄したが、我々にはまだ強固な二階がある。情勢が好転するまで、団結してここで頑張り抜こう」。ブントや中核派のアジ演説は、どぎつい言葉を連ねた際限の無いお喋りです。「ライオン」の短い言葉は、それよりもはるかに雄弁でした。全員で肩を組み、「インターナショナル」を歌うと、涙が出そうになります。ガス・ストーブが赤々と燃える暖かい部屋で体が暖まると、次第に眠くなります。巻いたカーペットに凭れて横になると、いつのまにか眠り込んでいました。しばらくすると、眠っているぼくの体を誰かが揺すります。歩哨の番が来たと言っているようです。誰かの声が聞こえました。「寝かせてやれ。最初から最後までバリケードにいたんだ」。ぼくはそのまま眠り続けました。

目を覚ますと、もう朝でした。明るくなっています。床には脛が浸かるほど水が溜まっていました。二階の窓越しに一晩中放水が続いていたようです。水は階段上のバリケードを抜けて僅かに漏れるだけでした。自然に二階の廊下も部屋も水浸しになります。巻いたカーペットの上でずっと寝ていたぼくだけが気付かなかったのです。水の中を廊下に出てみると、放水は北側の窓ばかりを狙っています。それぞれの窓には歩哨が立ち、地上の動きを見張っていました。その中に鋭い眼差しで下を窺う大柄な神山もいます。時折、放水が一つの窓に集中しました。そこでは激しい放水を浴びながら、「毛沢東派」の数人が固まって旗竿を支え、旗を倒されないよう窓際にしがみ付いていています。見上げた根性だと感心しました。こういう事態を予想してゴム長靴を履いて来たのでしょう。もっと悪い事態にも備えていました。東京では相手の体に火炎瓶をぶっつけるのが当たり前になっていたようです。そうなっても、レイン・コートを脱ぎ捨てれば、一度だけは火だるまになるのを免れます。全国組織である「毛沢東派」は当然そのことを知っていたのでしょう。絶え間なく放水を続けながら、民青ゲバルト部隊の最後の攻撃が始まりました。

ばたばたと窓に梯子がかけられます。民青ゲバルト部隊はいきなり二階へ登ろうとしているのだと思いました。しかし、そうではなかったのです。一晩過ぎても東大全共闘や日大全共闘の大部隊は姿を見せません。正門前で二、三十人のヘルメット、ゲバ棒部隊がデモを繰り返しているだけです。水を浴びせられながら、時たま石を投げてくるその姿を眺めているうちに、どうも話がおかしいと思い始めた人達が大勢いたのです。夜が明けてみると、民青ゲバルト部隊はあと一息で学生部を陥とそうとしていました。人の目の届かない二階で捕まれば、どんな目に会わされるか分からない。見ている者は心配になります。そこで、ぼくたちが逃げられるように、窓に幾つも梯子を掛けたのでした。

ブントの森島は鉈でその梯子の段を叩き割り始めました。前夜、バリケードに投げられる手鉤のロープを切る道具が欲しいと伝えた時、棒付きノコギリの後には、もう何も無いと言われました。ところが、自分達のいる二階が危ないとなると、どこからか持ち出して来たのです。階段と窓の梯子に気を取られているうち、階段からいちばん遠い部屋の建物の屋根に、丸太と鉄パイプを持った民青ゲバルト部隊が現れます。窓の簡単なバリケードの上半分が一撃で打ち砕かれました。落ちてきたガラスが神山の手首を切ります。急いでロッカーの上に合板のテーブルを乗せ、支えたものの、誰かが登って体で押さえなければ突入路を塞げません。森島は後ろで叫ぶばかりです。「誰か登れ。誰か登れ」。進んで登る者は誰もいません。このままでは民青ゲバルト部隊にとって最高の突破口が生まれてしまいます。意を決してロッカーに登り、体でテーブルを押さえます。幾度か丸太の衝撃に堪えているうち、向こうはテーブルの蔭に誰かがいると気付いたようです。鉄パイプで突いて来ました。鉄パイプは簡単に合板を突き抜けます。まるでウエハースを針で串刺しにするようでした。顔を突かれないよう頭を下げて伏せていると、額を正面からしたたか突かれます。庇付きのヘルメットを被っていなければ大怪我をするところでした。必死に踏ん張っていると、やにわに後ろから大声が上がります。「降伏した。降伏した」。驚いて振り返ると、もう数人の民青ゲバルト隊員が鉄棒を構えてどやどやと部屋に入って来ていました。ぼくたちに何の相談もせず、自称リーダー達はもう降伏していたのです。

訳も分からぬまま、ぼくたちは揃って民青派の捕虜になります。ヘルメット、覆面に軍手まで剥がれて、非常階段から人で溢れる中庭に下りました。周囲を取り囲む群衆には、非難する者より、好奇の目を向ける者の方が多かったように思います。黄色いヘルメットの群れからも意外なことに罵る声は起こらず、殴り掛かる者も出ません。一人だけ例外がいました。大きな白マスクを顔に掛け、白衣に黄色いヘルメット姿の大男です。人混みを掻き分けて出て来ると大声を出します。「お前らのせいで、何人が怪我をしたと思っているんだ」。声とメガネですぐ分かりました。しばらく姿を見せなかった、かつての教養部自治会室の牢名主、今では党本部勤務と思われる岡田です。捕虜の幾人かはすぐ気付いたでしょう。しかし、声に出して言う訳に行きません。岡田が捕虜の一人を小突き掛けると、もう一人の大柄な男が人混みから出て来ました。両手を広げ、岡田の前に立ち塞がります。「民学同」を代表する活動家だった今村さんでした。黙って岡田の目を睨み付けます。岡田は目をそらし、別の方角から捕虜に近づこうとします。しかし、また今村さんが割って入りました。相変わらず岡田の目をまっすぐ見ています。正体がばれたと思ったのでしょう。岡田は人込みの中に姿を消しました。

連れて行かれたのは法経一番の大教室でした。階段教室の中段に固まって座ります。思い掛けないことに、温かい茶の入った紙コップを渡されました。掛けられた最初の言葉は「怪我はないか」です。予想と全く違うので、何か不思議に感じました。民青派の大群衆から怒号と罵声を浴びる糾弾集会を覚悟していたのです。奥田学長が簡単な挨拶をします。突然、「質問。質問」と叫ぶ者がいました。手を挙げているのは寮闘争委員会の委員長、「青解」の加藤です。奥田学長は軽くいなして外へ出て行きます。それに続き、どこか落ち着かない様子の民青派は一斉にざわざわする教室を後にしました。ところが岡本学生部長は残り、所在無げに腕組みをして立っています。加藤が質問を学生部長に向けると、驚いたことに学生部長は丁寧に答え始めます。ぼくたちに対する糾弾集会ではなく、学生部長相手の団交が始まりました。それがやがて学長相手に変わるのです。寮闘争委員会の学生部バリケード封鎖は明らかに陰謀でした。しかし、全く嘘の噂を流して民青派が行なった本部構内バリケード封鎖、ゲバルト部隊による学生部のバリケード封鎖解除は遥かに大掛りな陰謀です。法経一番教室に詰め掛けた者は誰もが何か変だと思っていたのです。大学側が事態をきちんと説明しなければ、学生部封鎖を上回る大騒ぎになりかねません。学生部長が残り、質問に応じたのには、それなりの訳があったのです。団交が始まるうち、ぼくたちは何時の間にか「お咎め無し、無罪放免」になりました。まず怪我をした神山を診療所に連れて行きます。偽名で治療を申し込み、麻酔もかけずに三針か四針逢うとき、タフな神山の顔が歪みました。相当に痛いのでしょう。

通用門へ向かう途中、同じ熊野寮に住む「革マル」の中田に会いました。ひどくさっぱりした顔になっています。尋ねてみました。「もう風呂に入ったの」。相手の答えがふるっていました。「いや。一晩中水を浴びたので垢が落ちたらしい」。お互いに顔を見合わせて大笑いになります。通用門を出て教養部に入ろうと正門の前を通る際、上の方から大きな明るい声がします。「やあい、ジオン。もう一度来てみろ」。振り仰ぐと高さ五メートルはありそうな巨大バリケードの上から、顔見知りの民青派活動家が嬉しそうに笑っていました。言い返す気力も湧きません。身も心も疲れ切っていたのでしょう。教養部で会った幾人もの友人達の話によると、学生部の情況はかなり詳しく伝わっていたようです。時計台のアジ演説が外人部隊の接近を匂わせて危機感を煽りながら、逐一知らせていたのです。経済学部長、堀井啓一は民青派と大学側の繋がりを示す発言をしていました。「あと一押しで学生部は落ちます。もう少しの辛抱です」。同志社の高村は明け方まで正門前で牽制のデモを続けました。軽く朝食を済ませると、正門のバリケード越しに石を投げ込み始めたようです。「てめえら、権力から貰った握り飯を食ったか」。それが第一声でした。民青側も石を投げ返し、口喧嘩に応じたそうです。増援部隊は数十人、学生部は陥落寸前なので、余裕があったのでしょう。北と数人は落書き作戦に出ます。正門付近の到る所に、大学側と民青派を批判する落書きをしたのです。テレビのニュースにその一部が映ります。「天誅！奥田トン！」大写しになったそんな言葉を今も憶えています。学長の名前は奥田東、西遊記の猪八戒を思わせる風貌でした。馬場はもっと巧妙な作戦に出ます。放水できなくするため、学生部近くにある消火栓から、ホースの筒先を何本も抜き取っていたのです。誰もが知恵を絞り、工夫をこらして、学生部に籠もったグループを支援していました。そんな話を幾つも聞いた後、ぼくは教養部から寮へ戻り、ぐっすり眠ったような気がします。

東大全共闘を見捨てない。だから京大で呼応して何かする。「E反戦」にとって、学生部のバリケード封鎖に加わる意味はそれだけでした。安田講堂が陥落し、学生部も落ちた今、京大での闘争は終わったと思っていました。ぼくたちには「全学封鎖」の意志など最初からなかったのです。だから、「学生部封鎖は全学封鎖の第一歩」とする民青派の宣伝を言い掛りだと思っていました。しかし、ブントや中核派は違ったようです。「七〇年安保闘争」が視野にあったからです。とりわけ学生部から逃げ出し、信用を失くした中核派は焦っていました。どんな手段を使ってでも闘争を拡大し、その中で命令する地位に返り咲こうとしていたのです。延々と続く学長団交は、その絶好の機会でした。それには訳があります。東大では当時の大河内学長と東大全共闘との団交が転機になりました。大河内一男はドイツ社会政策史研究で学会に華々しく登場し、若くして一流となった研究者です。もう大御所と呼んで良い存在です。自分の肩書きを学長ではなく、古風に「総長」と書くのを好むような人柄でした。ある年の卒業式に備えた式辞の原稿にはこんな言葉があったそうです。「太ったブタになるよりも、痩せたソクラテスになれ」。実際には使われなかったものの、大河内総長の名前を一躍高め、「哲人総長」の名を奉られます。しかし、学生、院生との交渉が行き詰まると、一方的に席を蹴って帰り、その場にいた者の反感を買いました。それがくすぶっていた東大闘争に火を点けたのです。団交する三派の活動家達も奥田学長もそのことは十分に意識していたでしょう。しかし、こちらで団交の相手をしたのは「鉄人総長」でした。夜になり明日も団交と決まると、講壇の中央にある大きなデスクに平然と上がり、毛布を被って寝てしまったのです。ハンディ・スピーカーを耳に近付け、がなり立てても一向に動じません。京大ラグビー部の元名フォワードは心身共にタフだったのです。学長団交の場、法経一番教室では、党派の知力も学長の体力に歯が立ちませんでした。しかし、その外の学内の雰囲気が激変して行きます。

放免された翌日、学長団交を覗こうと本部構内に入ります。バリケードは全て跡形もなく姿を消していました。そして、周囲の塀や建物の壁がおびただしい数の大小様々な壁新聞で埋め尽くされているのです。読んでみると、どれも大学側や民青派を激しく非難する内容です。東大や日大の全共闘が来るというデマを流し、騙して本部構内を囲むバリケードを作らせた。その隙に民青派ゲバルト部隊は勝手に学生部を攻撃している。初めから終わりまで、大学側は民青派と共謀していた。自分達は大学側と民青派の陰謀にまんまと乗せられた。壁新聞を一つ一つ読み、書いた者の怒りがありありと伝わって来る文章に触れて、やっと実感します。仲星の言う通りだった。あの本部構内に溢れた黄色いヘルメットの群れの大部分は、民青派とも共産党とも関係がない。大学側と民青派の大掛りな謀略に踊らされただけの者たちだ。日を追うごとに壁新聞は増え続けます。このエネルギーがまとまれば京大闘争は息を吹き返し、もう一歩先へ進むかもしれない。そうして時計台封鎖が生まれるなら、もう少し付き合っても良い。そのためには、大部分の者が抱いている疑問に、納得のいく答えを探すのが先決だ。本部構内で何かをしなければならない。次第にそう思うようになります。

ぼくはブントや中核派の古参活動家など、大したことはないと思うようになっていました。上部組織の命令のままに動き、時に平気で嘘をついて人を騙す。そのくせ踏ん張り所では真っ先に逃げ出す。学生部から逃げ出した中核派がそうです。ブントの「白森」さんは一度もバリケードに姿を現わしませんでした。森本も一応二階から下りてきたものの、自分が最前線に立つことは決してなかったのです。しかし、彼らの浅ましい心根を見落としていました。言葉にして見ればこうなるでしょう。「自分達が牛耳れないなら、闘争を潰しても構わない」。

バレンタインのために

何の根拠も無い噂を広めて不安を煽り、大量の黄色いヘルメットを配る。同時に本部構内の正門に巨大なバリケードを築く。続いて、本部構内全体をバリケード封鎖し、その中で学生部のバリケードは民青ゲバルト部隊を使って実力解除する。全ては共産党中央の決定に基づき、大掛りで周到な準備をしなければ不可能なことです。また、事前に大学側の同意を得なければ密かに事を運ぶのはとても無理でした。本部構内を囲むバリケードを作り、徹夜の見張り番に加わった者全てにとって、それは疑う余地のない事実と見えたでしょう。前例の無いほど膨大な数の学生や院生が、民青派の陰謀によって否応無く京大闘争に引き摺り込まれていたのです。それだけに民青派と大学側に対する不信と怒りは凄まじいものでした。政治活動に関わるまいと日ごろ努めて来た者までが発言し始めます。しかも、筋の通った理由を挙げ、報復を呼び掛ける宣伝活動を起こすなら、いつでも応じかねない勢いを見せていました。これまで見たこともない程の熱気が大学に漲っていたのです。

時計台下の大教室で学長団交が続くうち、これまで会ったこともない経済学部の大学院生達が次々に接触して来ます。所属するクラブや政治組織が同じ者を除けば、教養部と学部の学生が付き合う例はまずありません。学部と大学院はもっと疎遠です。だから、山口さん、今田さん、その他の大学院生が姿を現わし、熱心に「E反戦」に働き懸けてきた時は少し戸惑いました。今から思うと最年長の人でも、せいぜい二十代後半の年齢です。ただ、見かけは若いけれど、どこか「変な小父さん」の雰囲気がありました。大半が妻帯者で子供のいる人も珍しくなかったせいもあるでしょう。初めにやってきたのは山口さんです。「E反戦」の溜り場だった喫茶店「クレーベル」に顔を出すと、レイン・コートを羽織った髪の長い小父さんが友達の一人と頻りに話し込んでいます。学内で会った記憶は全くなく、何処の誰なのか想像も付かない顔でした。友人に話し終わるとぼくの方を向いて、どんな名分を掲げて闘争を続けるつもりかと声を掛けて来ます。名分も何も無い。続けられるだけ京大闘争を続けるだけだ。そんなことを言ったように思います。暫らくぼくの話を聞いた後、声を上げて笑いながら言いました。「やれやれ、また一から説明するのか」。明るい声の調子や笑顔の感じ良さに惹かれて、すぐ親しくなってしまいます。それが博士課程の院生、山口さんでした。六〇年安保闘争当時は慶応大学にいて、ブントの同盟員だったと後に知ります。政治活動に深入りし、企業や官庁に就職する気になれない元活動家が大学院に進む例は当時の大学院にいくらもありました。一年足らず後に七〇年を控え、足元の京大に降って湧いた大騒ぎに山口さんの血も騒いだのでしょう。院生にも発言の機会を与える形の学生大会を開き、民青派の拠点であり、共産党の牙城でもある経済学部をひっくり返そうと心に決めていたようです。そこで、自分から「E反戦」の一人一人に接触し、噛んで含めるような説得工作を始めました。「大学は学問をするところ」という観点から、民青派自治会や学部長の先走った政治行動を咎めようと言うのです。自治会や学部長にうまく切り込む糸口を探していたぼくたちは飛び付きます。山口さんの思惑は当たり、「E反戦」と反共産党系の大学院生が連携することになりました。

学部の学生大会は数日後でした。そこで山口さんが発言する番になります。大学は学問をするところという持論を述べた後、ろくに研究もせず、大学院でオルグ活動ばかりしている共産党系の院生を山口さんは指さします。そして満座の中で言い放ちました、「あんた、勉強してますか」。たじろぐ相手を尻目に、山口さんは滔滔とまくし立てます。民青派に巻き返す暇も与えず、堀井学部長に本部構内バリケード封鎖や学生部封鎖実力解除の理由を説明せよと迫ったのです。この発言に自治会執行部は追い詰められてしまいました。無視することなどとても出来そうにありません。何とかお茶を濁すつもりだったのでしょう。山口さんの発言に同意する者は挙手して欲しいと言ったのです。出席する学生の半数をかなり上回る者が手を上げたように見えました。すると、堀井学部長がまさかと思うようなことをいったのです。「要望する者が多ければ説明してもよろしい」。きっとその場限りの嘘で誤魔化そうというつもりに違いない。何しろ名うての党員教官なのだから、理屈も感情も抜きで党中央の決定に従うだろう。「説明」は自治会執行部と前以て打ち合わせた出来レースだ。次に発言する順番のぼくは学部長の発言を耳にした瞬間にそう思いました。学部長に説明を求める緊急動議を出すのではなく、申し合わせ通り学部長団交を求めます。学生大会の直後にその点を大賀志に咎められました。「説明要求動議で多数決を採っていたら通ってたんじゃないか」。確かにそうなれば、その場で大衆団交を始められたはずです。後に堀井学部長がこの前後に脱党していたことを知りました。あの発言は誤魔化しではなかったかも知れません。さらに、表面には出てこないものの、七〇年に何かをしようと備えていた、かなりの数の「新日和見派」が学部自治会にいたようです。共産党の内情を知らず、先入観に捕われたまま臨んだばかりに、ぼくは判断を誤ったのです。この点でも活動家崩れより、正攻法しか知らない素人の方が正しい判断を下していました。ともかく、学部長室に舞台を移し「E反戦」と学部長の団交が始まります。その席に大学院生まで次々と姿を見せ、学部長を追求する群れに加わります。片野さんや藤山さんもそうでした。嫌な話もあります。後に典型的な「ヤラセ」の宣伝映画、「パルチザン戦記」や幾つかの本で有名になる「滝田修」こと武田弘は経済学部の助手でした。いよいよ学部長団交に臨むという「E反戦」の小集会に前触れもなく姿を現わし、確かこんな意味のアジ演説をしたのです。「民青は『アホ』です。我々はどちらかと言うと、『賢こ』であります。『賢こ』が『アホ』に負けるはずがありません。『アホ』のてっぺんにいてる堀井学部長を締め上げて、民青と共産党の陰謀を白状させましょう」。いかにもブント崩れらしく、おもしろおかしいそんな話をし、笑いを取るとさっと姿を消しました。

「E反戦」と堀井学部長との団交が始まります。大きなデスクを挟み、学部長と数人の教授が一方に座り、向かい側に「E反戦」の数人が座って質問する形です。こういう場面では大賀志が本領を発揮しました。学部長の発言や行動の矛盾を突いて、度々窮地に追い込みます。全体に穏やかな討論会といった雰囲気で、よくある吊し上げとは全く異なりました。政治党派の影響が無かったせいです。ブントはそれが気に入らなかったようです。頼みもしないのに、学生部で一緒だった森島をお目付け役として送り込んで来ます。実の所、大変な迷惑でした。こちらの質問に答える学部長の発言を遮り、机を叩いて大声で言い掛りを付ける。事務室の冷蔵庫の中身を出して勝手に食べる。森島にしか出来ない芸当はその位でした。団交が一晩続いて二日目に入った時、どうにもならない膠着状態に陥ってしまいます。今後の行動方針を相談するため、古いレンガ建てにある大学院の第五研究室を訪れました。ブント崩れの「黒幕」がそこに屯していたのです。その二人に団交を打ち切りたいと言うつもりでした。研究室のドアを開けると、武田とその友人がウイスキーを飲みながら、笑って話しています。団交の進展情況を話すと、武田は言います。「堀井はもうすぐ京大闘争を潰すための学部長会議に出て行きます。それを阻止するため、もう少し団交を引き伸ばして下さい」。そして、今にも泣き出さんばかりの涙声になり、付け加えます。「助手の身分の手前、堀井の前に出て行けんのです。ぼくがクビになれば女房、子供が路頭に迷います。君達には申し訳ないと思うけれど、ウイスキーを飲んで気をまぎらすしかないぼくの胸の内を察して下さい」。後々の言動から見れば、真っ赤な嘘でした。舌先三寸で「E反戦」を手玉に取り、本来なら自分が陣頭に立つ団交を裏で操っているといい気になって祝杯を挙げていたのだと思います。でも、そのときのぼくは、武田の言うことを真に受けてしまいました。だったら、もう少し引き伸ばしてみますと言って第五研究室を離れたのです。急いで学部長室に取って返したものの遅過ぎました。学部長はもう出掛けていたのです。ただ、妙な事がありました。デスクの横に手提げカバンが置いてあります。誰のだろうとその場にいた教授達と「E反戦」の間で話題になりました。念のため中身を調べると、ノートと岩波新書が出てきます。専門書らしいものは入っていません。「E反戦」の誰かの忘れ物だろうと思って引き取ろうとすると、教授達が急に用心深くなりました。学部長のものかもしれないから、このまま置いておこうと言い出すのです。すると、やがて学部長がカバンを忘れたと言って帰って来ます。当時のぼくは堀井学部長を党員教官の頭目と信じていました。しかし、今から思うとやることなすことが変です。時計台のアジ演説では、後になって揚げ足を取られるようなことをわざわざ言っています。経済学部の学生大会でも、本部構内のバリケード封鎖、学生部攻撃の事情を知りたい者が多いなら、訳を話しても良いと応じました。こんな一言も付け加えています。「奥田学長に『堀井君に悪者になって貰ったからね』と言われているから」。さらに今度の忘れたカバンです。ただ困った事に、他人に火中の栗を拾わせようとする腹芸が分かるほど、ぼくたちは擦れていなかったのです。幾度か学部長を追い詰めたものの、うまく逃げられてしまいました。これという成果を上げぬまま学部長団交は終わります。

学内は沸き立つような熱気に包まれていました。大半の「秩序派」は学生部に籠城した者を筋金入りの党派の活動家、それも恐らく東大の安田講堂封鎖の場合と同じように京大とは何の関係もない外人部隊と予想していたようです。民青派の大々的な宣伝を真に受ければ嫌でもそうなります。ところが学生部で捕虜になった三十人弱は一人の浪人生を除けば全員京大生でした。つまり、ほぼ「純正」の京大生部隊だったのです。しかも半分近くが経済学部と演映連の「ノンポリ・ラディカル」でした。事実が明らかになってみると、民青派の宣伝と全く違っていたのです。残留部隊の主力を構成して学生部に残り、馬鹿正直に民青ゲバルト部隊と一晩戦った「ノンポリ・ラディカル」がいなかったら、ことは民青派の言う「暴力学生」の陰謀として片付けられたかもしれません。恐らく共産党中央が指示した民青派の大掛かりな嘘と陰謀も、言い繕うのはずっと簡単になっただろうと思います。しかし、民青派や共産党の思惑は完全に外れました。現に本部構内の壁という壁は大学側と民青派を糾弾する壁新聞で埋め尽くされています。どれもこれも疑問や異論を声高に述べ、憤りと怒りをぶちまける内容です。その巨大なエネルギーを一つに組織できれば、京大闘争は大きく進展していたことでしょう。そんな熱気の中で、安保ブントや「主流派」の亡霊達もまた次々に蘇ったのです。「反戦連合」に合流し、出来れば「指導」しようとします。こういう現象はどこの学部でも見られたのでしょう。

騒然とした情況の中で「反戦連合」や三派を中心に、各学部で大学側を糾弾し、民青派に復讐するため「闘争委員会」が作られ始めます。民青派の聖域で、他党派の活動家がいない経済学部では「E反戦」がそのまま「E闘争委員会」略して「E闘」になりました。経済に次いで民青派が強いのは法学部です。ここでも学部自治会で他党派は活動していません。「ノンポリ・ラディカル」で作る「J闘」のまとめ役は近江です。農学部や理学部のある北部構内には休眠していた「主流派」時代の元活動家が多かったのではないでしょうか。その代表達はブントと折り合いがよく、強引な政治手法に何の抵抗も感じていないようでした。学生数最大の工学部の代表は教養部時代によく見た顔です。長身の美男子で当時はブントの活動家でした。しかし、その頃はもう組織を離れていたようです。ブントの縛りに無関係な人でした。大学入学から少なくとも三年近くが経過しており、学部生はブントや中核派の正体をかなり知っていました。言っていることは額面通り受け取れない。他人にやれと言うことを当の本人はする気がない。過激な意見や行動方針を聞かされても、眉に唾を付ける癖が付いていたのです。しかし、学生数の半分を占める教養部の一、二年生は違いました。そこに学生部から逃げ出して信用を失墜させた中核派が食い込みます。「ノンポリ・ラディカル」には元々進んで組織の代表になる傾向がありません。だから、中核派は「ノンポリ・ラディカル」の多い教養部の「C反戦」で、その代表に自派の秘密同盟員、松山を立候補させて通します。その松山は、殊更に時計台封鎖を言い募ります。大多数の者が抱いている疑問に答える宣伝活動を試みようともせず、教養部に引きこもり、本部構内を民青派に明け渡している情況でした。その中で、薬学部、ブントの支配する文学部、中核派の支配する医学部を除く六つの学部の英語の頭文字を採った連絡会議、JASPETが作られます。中心になったのは元「主流派」の休眠活動家や山口さんのような元ブントの大学院生だったのでしょう。ぼくはJASPETが出来た後になって山口さんから知らされただけです。すると、教養部から参加したいという打診があったらしいのです。強引な時計台封鎖を主張する教養部の参加は認められないだろうと思っていました。しかし、ぼくの知らないところで簡単に認められ、JASPETはJASPECTになってしまいます。それがやがて「京大全共闘」を名乗るようになるのです。

ここ一、二年ばかり大学で姿を見かけなかったブントや中核派の幹部もやがて姿を現すようになります。ブントの鎌田、中核派の若松がその良い例です。最初は各闘争委員会間の連絡をこまめにしてくれる便利屋として入り込んで来ました。次第に学内の情況を掴み、情報を一手に握るようになると、それぞれの闘争委員会の代表を自分たちの部屋に呼び付けるようになります。当時のぼくたちは知りませんでしたが、学外者に対しては「京大全共闘代表」を自称していたようです。ある時、大事な話があると呼び付けられます。鎌田に聞かされたのはありふれたアジ演説でした。「我々がこうしている間にも、独占資本は肥え太り…」三年間、嫌になるほど耳にした話です。鎌田の話の半分もぼくの耳には入りません。それに比べ、若松の言葉は遥かに重大でした。「誤解を恐れずに言えば、我々の目標は京大闘争の泥沼化にある」。そう前置きし、すぐさま時計台を実力で封鎖する方針に同意させようとします。誤解の余地などありません。どんな手段を使ってでも騒ぎを大きくし、自分達が思い描いた七〇年安保闘争の青写真に京大闘争を無理矢理押し込みたいだけです。ただ、一方的に捲し立てる若松の言葉をうまく遮ることが出来ません。こちらの主張を述べる機会を与えようとしないのです。持て余して、議題を持ち帰り皆んなで相談すると告げて部屋を出ました。

割り当てられた教養部の部屋に戻ると、見慣れぬ顔が混じっています。その男は経済の大学院生、井口と名乗り、鎌田や若松が呼びつけたのは、どんな話のためだったと尋ねます。今すぐ時計台を封鎖すると言っていると話しました。驚いた表情で井口さんが叫んだ言葉が今も耳の底に残っています。「それじゃあ、民青の言う通りじゃないか」。ぼくも同感でした。それで実は困っていると打ち明けると、井口さんは膝を乗り出して提案します。「どうだろう。ぼくにE闘の代表として発言させて貰えないか」。その場にいた誰もが押しの強い鎌田や若松を持て余していました。すぐに同意が得られます。今すぐ時計台を封鎖するという方針に反対なのは、有力な闘争委員会のうちでは経済学部と工学部だけだったようです。数日後、両委員会の代表を呼び付けた席には、意外なことに東大闘争で名を馳せた「ゲバルト・ローザ」が来ていました。東大の団交の席で、耳栓をして本を読んでいた教官に平手打ちを食らわせ、一躍有名になった全共闘派です。安田講堂は陥ちたものの闘争はまだ続いており、全国の大学に支援を要請して回っているようでした。しかし、京大闘争に余計な口を挟むまいと、慎重に言葉を選びながら話します。おそらく鎌田と若松は「ゲバルト・ローザ」の口添えがあれば、ぼくたちを説得出来ると踏んでいたのではないでしょうか。井口さんが時計台封鎖に代わる行動目標を説明すると、若松が食って掛かります。本部構内の大多数の学生に宣伝する時間を稼ぐための、穏やかな行動方針だったからです。工学部の代表も闇雲な時計台封鎖に強く反対します。双方の遣り取りを聞いていた「ゲバルト・ローザ」が鎌田と若松に向かって大きな声を出しました。「何を言っているんだ。こんなことになるのは、あんたたちがきちんと説明してないからだろう」。強い調子の、完全な男言葉です。二人が企んだ経済学部と工学部の説得工作は、この一言で止めを刺されました。後に「ゲバルト・ローザ」は自分で本を出します。それを読むと、鎌田と若松を「京大全共闘の代表」と思い込んでいたようでした。二人が騙したのはぼくたちだけではなかったのです。

部屋に帰って善後策を検討していると、いきなり中核派の三人が踏み込んで来ました。先頭は見たこともない男です。目の据わった、凄まじい形相で叫びました。「井口、貴様ぁ、何のつもりだ」。それを合図に残りの二人は手近な所にある物を掴み、いきなり井口さんに殴り掛かりました。「鬼軍曹」、藤田は金槌、橋上は分厚い板、見知らぬ男はストーブの横にあった石炭バケツが得物です。岡井が殆ど泣きだしそうな声で言います。「やめろよ。やめてくれよ」。しかし、無駄でした。伊井さんやぼくが止めようとすると、藤田が金槌を振り上げ、血走った目を向けて大声を出すのです。「貴様ら、殺すぞ」。手の付けられない状態でした。散々に袋叩きした上で三人は怯えた顔の井口さんを暗い廊下に連れ出し、薄暗がりの中でなおも殴り続けています。藤田は泣きながら、悲鳴に近い声で幾度も叫びました。「井口さん、中核派に敵対するのはやめてくれ」。「鬼軍曹」は精神的に何かに依存しないではいられない脆いところがあったのでしょう。井口さんは元中核派の活動家で、藤田をオルグした当の本人でした。「鬼軍曹」は井口さんへの人格的依存と中核派の政治的信条に引き裂かれたままリンチにくわわっていたのです。殴られる井口さんを見守ることしかできないまま、ぼくは思っていました。「革命のためには、こんなことまでしなければならないのか。だったら、ぼくは革命家になれない」。大学構内に導入された機動隊に逮捕される心の準備は出来ていました。退学は元より覚悟の上です。民青派の捕虜になり、リンチされても構わないという気持ちならありました。ただ、味方と思った人間から、足元をすくうような真似をされるとは夢にも思わなかったのです。学生部を逃げ出した中核派に腰抜け呼ばわりされるのも心外でした。ましてリンチを仕掛けてくるとは予想もしていません。レーニンやトロツキー、毛沢東に対する思い入れが急激に薄れてゆきます。中核派の三人が引き上げると、ポケットに両手を突っ込んだ鎌田がにやにや笑いながら姿を見せました。僕たち一人一人の顔をなめるようにまじまじと眺めた後、ゆっくり引き上げていきます。リンチが時計台封鎖に反対する「E闘」への脅しなのは明らかでした。工学部の代表もリンチの的になっていたそうです。しかし、かつて自分が属していた「主流派」のやり口をよく知っていました。鎌田や若松のいる部屋を出ると、いち早く姿をくらましたのです。心の中で闘争への熱意が冷えていくのを感じます。後に井口さんから聞いた話によると、見知らぬ男は革共同中核派の全国委員だったようです。安田講堂が陥ちた後、京大を大学闘争の焦点にするために、つまり「泥沼化」するために派遣され、大学近くに身を潜めていたのでしょう。かつての中核派の幹部が「E闘」に入れ知恵していると聞き、わざわざ姿を現わしたのだと思います。

代表が松山になって以来、「C闘」は強硬に時計台封鎖を主張するようになりました。けれども、本部構内で自治会を押さえているのは文学部だけです。工学部、法学部、経済学部、教育学部の学生に働き掛け、前以て時計台封鎖も止む無しとする下地を作っておく必要がありました。いきなり決行すれば、民青派の暴挙を帳消しにする愚行になりかねません。けれども、そんな試みは全くと言って良い程無かったのです。民青派が本部構内を制圧していると思っているのか、大勢でデモの隊列を組んで本部構内に入り、用心深く時計台前で決起集会をするのがせいぜいでした。しかし、民青派はこちらの動きを警戒して時計台に大規模な泊まり込み部隊を置くようになります。名うての民青派活動家は外を歩く時に公然と黄色いヘルメットを被るようになりました。こちらを牽制する意味があったのでしょう。二月初めからだったと思います。そして、今度は民青派が攻撃に怯える番になったのです。泊まり込みの日数が延びるに連れて、周りが寝静まった夜更けに、そっと時計台を抜け出す者が増えて行ったようです。筋金入りの民青派活動家もこれには相当参ったのでしょう。しきりに「E闘」のメンバーに声を掛け、探りを入れようとします。

攻撃の日時が漏れたのは、あるいはぼくと国井の素振りからだったかも知れません。黄色いヘルメットを被った顔見知りの民青派活動家に、法経新館の前でばったり出くわしました。ぼくと国井を見ると、いらいらした表情で言います。「一体、何時になったら来るんだ」。からかってやろうと思いました。あれこれと話をはぐらかすうちに、相手は諦めて時計台へ帰りかけます。こちらが気を緩めた一瞬を狙って、すかさず声を掛けて来ました。「ひょっとして今夜か」。図星でした。行動隊からは降りていたものの、攻撃日時は教えられていたのです。思わず国井とぼくは顔を見合わせました。相手が見落とす訳はありません。三十分もしないうちに時計台からのアジ演説が急に激しくなります。時は六九年二月十三日の午後、その夜に時計台攻撃が始まるはずでした。日が落ちて辺りが暗くなり、攻撃に備え時計台内の照明を落としたその夜は、抜け出す者がいちばん多かったそうです。

ぼくは平田の下宿に転がり込んでいました。腰の持病を抱える平田はゲバルト部隊に参加出来なかったのです。一人で荒れているぼくに、平田は安いウイスキーを振る舞います。かなり飲んで横になり、うつらうつらとしていた時です。突然、聞き慣れた時計台のスピーカーが最大音量で訳の分からない言葉を怒鳴り始めました。それが耳に入った瞬間、二人は急に身を起こし、顔を見合わせます。ついに始まったのです。気が付くと平田の下宿を飛び出し、時計台の方へ走っていました。通りは右も左も同じように大学へ走る京大生の群れで溢れています。ブントと中核派に乗っ取られようとしている京大全共闘にはもう何の未練もありません。しかし、京大闘争の未来には、まだ微かな期待を抱いていました。それにこれはぼくの始めた闘争です。時計台が陥ちなければ、ぼくの闘争そのものが終わってしまいます。本部構内へ入る正門でピケット隊による検問が始まっていました。「J中隊は集まれ」と、いつものゆったりした口調で指示を出しているピケット隊のリーダーは、顔見知りの法学部の近江です。訳を話して入れて貰い、負傷して後退して来た者からヘルメット、ゲバ棒、軍手を借りて、最前線へ向かいます。駆け込んだ時計台の中は真っ暗でした。周囲の人の流れに混じって時計台の西側へ進み、法経一番教室の西側入り口前に出ます。民青派は教室内の木造椅子を叩き壊して積み上げ、急造のバリケードを入り口に築いていました。その前には、赤と白のヘルメットを被り、ゲバ棒を片手に握って立つ突入部隊がびっしりと詰め掛けています。ところがバリケードを崩そうとはしていません。さらに、バリケードを壊すのにいちばん有効な丸太さえ一本も用意されていないのです。別の突入路は無いか捜すうち、廊下から向かいの窓に石を投げている赤ヘルメットに覆面、コート姿から声を掛けられます。山口さんでした。溜め息混じりに言います。「窓の向こうにいるのが一目で教養部のチビらしいと分かると、思わず石を投げるのをためらってしまう。ぼくにこんなゲバルトはきついよ」。ふと廊下に面した大教室の窓から入れるのではないかと感じます。法経一番教室の窓と廊下を隔てる三メートル余りの距離を越えようとして、大怪我をするところでした。教室の窓と廊下の窓の間の床はスレートで覆われていて、その下は地下一階まで、何もなかったのです。まるで深い落し穴です。大教室の窓に移ろうとして、スレートを踏み抜き、危うく落ちるところでした。

窓に取り付くと石が飛んで来て体に当たります。てっきり後ろの者の手元が狂ったのだと思い、もっとよく狙えと声を掛けました。しかし、体に当たる石は減りません。はっとして見上げると、二階の窓から黄色いヘルメットの男が身を乗り出して、石を投げていました。いきなり攻撃を受けて逃げ場を失った民青派の中に、二階の講堂へ逃げ込んだ者がかなりいたのです。教室の窓には鉄棒が嵌めてあり、素手で取り除くのはとても無理です。ただし、法経一番教室の大部分が見え、向こう側のリーダーがラウド・スピーカーを使って出している指示もよく聞こえました。法経中庭側の窓から幾度も火炎瓶が投げ込まれます。ブントがやっているのでしょう。そのうち、向こうのリーダーが言い出しました。「同盟員の諸君はバリケードを守ってください。そうでない諸君はヘルメットを脱いで教室の中央に集まってください」。何をさせるのかと思っていると、教室中央でシュプレヒ・コールが始まります。「暴力学生は帰れ」と幾度も叫んでいます。しめたと思いました。民青側は降伏の準備を始めている。民青に付いてきたシンパと同盟員を分離し、一目で違いが分かるようヘルメットを脱ぎ、シュプレヒ・コールをさせている。降伏後にブントや中核派が加える暴行は同盟員が吸収し、突入部隊の指揮者にシンパの保護を求めるつもりだろう。これなら、法経一番教室は陥とせると確信しました。それにしても向こうの指揮者の態度は見上げたものです。投げ込まれた火炎瓶が大きな炎を上げるたびに、ゲバ棒と黄色いヘルメットの民青同盟員がバリケードに向かって立っている姿が浮かび上がります。炎を背にした二十人ばかりのシルエットは身じろぎもしません。変に感心してしまいました。「あいつらも筋金入りの左翼だったんだ」。ふと感じます。これから始まるゲバルトは弱いものいじめではない。互角の相手との勝負だ。そう思うと何だか嬉しくなってしまいます。突入路は西側入り口しかないようです。再びバリケード前に取って返します。

バリケードに取り付いているのは僅か二、三人でした。用意された道具はノコギリくらいのものです。もしかしたら、火炎瓶を数本投げ込めば民青派が肝を潰して降伏すると考えていたのかも知れません。バリケードの右端の隙間を覗いてみます。強い光を浴びせられ、向こうからは逆光で殆ど何も見えないはずです。一人が竹竿を持ってうずくまっているようです。こちらを突くつもりなのでしょう。もう一人に話す声が聞こえました。よく見えないと言っています。しかし、本当は人を突くのをためらっているのでしょう。竹竿を引ったくり、その男を思い切り突きます。あっと言って退いて行きました。バリケードは厚い木の板を積み上げた簡単なものです。少し強く押すとぐらぐら揺れます。ふと、体当たりすれば崩れるのではないかと思いました。いちばん脆そうな左側に思い切り体当たりします。入り口を塞ぐバリケードの三分の一程があっけなく崩れました。後ろを振り返り、右手を上げて大声で叫びます。「行こう」。だが、答える声がありません。驚いて振り向くと、赤、白のヘルメットを被る突入部隊はゲバ棒を杖に突き、異様なものでも見るような目付きでぼくを見ています。突破口が開いたのに誰も突入しようとはしないのです。呆気に取られました。「騙された。ブントと中核派は本気で時計台を陥とす気などなかった。時計台封鎖に慎重な部分を追い落とすための口実に過ぎなかったんだ」。そう思いながら、つい棒立ちになってしまいました。次の瞬間、顎にがんと強い衝撃を受けて我に返ります。ぼくの開けた突入路も、向こう側から見れば絶好の投石用の大穴だったのです。穴はたちまち塞がれてしまいます。急に何もかも嫌になり、バリケード前を離れました。

時計台の外に出ると、青ヘルメットにゲバ棒の「青解」の集団がデモをしています。大声を出して時計台を回っているものの、攻撃に加わろうとしません。後に「青解」も闇雲な時計台攻撃に反対していたのを知ります。ブントと中核派は「青解」に学部闘争委員会の中にも反対派がいるのを隠していたのでしょう。時計台の帰りに臨時の包帯所がある正門横の守衛室に寄ってみます。中核派の「鬼軍曹」、藤田が鉄パイプで肩を突かれたと大騒ぎしていました。たかが肩を突かれた位でと馬鹿らしくなります。学生部攻防戦のとき、バリケードの最前線にいた演映連の山崎は鉄パイプでもろに顔を突かれたのに退こうとはしませんでした。職業革命家を自称する中核派の鬼軍曹が、肩を突かれた位で何て無様なと思います。腹が立ったので、声を掛けました。「民青の黄色いヘルメットは厚手の上物だ。分捕り品の分け前を忘れるなよ」。物凄い剣幕で捲し立てる藤田の姿が吠え立てるスピッツに見えます。耳障りな早口はその対極にある法経一番教室から聞こえた声を思い起こさせます。緊張はしていても、落ち着いた冷静な声でした。背筋がしゃんとしていたのは向こう側のリーダーの方なのです。やり切れない気持ちになりました。

時計台攻撃の失敗が明らかになった二月十四日午前、武田弘の手になる妙に気の効いたビラが出ます。題が「セント・バレンタイン・デー未明闘争」、副題は「我々は大学に愛を告白した」。学内の情況も読めず、気楽なものです。その日から民青派と大学側を痛烈に批判する壁新聞が急に減りました。党派間闘争の色合いが強まるとともに、どっちもどっちと見る者が増えたのでしょう。こちらの力の程を知って安心したのか、民青派は時計台から泊まり込み部隊を引き上げます。民青派の時計台占拠を大学側が黙認するという目に見えて異様な事態は消えて無くなったのです。しかし、教養部ではC闘を中心に何が何でも時計台を封鎖しようとする動きが続いていました。

実際に時計台を封鎖したのは二月下旬のある夜でした。封鎖に反対するE闘には電話交換所の占領が割り当てられます。寝巻きのまま出てきた宿直の老職員はこちらの要求を聞いても、驚く様子さえありません。もう慣れっこになっていたのでしょう。手際よく時計台の電話回線全ての接続器に洗濯挟みのような物を差し込んでいきます。最後にこう言いました。「これで回線は使えません。では、わたしは休ませてもらいます」。交換所の屋上に上ってみます。教養部から時計台へ資材を送る動きの全体がよく見えました。深夜になっても物音は止まず、運搬する人の列は途切れません。歩哨になる数人を残して、教養部の割り当てられた部屋に帰り、横になりました。

翌朝は誰かに叩き起こされます。民青派の時計台攻撃が始まったと言うのです。急いでヘルメット、覆面、ゲバ棒で本部構内の正門前に駆け付けるものの、総勢僅か二十人ほどです。残りの数百人は残らず時計台に入っていました。構内では黄色いヘルメットの百人以上が半円の陣形で待ち受けています。とても中に踏み込める状態ではありません。正門前で牽制行動を取るのが精一杯です。そのうち黄色いヘルメットの中からぼくを指して叫ぶ者が出始めました。「藤田だ。藤田だ」。中核派の「鬼軍曹」はいつもGパンにアーミー・グリーンのジャンパー姿でした。そのことは民青派の活動家もよく知っていたのです。たまたま同じ色のヤッケを着ていたので、ぼくを「鬼軍曹」と勘違いしたのでしょう。おかげで向こうも慎重になり、数を頼んで押し寄せるという最悪の事態は免れました。時々全員で正門前に行って牽制し、残りの時間は休むうちに午後になります。そのうち変な報せが届きました。時計台にこもる者が全員降伏したというのです。事実だとすれば、思いも懸けない話です。やがて、それが紛れもない事実であるのが分かりました。「鬼軍曹」もおとなしく手を上げたのでしょう。つまり、あれほど強引に時計台封鎖を推し進めながら、他方で情況が不利になれば簡単に降伏する心づもりだったことになります。自称前衛がこの変わり身の速さではとても付き合い切れません。これではブントや中核派のやりたい放題です。何か体中から力が抜けていく思いでした。日大全共闘が繰り広げていたような、しごく健全な大衆運動を目指していたのに、党派に乗っ取られた京大闘争など、もうどうでも良くなります。しばらく後、誰にも言わず、荷物をまとめて大阪の家へ帰ります。政治運動に見切りをつけたと言うより、とても自分は革命家になれないと打ちひしがれた思いでした。それが、大学入学以来、三年間にわたり関わった学生運動との最後の別れでした。

さよならの後で

ぼくが引きこもる大阪の家へ平田からよく電話が掛かって来ました。たいていは経済学部の友人がまた逮捕されたという報せです。経済学部の逮捕者は神山に始まり、京大闘争の終わるまで合計すると十人近くに上ります。気になるので、時たま大学や溜り場の喫茶店「クレーベル」に顔は出したものの、闘争には復帰しませんでした。「あいつまで逮捕された。俺たちはもう壊滅だよ」。平田からそう電話があったのは、六九年の初秋だったと思います。申し合わせた訳でもないのに、七〇年に備えて相当数が留年しました。最も過激な「ノンポリ・ラディカル」の集団だったと言って良いでしょう。そして、還暦を迎えても、友人たちは一人も欠けること無く健在です。

寮で一緒だった「革マル」の中田は京大闘争が終わる頃、自殺しました。「俺はもう駄目だ」。大声で突然そう叫ぶと、下駄履きのまま熊野寮の屋上に駈け上がり、飛び降りたのです。一時は全国に広がった全共闘運動が終息に向かう中で、自ら命を断ったおびただしい死者の一人です。

政治の季節が終わった後も、そんなものに最も縁遠いと思われていた工学部に、いちばんくすぶる心を持ち続けた者がいたようです。京大闘争がすっかり抑え込まれ、表立った動きが沈静した後も、奇妙な現象が続きます。本部構内の中央地下の食堂で昼食を摂った後、工学部の便所に行った時でした。便所のあちこちに落書きがしてあるのに気付きます。書いてあることや場所が毎日変わっていたところを見ると、消しても、消しても書き込む者がいたのでしょう。そのうち、いちばん気の効いた文句を今も覚えています。「東大もと暗し。京大もっと暗し」。群を抜く長身の川上勇に三条京阪の近くで会ったのはその頃です。坊主刈りの頭に古風なメガネを掛けているのでいつも目立つのです。工学部の建築工学科でした。どうしていると尋ねると、身体を二つに折り曲げるように前かがみになり、答えます。「今はこんなものを聞いているよ」。ショパンのピアノ曲を収めたレコードでした。しばらく後に、奇妙な記事が小さく新聞に載ります。川上勇が中近東を旅行中に水死したと伝えるものでした。

七〇年三月末にはブントの一派「赤軍派」が日航機「よど号」を乗っ取り、北朝鮮へ亡命します。主犯の田宮高麿は大阪市大へ進んだ、高校の一年先輩のはずです。しかし、田宮についての記憶はありません。七一年二月末には成田空港建設予定地で強制代執行が大々的に始まります。「浅間山荘事件」が起こったのは七二年の二月中旬でした。全国で大変な数の人が「連合赤軍」と機動隊の銃撃戦に終わる長い睨み合いをテレビにかじり付いて見たそうです。指導者の永田洋子と森恒男はその前に逮捕されていました。取り調べが進むうち、妙義山のアジトに「粛清」された者の死体が埋めてあると分かります。掘り出された死体は全部で十四でした。最初に見つかったのは山田孝です。それを知ったのは、山科にある国井のアパートで飲んでいる時です。伊井さん、国井、浅田とテレビ・ニュースに映し出される顔写真を見ながら自分が言った言葉を今も忘れられません。「革命運動だって人間のやることだ。時には間違って殺すこともあるさ」。その夜は泊まり、翌朝の電車で浅田と一緒に三条京阪へ向かいました。駅近くの喫茶店で新聞を開いた浅田が大声で言います。「おい、これあいつやで」。手にした新聞の写真には、見覚えのある顔が載っていました。教養部の頃、ブントのボックス近くでよく見かけたメガネの男です。顔を会わせると、いつも笑顔で手を上げ、声を掛けて来ました。下駄がトレード・マークで、おしゃれに真っ赤なセーターを着ている時もそれだけは変わりません。前夜テレビに映ったのは警察に逮捕された時の証拠写真だったのでしょう。目はもっときつく、表情も強ばっていました。だから知人だと思わなかったのです。知り合いだと分かったとたん、「粛清」を認めることが出来なくなりました。同時に思います。知り合いでさえこうだ。死ぬのが自分ならどうなのか。どんな大義名分を掲げられようと、納得するとは思えません。

五月末にイスラエルのテルアビブで「ロッド空港乱射事件」が起こった時、もしや知人ではないかと胸騒ぎがしました。岡本公三を含む三人の日本人コマンドは自動小銃を乱射する前に、偽名のパスポートの写真を引き裂いています。しかし、継ぎ合わされ、新聞に載った顔写真の三人に見覚えはありません。ほっとしたものの、それも束の間でした。京大の本部構内を歩いている時、時計台に長い垂れ幕が懸かっているのに気付きます。何気なく見上げて、思わず息が止まりました。一人の顔に見覚えがあったのです。バリケード封鎖した学生部の中で、「E反戦」はなぜ引くのかと執拗に食い下がった男です。その下にはこう書いてありました。「革命烈士　安田孝」。あの時、安田の後ろにいたのは奥平剛士だったのかも知れません。

安田や奥平が岡本と一緒に「日本赤軍」を代表してパレスチナに行ったとき、大変な歓迎を受けたそうです。遠い極東の島国からはるばる応援に来てくれたと現地の人々は感激したのでしょう。ただし、戦力としてより絶好の宣伝材料として大事にされたのだと思います。しかし、「連合赤軍」の粛清事件が伝わると、周囲の雰囲気は一転して冷たいものに変わりました。三人は「パレスチナ解放機構（ＰＬＯ）」の主流派「ファタハ」ではなく、少数派でマルクス主義を奉じる「パレスチナ解放人民戦線（ＰＦＬＰ）」に属していました。ＰＦＬＰにとって多数派が少数派を抹殺した事件は絶対に許せなかったでしょう。三人は自分の信じる大義のためというより、身の証しを立てるためにコマンドを志願したのだと思います。奥平の行動を呼び掛ける言葉には、もう思想も信条も信仰すらもありませんでした。「三人でパレスチナの星になろう」。二人は死に、岡本は捕虜になります。ＰＬＯがイスラエルに提出する捕虜釈放リストのトップは常に「コーゾー　オカモト」でした。二十年近くをイスラエルの監獄で過ごし、岡本は釈放されます。その時はもう完全な廃人でした。

六十八歳になった今のぼくは、一切の政治的なものに関わりたくありません。若い頃の経験から嫌と言うほど学んだのです。人は善良であってはならない。善良な人間が血を流し、命を捨てるから、恥を知らぬ政治屋がのうのうと生き延びる時と所を手に入れる。

著者紹介

高橋　恩（たかはし めぐむ）

1947 年 4 月 20 日　島根県生まれ
1966 年 4 月　京都大学経済学部入学
1971 年 3 月卒業後、同大学院に進み経済学博士課程修了
2017 年 6 月 5 日没

ゲバルトボーイ

2018 年 7 月 10 日　発行

著　者　　高橋　恩

発行者　　黒川美富子

発行所　　図書出版　文理閣
京都市下京区七条河原町西南角　〒600-8146
TEL（075）351-7553　FAX（075）351-7560
http://www.bunrikaku.com

印刷所　　モリモト印刷株式会社

ISBN978-4-89259-831-9